미국 영어 발음 무작정 따라하기

미국 영어 발음 무작정 따라하기
The Cakewalk Series: American English Pronunciation

초판 1쇄 발행 · 2025년 9월 1일

지은이 · 오경은
발행인 · 이종원
발행처 · (주)도서출판 길벗
브랜드 · 길벗이지톡
출판사 등록일 · 1990년 12월 24일
주소 · 서울시 마포구 월드컵로 10길 56 (서교동)
대표전화 · 02)332-0931 | **팩스** · 02)323-0586
홈페이지 · www.gilbut.co.kr | 이메일 · eztok@gilbut.co.kr

기획 및 책임편집 · 임명진(jinny4u@gilbut.co.kr), 김대훈 | **디자인** · 강은경 | **제작** · 이준호, 이진혁
마케팅 · 차명환, 장봉석, 최소영 | **유통혁신** · 한준희 | **영업관리** · 김명자, 심선숙 | **독자지원** · 윤정아

교정교열 · 강윤혜 | **조판** · 이현해 | **일러스트** · 최정을
녹음 및 편집 · 와이알미디어 | **CTP 출력 및 인쇄** · 예림인쇄 | **제본** · 예림바인딩

· 길벗이지톡은 (주)도서출판 길벗의 성인어학서 출판 브랜드입니다.
· 이 책은 저작권법의 보호를 받는 저작물로 이 책에 실린 모든 내용, 디자인, 이미지, 편집 구성은
  허락 없이 복제하거나 다른 매체에 옮겨 실을 수 없습니다.
· 인공지능(AI) 기술 또는 시스템을 훈련하기 위해 이 책의 전체 내용은 물론 일부 문장도 사용하는 것을 금지합니다.
· 잘못 만든 책은 구입한 서점에서 바꿔 드립니다.
· 책 내용에 대한 문의는 길벗 홈페이지(www.gilbut.co.kr) 고객센터에 올려 주세요.

© 오경은, 2025
ISBN 979-11-407-1432-2　03740 (길벗 도서번호 301177)
정가 20,000원

독자의 1초를 아껴주는 정성 길벗출판사

(주)도서출판 길벗 | IT단행본, 성인어학, 교과서, 수험서, 경제경영, 교양, 자녀교육, 취미실용 · www.gilbut.co.kr
길벗스쿨 | 국어학습, 수학학습, 주니어어학, 어린이단행본, 학습단행본 · www.gilbutschool.co.kr

유튜브 · @GILBUTEZTOK | 인스타그램 · gilbut_eztok | 네이버포스트 · gilbuteztok

미국 영어 발음 무작정 따라하기

To All Readers | 서문

Pronunciation:
Your First Step to Fluent English!

It was 1999 when this book first came out to meet readers. Questions were raised: Why in the world should I learn pronunciation when I want to speak in English? Isn't English pronunciation just a simple set of codes, not actual words that I say out loud? Does it really help to build vocabulary? Do I really need to learn pronunciation to get better test scores on TOEIC or TOEFL? I just want to have some casual conversation with English speakers, so what does pronunciation have to do with that?

I believe the answers to these questions have been answered. I believe many of the readers of this book since 1999 have the answer to this question. Pronunciation is not a set of codes that you can read through symbols or codes. It is a sound with breath and the heartbeat of your thoughts and feelings that you speak out to communicate.

Most Koreans are perfectionists when it comes to speaking English. We want to say it perfectly without making a mistake. The key focus in mind is mostly grammar. Meanwhile, we are very generous when it comes to pronouncing words incorrectly. If your main goal is writing, stay focused on grammar. If your main goal is listening and conversation, then you should focus on pronunciation!

발음:
영어회화의 첫 단추!

이 책이 처음 세상에 나와 독자들을 만난 건 1999년이었습니다. 그때 이런 질문들이 많이 들려왔죠. "영어회화를 하고 싶은데 도대체 왜 영어 발음을 배워야 하죠? 발음은 그냥 몇 가지 단순한 코드 같은 거 아닌가요? 말할 때 쓰는 실제 단어가 아니잖아요. 그게 어휘력을 키우는 데 정말 도움이 되나요? TOEIC이나 TOEFL 성적을 잘 받으려면 정말 발음을 익혀야 하는 건가요? 저는 그냥 영어로 가볍게 대화만 하고 싶은데, 발음이랑 무슨 상관이 있나요?"

이 질문들에 대한 답은 이미 충분히 나왔다고 생각합니다. 1999년 이후 이 책을 읽은 많은 독자분들은 아마 이미 답을 찾았을 겁니다. 발음은 단순히 기호로 읽는 코드가 아닙니다. 생각과 감정을 전달하기 위해 숨결과 심장박동을 담아 내뱉는 소리이죠.

한국인들은 영어 말하기에서 완벽주의자들입니다. 우리는 실수 없이 완벽하게 말하고 싶어 하죠. 대부분 문법에 신경이 가 있습니다. 반면 발음은 잘못해도 꽤 너그러운 편이죠. 글쓰기가 목표라면 문법에 계속 집중하세요. 하지만 듣기와 회화가 목표라면 발음에 집중해야 합니다!

The specific goal is to have good sound files of words and sentence flow in your mind. Eventually, your grammar will catch up when you keep pushing the words out of your mouth. That's how you can achieve your goal in learning English. Think about how babies learn Korean. They make tons of mistakes along the way, but they keep trying, saying things over and over and correcting themselves along the way. Look how fluent they are when they get older. Because you are Korean, Americans don't expect to hear perfect English. So, take it easy on yourself, and keep trying!

This book is designed to help you out with this goal. You can start with words and continue to build them up into phrases and sentences. Words are the basic unit of communication. If you can pronounce one key word correctly, you can achieve successful communication. Let's say you're going to order a burger at a burger joint. The words that you need most are "Double Cheeseburger and a Diet Coke." If you say these words right, you will get the burger and drink that you want in a few minutes. If the attendant starts asking you questions like "I'm sorry?" "Say that again?" "You mean 'Double Cheeseburger?'" "Did you say 'Diet Coke?'" it will take longer than you think, and you will lose patience because you just want to eat that burger! How can this happen in such a simple conversation? Because you sound different than what they usually hear:

    For "Double" you say [따블] or [더블]
    For "Cheeseburger" you say [치즈버거]
    For "Diet Coke" you say [다이어트 코크]

구체적으로는, 머릿속에 단어와 흘러가는 문장들을 좋은 소리 파일처럼 저장해두는 게 목표입니다. 그렇게 저장된 말소리를 입 밖으로 계속해서 내뱉다 보면 문법은 저절로 따라오게 되죠. 이런 과정을 통해 여러분이 원하는 영어 실력에 다다를 수 있게 됩니다. 아기들이 한국어를 어떻게 배우는지를 떠올려 보세요. 아기들은 수도 없이 실수를 합니다. 그래도 계속해서 말하고 말하고 또 말하면서 잘못된 부분들을 스스로 고쳐나가죠. 그리고 보십시오. 자라면서 얼마나 유창하게 말합니까! 여러분은 한국인입니다. 미국인들이 한국인에게 '완벽한' 영어를 기대하지는 않아요. 그러니 마음을 편하게 갖고 계속 말하고 또 말해보세요!

이 책은 바로 이러한 목표를 달성하는 데 도움이 되고자 기획되었습니다. 여러분은 단어에서 시작해 어구로, 문장으로 소리를 계속 쌓아갈 수 있습니다. 단어는 의사소통의 기본 단위이죠. 핵심 단어 하나를 바르게 말할 수 있으면 의사소통을 성공적으로 해낼 수 있습니다. 예를 들어, 햄버거 가게에서 햄버거를 주문한다고 해보죠. 지금 제일 필요한 말은 "Double Cheeseburger and a Diet Coke(더블 치즈버거와 다이어트 콜라)"입니다. 이 단어들을 제대로 말하면 몇 분만에 원하는 햄버거와 음료를 먹게 되죠. 하지만 점원이 "뭐라고요?" "다시 말씀해 주시겠어요?" "Double Cheeseburger[더브르(l) 취이z버걸(r)] 말씀이세요?" "Diet Coke[다이얼 코옼] 말씀하신 건가요?"와 같은 질문들을 하기 시작하면 생각보다 시간이 더 걸릴 테고 여러분은 애가 타겠죠. 그저 햄버거를 먹고 싶을 뿐인데 말이죠! 이토록 간단한 대화에서 어떻게 이런 일이 벌어질 수 있을까요? 그 이유는 바로 다음과 같이 여러분의 발음이 미국인들이 평소 듣는 것과는 다르기 때문입니다.

"Double[더브르(l)]"을 [따블]이나 [더블]로,

"Cheeseburger[취이z버걸(r)]"을 [치즈버거]로,

"Diet Coke[다이얼 코옼]"을 [다이어트 코크]로 발음하기 때문이죠.

The selected words are the words that we use as if they were Korean, such as 'double,' 'burger,' 'coke,' and so on. Therefore, the starting point is converting Konglish into American English.

The next step is learning the words that you want to express in English in everyday situations. You will find more words that you can use right away in your vocabulary. Remember! You don't learn words in alphabetic order. You learn words that you can use and that express your thoughts and feelings. Words have information and express your feelings and thoughts. The Korean translation of this book will help you to grasp that part of words—feelings and thoughts. Your mind processes information in spoken words. We don't process information or situations as if a newscaster is reporting them. So, read the Korean translation with your eyes, and speak the English words with your own feelings and emotions.

Now you will start building up sentences with words that you already know and have learned. This step is taking you to an intermediate level of English conversation. The English language is more rhythmical compared to the Korean language. You will learn the flow of words with rhythm. It has an emphasis on certain sounds, words, and pitches. Try to get used to it and keep it as a sound file in your mind when you listen to the audio. When you repeat after listening, you will 'save' those sound files in your mind. If you don't repeat, it won't be saved. The more you repeat after the audio part, the longer you will retain that sound file in your mind. With those 'saved' sound files, you will be able to listen and speak the way Americans speak.

이 책에서 선정한 단어들은 'double 더블/따블', 'buger 버거', 'coke 코크'와 같이 한국어처럼 쓰이는 단어들이에요. 따라서 이 책은 잘못된 한국식 발음을 미국식 발음으로 전환하는 데서부터 출발합니다.

다음 단계로, 일상생활에서 영어로 표현하고 싶은 단어들의 소리를 익힙니다. 이미 알고 있는 어휘 가운데서 바로 끄집어내 사용할 수 있는 단어들도 더 많아질 거예요. 명심하세요! 단어는 알파벳순으로 익히는 게 아닙니다. 사용할 수 있는 단어들, 나의 생각과 감정을 표현할 수 있는 단어들을 익히는 것이죠. 단어에는 정보가 담겨 있어서 감정과 생각을 표현해 줍니다. 이 책의 한국어 번역은 영어단어 속에 담긴 감정과 생각을 파악하는 데 도움이 됩니다. 우리의 머릿속에서는 정보나 상황을 구어체로 처리하죠. 정보나 상황을 아나운서들이 뉴스를 보도할 때처럼 처리하지는 않습니다. 그러니 한국어 번역을 보고 자신의 느낌과 감정을 실어 영어로 말해 보세요.

이제, 이미 알고 있거나 앞서 익힌 단어들로 이루어진 문장의 소리를 하나하나 쌓아갑니다. 이 단계를 통해 영어회화의 수준을 중급으로 끌어올릴 수 있죠. 영어는 한국어에 비해 더욱 리드미컬한 언어로, 단어가 어떻게 리듬을 타고 흘러가는지 익히게 됩니다. 특정 소리에 강세가 들어가고 한 문장 내에서도 강조해 말하는 단어가 있으며 음의 고저가 있죠. 오디오를 들으며 그 리듬에 익숙해지고 머릿속에 좋은 소리 파일로 간직하도록 하세요. 네이티브의 말을 듣고 따라 하다 보면 머릿속에 그 소리 파일들이 '저장'될 거예요. 따라 말하지 않으면 저장되지 않습니다. 오디오를 많이 따라 말할수록 머릿속에 그 소리 파일은 더 오래 남습니다. 그렇게 '저장된' 소리 파일들로 여러분은 미국인처럼 듣고 말할 수 있게 되는 거죠.

There is no royal road of learning a language. Everybody goes through the same track—keep speaking, memorizing new words, making mistakes, and keep trying. Try to have fun with it while learning. Don't feel guilty when you don't remember what you learned and memorized. That is completely normal. Instead, have fun when you learn something new. Encourage yourself when you are reminded of the words that almost slipped through your memory. And save them again by repeating them.

You connect certain words or sentences by visualizing a certain scenario. You can put yourself in a certain storyline and think as if it is happening now. This is one reason why many English classes introduce visual aspects, such as movies, TV drama series, news or talk shows, TV commercials, and some social media contents. When you choose these materials, try to choose the ones that reflect real-life scenes as much as possible. Then, you will learn more about the sounds, rhythms, and facial expressions when Americans express themselves.

I have every confidence that this new and revised version will be a great help to you!
Last but not least, I am so grateful to the dedicated editor at Gilbut Publishing who worked tirelessly on this book project. As always, I am here for you with Gilbut, to assist you and continue to support you on your journey of learning English.

Oh Kyung Eun

언어를 배우는 데 왕도는 없습니다. 누구나 다 같은 길을 헤쳐나가죠. 자꾸 말해보고 새로운 표현을 외우고, 실수도 하면서 또 하고 또 합니다. 배워나가는 그 과정을 즐기세요. 이미 배우고 외운 게 기억나지 않는다고 해서 자책하지 마세요. 당연한 과정이니까요. 자책 대신 새로운 것을 배우는 즐거움을 만끽하세요. 기억에서 사라질 뻔한 단어가 떠오르면 자신을 대견하게 생각하고 반복 학습을 통해 다시 저장해 두세요.

특정 시나리오를 그리며 단어 또는 문장을 연상해 보세요. 특정 이야기 속으로 들어가 그 일이 지금 일어나고 있다고 생각해보는 거죠. 이와 같은 이유로 영화, TV 드라마, 뉴스, 토크쇼, TV 광고, SNS 컨텐츠와 같은 시각 자료를 활용해 영어 수업을 많이들 하잖아요. 이런 자료들을 선택할 때는 최대한 실생활을 잘 반영한 장면을 선택하도록 하고요. 그러면 미국인들이 자신을 표현할 때 쓰는 소리 및 리듬, 얼굴표정 등을 더 많이 습득하게 될 테니까요.

단언컨대 이번 《미국 영어 발음 무작정 따라하기》 개정판은 독자 여러분께 큰 도움이 되리라 자신합니다!

끝으로, 지치지 않는 열정으로 이 책의 작업에 혼신을 다해주신 길벗출판사의 편집자께 깊이 감사드립니다. 언제나처럼 저와 길벗은 영어 배움의 여정에서 독자 여러분의 도우미이자 응원군으로 늘 함께하겠습니다.

오경은

Contents | 차례

서문 · 004

 **미국 영어 발음 오리엔테이션**
입이 열려야 귀가 뚫린다!

1 | 영어, 발음이 중요한 이유 · 022
2 | 영어 발음, 어떻게 시작해야 할까 · 023
3 | 영어 발음, 왜 어려울까 · 025
4 | 리스닝과 스피킹 정복의 열쇠, 영어의 리듬 · 027
5 | 정확한 미국식 발음의 기준 · 029
6 | 사전의 발음기호 vs 실제 미국식 발음 · 030
7 | 정확한 영어 발음을 위한 훈련법 · 031

 **미국 영어 발음 기초**
t 발음만 알아도 영어의 70%가 들린다

01 | T법칙 1: 정석 [t]
I'm gonna **take** a driving **test**. 나 운전면허 시험 볼 거야. · 036

02 | T법칙 2: 굴리는 [t]
Dark chocolate is **bitter**, but **better** for you.
다크 초콜릿은 쓰지만, 몸에는 더 좋아. · 040

03 | T법칙 3: 콧바람 소리 [t]
It's **important**, but not that **important**.
중요하긴 한데, 그렇게 중요하지는 않아. · 044

04 | T법칙 4: n에 먹힌 소리 [t]
It's an all-in-one super **printer**. 이건 올인원 슈퍼 프린터야. · 048

05 | T법칙 5: 사라지는 소리 t
99 percent is still not 100 percent. 99퍼센트는 여전히 100퍼센트가 아닙니다. · 052

06 | T법칙 6: 된소리 [t]
Watch your step! 발조심해! · 057

07 | T법칙 7: '츄'에 가깝게 발음하는 tr의 t[tʃ]
Is it true or not true? 사실인가요, 사실이 아닌가요? · 062

08 | T법칙 8: 소리 없는 [t]
Fasten your seatbelt, please. 안전벨트를 매주세요. · 069

Practice Test 1 · 073

미국 영어 발음 확장
유창한 회화로 가는 미국 영어 발음 ABC

09 | 입을 양 옆으로 당겨 내는 소리 [æ]
I'm allergic to cat hair. 고양이 털에 알레르기가 있어요. · 078

10 | 'ㅂ'도 'ㅃ'도 아닌 [b]
You look so beautiful! 너무 예뻐요! · 084

11 | 첫소리 c가 만드는 발음 [k]
Cut it out! 그만 좀 해! · 089

12 | 변신하는 소리 [d] 1: 정석 [d]
What's the date today? 오늘 며칠이야? · 097

13 | 변신하는 소리 [d] 2: 굴리는 d[t] sound
Hello, everybody. 안녕하세요, 여러분. · 106

14 | 변신하는 소리 [d] 3: '듀'와 '쥬'의 중간소리 dr의 [d]
Sweet dreams. 좋은 꿈 꿔. · 110

15 | e의 세 가지 발음 1: 강세를 받는 e[e] 발음
How would you like your eggs? 달걀은 어떻게 해드릴까요? · 114

16 | e의 세 가지 발음 2: e[i] 발음
Did you enjoy your meal? 식사는 잘 하셨어요? · 118

17 | e의 세 가지 발음 3: 단어 끝에 붙는 소리 없는 e
Tickets are on sale online. 티켓은 온라인에서 판매 중입니다. · 125

Practice Test 2 · 129

18 | 바람을 세게 내보내는 [f]
Finish it by the close of business. 영업 마감 시간까지 마치세요. · 131

19 | g의 세 가지 발음 1: 'ㄱ'보다 걸쭉한 소리 g[g]
It's just my gut feeling. 그냥 내 직감이 그래. · 138

20 | g의 세 가지 발음 2: [d]에서 시작해 [ʒ]로 연결해 발음하는 g[dʒ]
I didn't know you have a germ phobia! 너한테 세균 공포증이 있을 줄이야! · 145

21 | g의 세 가지 발음 3: -ng[ŋ] 발음
Learning new things is exciting. 새로운 걸 배운다는 건 설레는 일이야. · 149

22 | 들리는 h와 안 들리는 h
Henry is handsome. I like him! 헨리는 잘생겼어. 난 그 사람이 좋아! · 153

23 | '이'도 아니고 '에'도 아닌 중간 발음 i[I]
Please sit down. 앉으세요. · 159

24 | [dʒ]와 [ʒ] 구분하기
How could you laugh at that joke? 어떻게 그런 농담에 웃을 수가 있어? · 164

25 | 우리말 'ㅋ'와 닮은 k[k] 발음
Now you know the key. 이제 핵심을 아는구나. · 170

Practice Test 3 · 174

26 | 두 가지 [l] 발음: 첫소리 [l]과 받침소리 [l]
He's the **life** and **soul** of the party. 그 사람은 분위기 메이커야. · 176

27 | 콧소리로 발음하는 [m]과 [n]
Nice to **meet** you! 만나서 반갑습니다! · 183

28 | '오우'로 발음하는 o[ou]
Oh, no. Just **go home!** 아, 안 돼. 그냥 집에 가! · 187

29 | '오'도 '아'도 아닌 o[ɔː]
Orange juice, please. 오렌지 주스, 부탁합니다. · 191

30 | 입술 말아 넣고 내는 바람소리 [p]
Got any **plans** tomorrow, **Peter**? 내일 무슨 계획[일정]이라도 있어, 피터? · 195

31 | 두 모음을 순차적으로 발음하는 qu-
The **quicker,** the better. 빠를수록 더 좋아. · 200

32 | 굴려주는 소리 r: 첫소리 [(으)r]과 끝소리 [어r]
Here we go. Let's **rock & roll!** 자, 신나게 놀아보자! · 204

33 | 'ㅅ' 또는 'ㅆ'로 소리 나는 s[s]
What a nice **dress!** 이야, 드레스 정말 이쁘다! · 212

34 | 된소리를 유도하는 [s]
What is a **stress** in **speech?** 말하기에서 강세란 무엇인가? · 216

Practice Test 4 · 222

35 | th 발음 1: 혀를 물고 바람을 내보내는 무성음 th[θ]
Is he thirty or dirty? 그 사람, 서른이라고? 아니 지저분하다고? · 224

36 | th 발음 2: 윗니와 아랫니 사이의 혀를 빼면서 목청을 울리는 소리 th[ð]
What is the weather like today? 오늘 날씨는 어때요? · 232

37 | '우' 또는 '(이)유우로 발음하는 u[u(:)]/[ju(:)]
That's a nice suit on you. 정장 잘 어울리세요. · 237

38 | '어'에 가까운 소리가 나는 u[ʌ]/[ə]
I want to live in luxury. 호화롭게 살고 싶어. · 242

39 | [f] 발음에서 성대를 울리면 [v]
Berries are very good for you! 베리류는 몸에 참 좋아! · 246

40 | 복모음을 만드는 w(h)[w]
Wait well and you will be rewarded. 잘 참고 기다리면 보상이 따를 거예요. · 251

41 | ex-의 세 가지 발음: [eks], [iks], [igz]
Excellent! That's exactly what I wanted. 아주 좋아요! 딱 내가 원했던 거예요. · 259

42 | 복모음을 만드는 y-[j]
Yogurt is good for gut health. 요구르트는 장 건강에 좋습니다. · 266

43 | 전화기 진동모드와 같은 소리 [z]
This is a zero-calorie dessert! 이 디저트는 0칼로리예요! · 270

미국 영어 발음 완성
자연스러운 네이티브 영어를 완성해주는 강약과 리듬

44 | 연음 1: 자음으로 끝나는 단어와 모음으로 시작하는 단어가 만날 때
Everybody, **listen up!** 여러분, 잘 들으세요! · 280

45 | 연음 2: [-t/d] 발음으로 끝나는 단어와 모음으로 시작하는 단어가 만날 때
What am I gonna do? 나 어떻게 해야 하지? · 284

46 | 연음 3: 같은 자음이 잇따라 나올 때
Is there a **gas station** around here? 근처에 주유소가 있나요? · 288

47 | 축약 1: 조동사와 be동사의 축약
I'm sure **he'll** show up. 그 사람은 분명 올 거예요. · 292

48 | 축약 2: 조동사와 부정어 not이 만날 때
It **doesn't** make sense. 말이 안 돼. · 298

49 | 단어강세 1: 2음절 단어의 강세
Message or **massage**? 메시지요? 마사지요? · 305

50 | 단어강세 2: 3음절 단어의 강세
We saw a **comedy show...** 우린 라스베이거스에서 코미디 쇼를 봤어. · 309

51 | 단어강세 3: 4음절 단어의 강세
The fashion industry was inspired by an **accidental discovery** in design. 패션계는 디자인의 우연한 발견으로 영감을 받았죠. · 313

52 | 문장리듬 1: 강조어
May I **speak** to **Theresa**? 테사와 통화할 수 있을까요? · 317

53 | 문장리듬 2: 약세어
I **decided** to **go** to the **gym.** 헬스장에 다니기로 했어. · 321

54 | 문장리듬 3: 억양
Excuse me. Excuse **me?** 실례합니다. 뭐라고 하셨어요? · 326

Practice Test 6 · 332

PRACTICE ANSWERS · 336

Features | 구성 및 활용법

한눈에 보이는 발음

복잡한 이론 지루한 설명 No! 직관적인 일러스트와 핵심만 딱 짚어주는 간결 명쾌한 설명으로 발음의 원리가 한눈에 이해됩니다. 영어 발음, 눈으로 보고 머리에 쏙쏙 들어오는 설명으로 쉽게 익혀보세요.

단어훈련

앞에서 배운 발음을 포함한 단어들을 원어민 mp3와 함께 연습하세요. 발음기호는 물론, 원어민 발음에 가장 가까운 한글 표기도 준비되어 있어 누구나 쉽게 따라 할 수 있어요. 이제 자신감 있게 발음해볼 차례입니다!

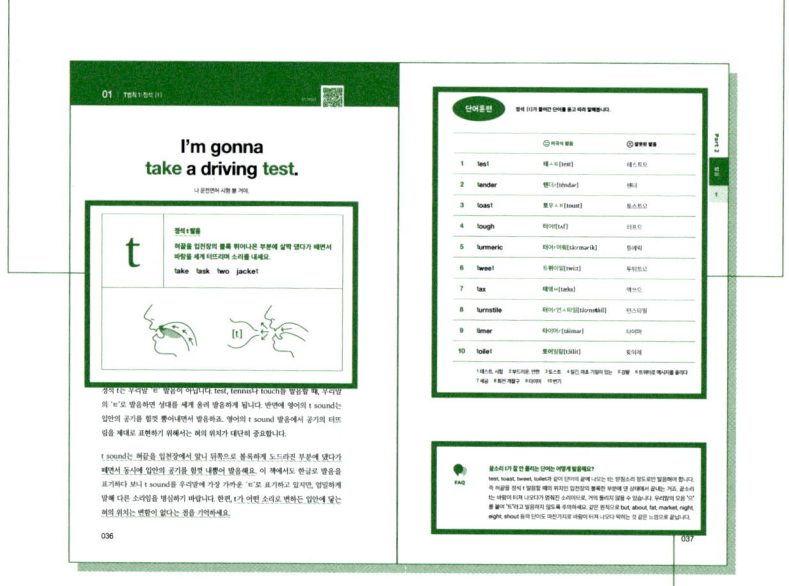

FAQ

한국인들이 자주 틀리고 헷갈리는 발음을 FAQ로 정리해, 실수를 줄이고 확실한 발음을 완성할 수 있습니다.

<무료 MP3파일 두 배 활용법>

1 오디오 파일만 듣기

글자보다 소리가 먼저! 영어 발음은 듣는 것부터 시작해야 하죠. 먼저 mp3파일을 들으면서 이번 과에서 다룰 발음에 귀를 익혀보세요. 발음의 감각을 자연스럽게 느껴보는 시간입니다.

회화 훈련

발음 공부의 진짜 목적은 자연스럽게 영어로 듣고 말하는 거죠! 원어민이 녹음한 자연스러운 속도의 문장을 통해 실전 감각을 키우고, 회화에 꼭 필요한 꿀팁도 함께 챙겨보세요. 영어회화의 자신감은 정확한 발음에서 시작됩니다!

Practice Test

지금까지 배운 내용을 완벽하게 정리하고 내 것으로 만들어보세요! 오디오를 듣고 문제를 풀면, 정답 코너에서 표현과 번역, 주요 어휘까지 확인할 수 있어 학습자료로도 활용만점입니다.

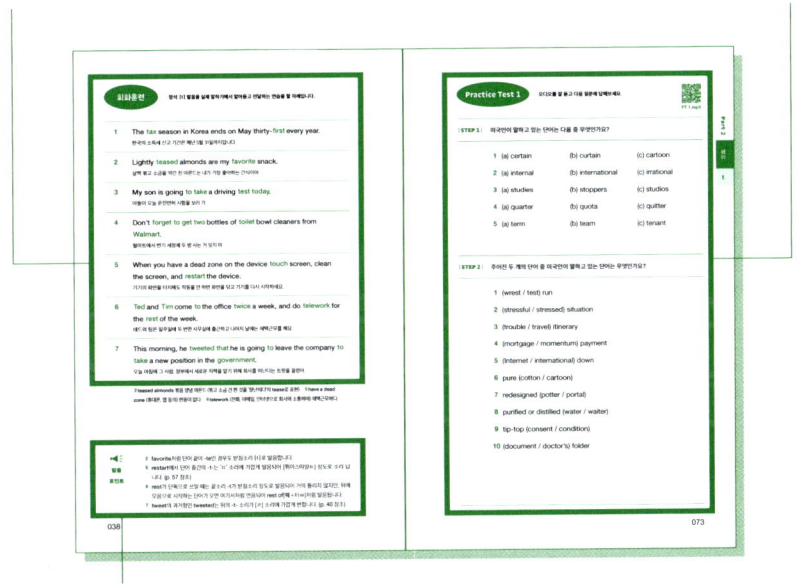

발음 포인트

완벽한 발음을 위해 놓칠 수 없는 포인트들!
문장과 대화 속 발음 주의사항을 정리했습니다.
작지만 중요한 차이, 여기서 챙기세요!

2 책을 보면서 따라하기

이제 글자와 소리를 함께 익힐 차례예요. 책을 보며 눈으로 읽고, 귀로 듣고, 입으로 따라 하며 미국 발음을 확실히 내 것으로 만들어보세요. 단어와 문장 사이에 따라 할 수 있는 충분한 시간을 두어, 멈춰야 하는 불편함 없이 발음을 훈련할 수 있게 구성했어요. 눈, 귀, 입을 활용해 발음이 입에 착 붙을 때까지 연습하세요!

입이 열려야 귀가 뚫린다!

영어 발음을 왜 배우는 걸까요? 단순히 소리를 흉내 내기 위해서가 아니라, 소통의 시작이기 때문입니다. 특히 미국식 발음은 소리보다 리듬, 단어보다 강세가 핵심입니다. 이 파트에서는 영어 발음이 듣기와 말하기에 어떤 영향을 주는지, 사전 속 발음기호와 실제 발음이 왜 다른지, 그리고 우리가 왜 어렵게 느끼는지를 하나씩 짚어봅니다. 무엇보다 중요한 건, 발음을 정확히 듣고 따라 해야 실력이 늘 수 있다는 사실입니다. 잘 들으면 잘 말하게 됩니다. 영어가 막막하다면, 지금 이 발음 훈련에서 해답을 찾을 수 있습니다.

PART 1

ORIENTATION

미국 영어 발음 오리엔테이션

1 영어, 발음이 중요한 이유

요즘은 조기 영어 교육과 어학 연수 덕분에 영어를 잘하는 사람들이 많습니다. 하지만 가정이나 학교에서 실제로 사용하는 기회가 적으면 배운 걸 유지하고 강화하는 게 쉽지 않죠. 특히 원어민 강사에게 배울 경우, 한국식 억양을 교정받지 못한 채 수업이 끝나는 일이 흔합니다. 강사가 한국어를 모르거나 두 언어의 발음 차이를 이해하지 못해서 정확한 교정이 어렵기 때문입니다. 중학교 이후부터는 대학 입시와 취업 준비에 집중하다 보니 발음 훈련은 어느새 뒷전이 됩니다.

발음이 중요한 이유는, 시험과 달리 듣기와 말하기가 실제 대화에서 분리될 수 없기 때문입니다. 들을 수 있어야 말할 수 있고, 말할 때도 상대방이 알아듣도록 발음해야 합니다. 듣기 시험에서 천천히 또박또박 나오는 발음뿐 아니라 원어민들이 실제 대화할 때 내는 소리에도 익숙해져야 합니다.

보통 알파벳 발음을 배울 때 f, v, th 발음을 우리말에 없는 소리이고, a, b, c 등의 발음은 우리말과 비슷하다고 배웠겠지만 실제로는 큰 차이가 있습니다. 이런 차이를 정확히 배우지 못해서 쉬운 말도 알아듣기 힘들게 된 것이죠. often의 t를 묵음이라고 알고 있는 분들이 많을 겁니다. 하지만, 실제 미국식 발음에서는 t가 콧소리처럼 발음되곤 합니다.

최근에는 수능이나 토익 같은 시험에서 듣기가 강화되면서 연음법칙 등에 관심은 높아졌지만, 수업에서는 발음을 체계적으로 배우기 어렵습니다. 그래서 알파벳 발음부터 차근차근 정리하고, 연음과 억양을 제대로 학습할 필요가 있습니다.

2 영어 발음, 어떻게 시작해야 할까

우리나라 사람들이 발음은 약할 수 있지만, 영어에 대한 지식이 부족한 것은 결코 아닙니다. 오히려 어휘력과 문법 지식은 매우 뛰어난 편이죠. 하지만 지식으로 알고 있는 것과 영어를 듣고 말하는 실질적인 의사소통communication에 활용하는 것은 다릅니다.

영문과 교수로서 학생들을 만나고, 미국에서 다양한 분들과 교류하면서 느낀 점은, 고급 어휘를 구사하는 한국인들이 정작 일상적인 쉬운 단어를 잘 못 알아듣는 경우가 많다는 것입니다. 예를 들어, 몇 만 단어를 외운 사람이 "쏘우러 머쉬인"이나 "You wanna 코욱?" 같은 간단한 질문에 당황하는 경우를 보았습니다. soda machine, Coke처럼 쉬운 단어를 못 알아듣는 것은 발음의 기초를 소홀히 한 탓입니다.

우리가 앞으로 집중해야 할 공부는 바로 이런 부분입니다. 우리는 '콜라'라고 하지만, 미국에서는 Coke이라고 하죠. 또한, 음료 자판기는 vending machine이지만, 캔 음료 자판기는 soda machine이라고 부릅니다. 정확한 발음은 '코크'가 아니라 '코욱[kouk]'이고 '소다 머신'이 아니라 '쏘우러 머쉬인'이라는 것을 알아야 합니다. 특수한 분야의 전문용어를 제외하면, 미국 사람들이 일상에서 쓰는 단어는 사실 우리나라 중학교 수준이면 충분합니다. 중요한 것은 기초인 정석 발음입니다. 정석 발음으로 기초를 제대로 익힌 후에 연음법칙이나 변칙 발음들을 배워야 합니다. 그리고 왜 그렇게 들리는지, 어떻게 발음해야 그런 소리가 나는지 이해하고 입과 귀에 익숙해질 때까지 꾸준히 연습해야 비로소 자신의 것이 됩니다.

의외로 많은 사람들이 bad과 bed을 발음할 때 둘 다 '베드'라고 발음하는 경우가 흔합니다. 기초 발음을 제대로 익히지 않고 회화책이나 리스닝 교재만 뒤적여서는 실질적으로 영어 실력을 향상시키기 어렵습니다. 기초가 튼튼해야 실력이 쌓이기 마련입니다.

어릴 때 기초를 배웠으니, 나이가 들면 더 어려운 것을 공부해야 영어를 잘할 수 있다고 오해하는 경우도 많습니다. 하지만 아무리 어휘력이 뛰어나고 문법을 잘 알아도, 정확한 발음을 알지 못하면 원활한 대화가 어렵습니다.

이제는 아는 단어들을 올바르게 발음하고, 자주 쓰는 표현들을 듣고 이해할 수 있는 학습이 필요합니다. 쉬운 단어라도 자신 있게 말하며, 자신의 생각을 명확하게 전달하는 것이 영어 공부의 목표가 되어야 합니다. 대화를 이어가고, 상대방의 의중을 읽어내려면 말소리sound 즉 정확한 발음에 익숙해져야 합니다.

> "지금 알고 있는 것들을 정확한 발음으로,
> 자신의 감정과 생각이 담긴 말로 재활용Recycle하세요.
> 실제 미국인들이 하는 말로 재구성Reframe하세요.
> 그리고 다시 도전Rechallenge하세요."
>
> – Recycle, Reframe, Rechallenge!: 3R 학습법 –

3. 영어 발음, 왜 어려울까

알파벳을 쓰는 사람들은 왜 그렇게 말하기도 듣기도 힘들게 발음하는 걸까요? 영어나 한국어나 혀와 입천장 일부와의 접촉 여부, 입안의 공기를 내뿜는 방식, 성대를 울리는지 여부에 따라 소리가 만들어지는 이치는 같습니다. 그런데 알파벳을 쓰는 민족은 우리와 구강구조가 달라 소리를 내는 과정에서 차이가 생깁니다. 그래서 미국인이 우리말을 하면 발음이 어색하게 들리는 거죠.

1. 모음 발음 차이 극복하기

알파벳을 쓰는 민족은 이른바 '아귀'(입속)가 큽니다. 유목민족이었던 이들은 주로 육식을 했고 도구는 거의 사용하지 않았습니다. 그 시대가 배경인 영화를 보면 고기를 손으로 잡고 입으로 뜯어먹는 장면을 자주 볼 수 있는데, 이것이 그들의 주된 식사법이었습니다. 칼은 주로 무기로만 쓰였으며, 식사의 도구로 일반 서민층에서 쓰기 시작한 것은 겨우 100년이 조금 넘었습니다. 야생동물들이 아귀가 발달한 것도 같은 이유 때문입니다. 반면, 우리 민족은 오래전부터 도구를 사용해왔기에 서양인들에 비해 상대적으로 아귀가 퇴화했습니다.

서양인들은 아귀가 크다 보니 턱의 움직임도 큽니다. 그래서 입을 크게 벌리고 턱을 뚝 떨어뜨려 발음하는 경우가 많습니다. 특히 모음을 구사할 때 큰 차이를 보이죠. 학교에서 '오'와 '아'의 중간발음이라고 가르쳐온 [ɔ] sound가 대표적인 예입니다. 우리나라 사람들은 입술을 오므리고 '오'라고 발음합니다. 그런데 미국 사람들은 '오'라는 모음을 구사하려고 입을 동그랗게 모아주는데, 그만 큰 턱뼈가 아래로 '뚝' 떨어지므로 '아'에 가까운 소리를 냅니다. 그래서 dog도 '독'이 아니라 '도어ㄱ/더억[dɔːg]'으로 발음합니다.

[i]라는 모음도 마찬가지입니다. 우리말 '이'는 입이 가로로 당겨지며 내는 발음입니다. 그러나 미국인들이 발음하는 i sound는 구강구조가 크고 턱의 움직임 또한 큰지라, 턱이 아래로 '뚝' 떨어지면서 '에'에 가까운 소리를 냅니다. 그래서 number six가 number sex처럼 들리기도 합니다.

이런 구강구조의 차이는 의외로 간단하게 극복할 수 있습니다. <u>'아귀가 큰' 사람들이 하는 말을 그들이 알아듣게끔 발음하려면 입을 크게 벌리고 말하는 습관을 기르면 됩니다.</u> 양쪽 귀 앞쪽의 턱뼈를 짚어보세요. 그리고 '아' 하면서 최대한 입을 벌려 그 뼈가 완전히 벌어지는 것을 느껴보세요. 이 연습을 자주 해두면, 영어의 모음을 정확하게 구사할 수 있게 되어 발음이 깨끗하게 들리고, sound에도 익숙해져 귀도 빨리 열립니다.

2. 자음 발음 차이 극복하기

알파벳을 쓰는 민족은 우리에 비해 성대가 안쪽에 위치해 있습니다. 이는 자음을 구사하는 데 영향을 미칩니다. 예를 들어 girl의 g sound는 우리의 'ㄱ' 소리보다 목 안 깊숙한 곳에서 만들어집니다. 마찬가지로 미국인이 발음하는 go와 우리가 말하는 '고'는 아주 다른 소리입니다. 영어의 g sound는 아귀를 포함한 턱 부위를 우리보다 훨씬 크게 벌려 소리를 복강 부분의 깊숙한 곳에서부터 끌어올려 내기 때문에, '(으)고우'로 들립니다. 반면 우리가 내는 소리는 비교적 담백하고 깨끗한 소리로 '고' 하는 단조로운 음가를 가지고 있습니다.

성대의 위치가 다르기 때문에 생기는 소리의 차이도 극복할 수 있습니다. <u>턱을 목 쪽으로 최대한 당기면 성대가 목 안 쪽으로 밀려들어 갑니다.</u> "girl" 할 때 g sound나 "call" 할 때 c sound는 <u>턱을 목 쪽으로 당기고 소리를 내면 미국식 영어 발음에 가까워집니다.</u> 영어가 가지고 있는 공명이 깊은 소리와 우리말 소리의 차이를 느끼기 시작하면, 매번 턱을 목 쪽으로 당기지 않아도 자연스럽게 발음이 나옵니다.

4. 리스닝과 스피킹 정복의 열쇠, 영어의 리듬

아무리 정확한 발음을 알고 있어도, 영어 특유의 리듬을 익히지 못하면 듣기와 말하기 능력을 향상시키기 어렵습니다. 한국인이 영어 리듬을 잘 익히지 못하는 이유 중 하나는, 그동안 문법과 독해 중심의 학습에서 전치사, 대명사, 접속사, 조동사, to부정사, 수동태의 be동사 등 기능어들에 집중했기 때문입니다. 하지만 실제로 원어민이 말할 때는, 이러한 문법 요소들은 약하게 발음되며, 앞뒤 단어에 묻혀 거의 들리지 않습니다. 이런 이유로 "회화에서는 문법이 필요 없다"는 과격한 주장도 나오는 것입니다.

물론 억양은 말하는 사람의 의도, 기분, 상황, 그리고 듣는 사람과의 관계에 따라 달라질 수 있습니다. 하지만, 일반적인 상황에서 영어의 리듬은 몇 가지 중요한 요소로 형성됩니다. 보통 영어 문장에서 단어들은 내용어 content words 와 기능어 function words 로 나뉩니다.

내용어는 화자가 전달하고자 하는 주된 내용을 담고 있습니다. 사람이나 사물의 이름, 육하원칙에 따라 상황 표현의 중심이 되는 동사나 부사, 날짜·시간·전화번호 등 실제 대화에서 중요하게 취급하는 숫자, 문장의 진위 여부를 정하는 부정어, 화자가 의도적으로 강조하는 말 등이 이에 속합니다.

반면 **기능어**는 문법적인 역할은 하지만, 의사소통에 큰 영향을 미치지 않는 요소들입니다. 대명사, 조동사, 관계대명사, 수동태나 진행형을 만들기 위해 사용되는 be동사, 접속사, 전치사, 관사 등이 이에 해당됩니다.

영어 리듬은 강세를 받는 내용어와 강세를 받지 않는 기능어에 의해 형성됩니다. 리듬의 기본 단위는 한 단어 내에서 일어나는 강세 stress입니다. 단어를 배울 때도 강세 패턴을 정확히 익혀야 영어 리듬을 습득할 수 있습니다. 소리가 만들어지는 과정과 함께 음의 높낮이, 길이를 익히는 것도 정확한 발음에 필수적입니다.

리스닝해야 할 분량이 많을수록 단어의 강세와 억양 패턴에 얼마나 익숙한지가 정보를 처리하는 능력에 중요한 변수로 작용합니다. 이러한 패턴에 익숙해지려면, 많이 듣고, 따라 말하며, 원어민처럼 억양을 구사할 수 있도록 반복 훈련하는 것이 필수적입니다. 자신의 흥미와 수준에 맞는 영어 방송 프로그램을 선택해 꾸준히 공부하면 더 큰 효과를 볼 수 있습니다. 이런 연습을 통해 영어의 리듬감은 물론 연음에 대한 감각도 자연스럽게 몸에 배게 됩니다.

5 정확한 미국식 발음의 기준

발음 교정을 시작하기 전에 짚고 넘어가야 할 것이 있습니다. 바로 '정확한 미국식 발음'의 기준이 무엇인가 하는 점입니다. 우리나라에서도 지역마다 사투리가 있듯, 넓은 미국에서도 지역마다 발음 차이가 존재합니다. 미국식 영어는 크게 네 가지 억양으로 나뉩니다. 영국식 영어British English의 영향을 많이 받은 동부식 억양Eastern accent, 모음을 길게 늘이는 특징이 있는 남부식 억양Southern accent, 대중매체와 공식 석상에서 주로 사용되는 서부식 억양Western accent, 그리고 캐나다 불어권 지역과 접경에 있는 북부식 억양Northern accent입니다.

우리나라에서는 '사투리'는 때때로 표준어보다 덜 세련된 말로 인식되지만, 미국에서는 각 지역의 억양이 고유한 특색으로 받아들여지며 선입견 없이 사용됩니다. 물론 미국에서도 정치인이나 연예인들이 특정 억양을 고치려는 노력을 하는 경우가 있습니다. 예를 들어, 남부 출신인 클린턴 대통령은 심한 남부 억양을 고치기 위해 언어학자를 초빙했고, 서부식 억양을 구사하기 위해 스피치 코치speech coach를 고용할 정도로 많은 노력을 기울였습니다. 오바마 대통령이나 오프라 윈프리 등과 같은 아프리카계 미국인 명사들도 미국 흑인 특유의 억양 대신 표준 영어를 구사하는 것을 볼 수 있습니다. 이처럼 사회적 위치가 올라갈수록 억양과 말투가 개인의 이미지를 형성하는 데 중요한 역할을 합니다.

이 책에 수록된 한글표기나 mp3파일의 발음은 대중매체와 공식 석상에서 주로 구사되는 서부식 억양을 기준으로 삼았습니다. 영어 발음을 한글로 표기하는 데 한계가 있으므로, 반드시 mp3파일을 들으며 정확한 발음을 익히는 것이 중요합니다.

6 사전의 발음기호 vs 실제 미국식 발음

영어사전은 영어 학습자들에게 필수적인 도구입니다. 영어사전에 나와 있는 발음기호는 실제 원어민의 발음 습관을 반영한 것입니다. 하지만 사전의 발음 표기는 언어 습관의 변화 속도를 따라잡지 못하고 있습니다. 일상생활에서 사람들이 많이 쓰는 발음이라 하더라도, 학자들이 오랜 시간 동안 검증작업을 한 후에야 사전에 발음기호로 표기되기 때문입니다. 발음은 사전만 가지고 공부하면 안 된다는 것이 바로 이런 이유 때문입니다.

사전에 수록된 발음과 실제 미국인들이 사용하는 발음 사이의 차이를 극명하게 보여주는 대표적인 예가 바로 t sound입니다. 현재 미국식 영어에서는 t sound가 사전에 기록된 정석 [t] 발음 외에도 7가지 다른 형태로 변합니다. 사전에서 [t]라고 표기되어 있다고 항상 그렇게 들릴 거라고 예상하면 당황할 수 있습니다.

예를 들어, 미국 사람들은 건전지를 battery[배애러뤼]라고 발음합니다. '빳데리'나 '배터리'는 모두 틀린 발음입니다. 록키 산맥은 Rocky Mountains[마운은z]처럼 '은' 하는 콧소리를 넣어 발음합니다. 중국인, 일본인, 한국인을 '동양계 녀석들'이라고 하는데, 'Oriental[오어뤼에널] guys'로 발음합니다. 이 책에서는 t의 변화를 7가지 법칙으로 정리했습니다. t의 다양한 발음을 익힌 후, 미국인과 대화하거나 미국 드라마나 영화를 보면 t 발음의 변화무쌍함을 실감하며 감탄하게 될 것입니다.

7 정확한 영어 발음을 위한 훈련법

1. 소리 내어 학습해야 오래 기억된다

100번 눈으로 보고 손으로 써보는 것보다, 자신의 목소리로 소리 내어 학습하는 것이 머릿속에 더 확실하게 저장됩니다. 글자로 입력하는 Text Mode보다 소리로 입력하는 Sound Mode의 정보가 오래 기억되며, 듣기, 말하기, 읽기, 쓰기와 같은 모든 언어 활동 영역으로의 전환 속도가 빠릅니다. 일상에서 마주치는 간판, 신문, 잡지, 현수막 등 영어를 접할 기회가 생기면 무조건 소리 내어 반복하는 습관을 들이세요. 책이나 잡지를 읽다가 좋은 표현을 발견하면, '내가 말하는 것'이라고 생각하며 감정을 담아 읽어보세요.

유치원이나 초등학생 수업에서 실제 사과를 보여주고 만지게 하면서 'apple'을 가르치면 아이들이 그 단어를 더 빨리 익히고, 자연스럽게 사용할 수 있다고 합니다. 언어는 감각을 총동원해서 익히면 더 쉽게 습관으로 자리잡습니다. 기억을 오래 유지하려면 소리 내어 반복해서 읽고, 동시에 글로 써보는 것도 좋은 방법입니다.

| 손으로 쓰고 | **on time** (시간에 맞춰)

| 눈으로 보면서 소리 내어 읽고 | "**on time** [ɔːn taim]"

| 내 목소리를 들어보고 | "오언타임"

2. 단어는 문장으로 연습한다

단어의 뜻을 확실하게 익히고 자신의 말처럼 활용하려면 최소한 5가지 상황에서 그 단어를 사용해보는 것이 좋습니다. 직접 체험이 어렵다면, 예문을 통해 간접적으로 학습할 수 있습니다.

> I always try to be **on time**. 난 늘 시간을 지키려고 노력하죠.
>
> Tell Sue she has to be **on time**. 정시에 와야 한다고 수한테 말해.
>
> You never get here **on time**. 넌 여기에 시간 맞춰 오는 법이 없구나.
>
> Ask them to try to be **on time**. 그 사람들한테 시간 좀 지키라고 얘기해요.
>
> Encourage him to be **on time**. 그 사람한테 시간 좀 지키라고 잘 타일러봐요.

3. 상황을 머릿속에 그려본다

구어체를 익힐 때는 문법에 맞는지부터 따지기보다는 상황에 맞게 생각과 감정을 담아 말하는 것이 중요합니다. 예문을 읽을 때는 실제 상황을 상상하며 읽으세요. 영화나 드라마의 한 장면을 머릿속에 그리듯, 좋아하는 배우나 친구를 등장시켜 감정이입을 하면서 실제로 대화하는 것처럼 말해보세요.

> A   I got a promotion. 나는 승진했습니다.
>
> B   Well, this calls for a celebration! 그래요, 이것은 축하할 일입니다!

구어체 영어 문장은 우리말도 자연스러운 구어체로 전환하여 입력해두는 것이 좋습니다. 그래야 머릿속에서 우리말로 전환하는 시간을 줄일 수 있습니다.

A   나 승진했어.

B   그래, 그럼 한턱 쏴야지!

4. 자신의 목소리를 녹음해서 들어본다

외국어 학습에서 가장 효과적인 방법은 듣고 따라 하는 반복 훈련입니다. 듣고 따라 하기는 그리스, 로마 시대부터 현대까지 이어져 온 가장 효과적인 외국어 학습법입니다. 구조주의나 인지론 등 영어 학습법에 관한 수많은 학설들이 등장했지만, 방법론적인 면에서 듣고 따라 하는 방법만은 무시하지 못하고 있습니다. 아기가 말을 배울 때 수많은 실수와 반복을 통해 언어를 습득하는 것처럼, 실수와 반복은 외국어 학습의 필수 과정입니다.

원어민의 발음을 듣고 따라 하는 과정을 반복한 후, 동시녹음처럼 play 버튼을 누르고 원어민과 동시에 말해보는 것도 좋은 방법입니다. 속도와 음정의 고저·장단을 확인하고, 자기도 모르게 실수하는 부분을 바로잡을 수 있기 때문입니다.
그리고 자신이 따라 한 영어 발음을 녹음해서 원어민의 발음과 비교해 보세요. 어떤 점에서 차이가 나는지 파악하고 교정해 보세요. 자신의 귀로 자신이 말하는 정확한 발음을 들을 때, 학습효과는 더욱 커집니다.

5. 이 책을 보다 효과적으로 활용하는 방법

영어에 자신이 없다면, 우선 좋은 영어 책을 한 권 골라 끝까지 소리 내어 읽어보세요. 일단 이 책을 선택한 독자라면, 처음부터 차근차근 끝까지 소리 내어 읽어보세요. 그리고 mp3파일을 따라 공부한 후, 다시 mp3파일만 들으면서 복습해 보세요. 잘 들리지 않는 부분은 반복해서 따라 읽고 다시 처음부터 듣는 습관을 들이세요. 몇 번 듣고 따라 한 후 받아쓰기를 하면 효과가 더욱 큽니다.

t 발음만 알아도 영어의 70%가 들린다

[t]는 한 가지 소리가 아닙니다. 미국식 영어에서는 무려 8가지로 변합니다. 굴리거나 삼켜지고, 때론 사라지며, '츄'로 들리기도 하죠. 이른바 'T법칙 8가지'. 사전에서는 하나로 보이지만, 실제 대화 속에서는 전혀 다른 소리로 나타납니다. 왜 그럴까요? 지역, 억양, 문맥에 따라 미국인들도 달리 말하기 때문입니다. 하지만 법칙은 있습니다. 이 파트에서는 그 규칙을 익히며, 영어 듣기와 말하기의 감각을 동시에 키워봅니다. 영어의 절반 이상은 이 한 글자에서 달라집니다.

PART 2

FOUNDATION
미국 영어 발음 기초

01 | T법칙 1: 정석 [t]

01.mp3

I'm gonna
take a driving test.

나 운전면허 시험 볼 거야.

정석 t 발음

혀끝을 입천장의 볼록 튀어나온 부분에 살짝 댔다가 떼면서 바람을 세게 터뜨리며 소리를 내세요.

take   task   two   jacket

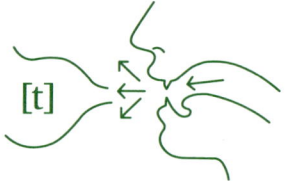

정석 t는 우리말 'ㅌ' 발음이 아닙니다. test, tennis나 touch를 발음할 때, 우리말의 'ㅌ'로 발음하면 성대를 세게 울려 발음하게 됩니다. 반면에 영어의 t sound는 입안의 공기를 힘껏 뿜어내면서 발음하죠. 영어의 t sound 발음에서 공기의 터뜨림을 제대로 표현하기 위해서는 혀의 위치가 대단히 중요합니다.

t sound는 혀끝을 입천장에서 앞니 뒤쪽으로 볼록하게 도드라진 부분에 댔다가 떼면서 동시에 입안의 공기를 힘껏 내뿜어 발음해요. 이 책에서도 한글로 발음을 표기하다 보니 t sound를 우리말에 가장 가까운 'ㅌ'로 표기하고 있지만, 엄밀하게 말해 다른 소리임을 명심하기 바랍니다. 한편, t가 어떤 소리로 변하든 입안에 닿는 혀의 위치는 변함이 없다는 점을 기억하세요.

단어훈련

정석 [t]가 들어간 단어를 듣고 따라 말해봅니다.

		😊 미국식 발음	☹ 잘못된 발음
1	test	테ㅅㅌ[test]	테스트으
2	tender	텐더r[téndər]	텐더
3	toast	토우ㅅㅌ[toust]	토스트으
4	tough	터어f[tʌf]	터프으
5	turmeric	터어r머륔[tə́:rmərik]	튜메릭
6	tweet	트위이ㅌ[twi:t]	트위트으
7	tax	태액ㅆ[tæks]	텍쓰으
8	turnstile	터어r언ㅅ따일[tə́:rnstàil]	턴스타일
9	timer	타이머r[táimər]	타이마
10	toilet	토어일맅[tɔ́ilit]	토이레

1 테스트, 시험 2 부드러운, 연한 3 토스트 4 질긴, 마초 기질이 있는 5 강황 6 트위터로 메시지를 올리다
7 세금 8 회전 개찰구 9 타이머 10 변기

FAQ

끝소리 t가 잘 안 들리는 단어는 어떻게 발음해요?

test, toast, tweet, toilet과 같이 단어의 끝에 나오는 t는 받침소리 정도로만 발음해야 합니다. 즉 혀끝을 정석 t 발음할 때의 위치인 입천장의 볼록한 부분에 댄 상태에서 끝내는 거죠. 끝소리 t는 바람이 터져 나오다가 멈춰진 소리이므로, 거의 들리지 않을 수 있습니다. 우리말의 모음 '으'를 붙여 '트'라고 발음하지 않도록 주의하세요. 같은 원칙으로 but, about, fat, market, night, eight, shout 등의 단어도 마찬가지로 바람이 터져 나오다 막히는 것 같은 느낌으로 끝납니다.

회화훈련 정석 [t] 발음을 실제 말하기에서 알아듣고 전달하는 연습을 할 차례입니다.

---

1 The **tax** season in Korea ends on May thirty-**first** every year.
한국의 소득세 신고 기간은 매년 5월 31일까지입니다.

---

2 Lightly **teased** almonds are my **favorite** snack.
살짝 볶고 소금을 약간 친 아몬드는 내가 가장 좋아하는 간식이야.

---

3 My son is going **to take** a driving **test today**.
아들이 오늘 운전면허 시험을 보러 가.

---

4 Don't **forget to get two** bottles of **toilet** bowl cleaners from **Walmart**.
월마트에서 변기 세정제 두 병 사는 거 잊지 마.

---

5 When you have a dead zone on the device **touch** screen, clean the screen, and **restart** the device.
기기의 화면을 터치해도 작동을 안 하면 화면을 닦고 기기를 다시 시작하세요.

---

6 **Ted** and **Tim** come **to** the office **twice** a week, and do **telework** for the **rest** of the week.
테드와 팀은 일주일에 두 번만 사무실에 출근하고 나머지 날에는 재택근무를 해요.

---

7 This morning, he **tweeted that** he is going **to** leave the company **to take** a new position in the **government**.
오늘 아침에 그 사람, 정부에서 새로운 직책을 맡기 위해 회사를 떠난다는 트윗을 올렸어.

---

2 teased almonds 볶음 양념 아몬드 (볶고 소금 간 한 것을 '장난치다'의 tease로 표현) **5** have a dead zone (휴대폰, 앱 등의) 반응이 없다 **6** telework (전화, 이메일, 인터넷으로 회사와 소통하며) 재택근무하다

발음 포인트

2 favorite처럼 단어 끝이 -te인 경우도 받침소리 [t]로 발음합니다.

5 restart에서 단어 중간의 -t-는 'ㄸ' 소리에 가깝게 발음되어 [뤼이스따알ㅌ] 정도로 소리 납니다. (p. 57 참조)

6 rest가 단독으로 쓰일 때는 끝소리 -t가 받침소리 정도로 발음되어 거의 들리지 않지만, 뒤에 모음으로 시작하는 단어가 오면 여기서처럼 연음되어 rest of[뤠ㅅ터ㅂ]처럼 발음됩니다.

7 tweet의 과거형인 tweeted는 뒤의 -t- 소리가 [ㄹ] 소리에 가깝게 변합니다. (p. 40 참조)

다음 문장과 대화를 듣고 따라 하면서 [t] 발음을 자연스럽게 익혀보세요.

8
A   Turmeric is an excellent part of a healthy diet.
강황은 건강 식단에 아주 좋은 식재료야.

B   Really? How do you use it?   정말? 어떻게 사용하는데?

A   You can sprinkle it over rice before cooking. You can add it into any kind of sauce. It also works well with beef or chicken.   밥 짓기 전에 쌀 위에 뿌려도 되고. 아무 소스에나 추가해도 되고. 소고기나 닭고기와도 잘 어울려.

9
A   How is the steak, honey?   자기야, 스테이크 어때?

B   Umm. It is good, but tough.   음. 맛은 좋은데 질기네.

A   No matter how I cook or marinate it, it always turns out to be so tough.   어떻게 요리하고 어떤 양념에 재워봐도 항상 너무 질겨.

B   We should try the new meat market down the street. They may have better meat.   길 아래쪽에 새로 생긴 정육점에 가보자. 거기 고기가 더 좋을지도 몰라.

10
A   When does Terry come to the office?   테리는 언제 출근해요?

B   She comes in Monday, Wednesday, and Friday.
월요일, 수요일, 금요일에 출근해요.

A   So, does she telework Tuesday and Thursday?
그럼 화요일과 목요일에는 재택근무를 하나요?

B   Right. But when something comes up on her telework days, she comes to the office to take care of it.
네, 맞아요. 하지만 재택근무일에 무슨 일이 생기면 사무실에 와서 처리하죠.

---

8 sprinkle 뿌리다 | work well with ~와 잘 어울리다   **9** marinate 양념에 재다
10 something comes up 무슨 일이 생기다

발음 포인트

8 미국인은 turmeric의 tur-를 [터어r tə́ːr]로 발음합니다. 첫 번째 t sound는 호흡에 따라 소리가 정석 [t] 발음으로 분명하게 들리죠. 참고로 이 경우 영국인은 tur-의 r은 발음하지 않고 그냥 [tə́ː]로 모음만 길게 발음합니다.

9 marinate[mǽrənèit]은 뒤의 it과 연음되어 [매러네이릳]처럼 발음됩니다. 즉 marinate의 끝소리 [t]가 [ㄹ] 소리에 가깝게 변하죠. (p. 40 참조)

10 Tuesday의 T-는 뒤의 u와 만나 [튜우z데이 tjúːzdei]로 발음합니다.

Dark chocolate is bitter, but better for you.

다크 초콜릿은 쓰지만, 몸에는 더 좋아.

굴리는 [t]
혀끝이 입천장의 볼록한 부분을 스치는 느낌이 있어야 정확한 [t] sound입니다.

wa**t**er　i**t**em　exci**t**ing　bo**tt**le

미국식 발음을 흔히 혀 꼬부라진 '버터 발음'이라고들 하지요. 대부분 [r] 발음 때문에 그렇게 들린다고 생각하는 분들이 많을 겁니다. 하지만 실제로는 우리가 'ㅌ'라고만 알고 있는 t sound가 '버터 발음'에서 한몫 톡톡히 차지한다는 거 아세요? 쉬운 예로 total / party / better가 '토탈 / 파티 / 베터'로 들리지 않는다는 겁니다. 미국식 영어 발음에서는 [토우를 / 파아r리 / 베러r]로 들립니다. '밧떼리'라고 하는 단어 battery도 -tt-가 확실하게 혀가 굴러가는 느낌으로 [배애러뤼]처럼 들린다는 겁니다. 즉 t 발음이 r처럼 굴러가는 소리로 바뀐다는 것이죠. 이 책에서는 이렇게 '굴리는 t 소리'의 발음기호를 편의상 [t]로 표기합니다.

[t]는 정석 t 발음에 비해 혀의 힘이 풀려서 나는 소리입니다. 기본 [t] 형태에서 혀가 일직선 모양 ㅡ 대신에 혀끝이 입안으로 말려 들어가는 ㄷ 모양으로, 이때 ㄷ는 혀의 구부러지는 움직임을 뜻합니다. 우리말의 'ㄹ' 발음은 혀 앞부분 전체가 입천장의 많은 부분에 닿는 반면, 영어의 굴리는 t sound는 혀끝이 입천장의 볼록 튀어나온 부분에 살짝만 닿는다는 점이 다릅니다. 주로 강세가 없는 모음 앞이나 [l] 발음 앞의 [t]가 굴리는 [t]로 발음됩니다.

단어훈련

굴리는 소리 [t]가 들어간 단어를 듣고 따라 말해봅니다.

		😊 미국식 발음	😞 잘못된 발음
1	total	토우를[tóutl]	토탈
2	portal	포어r를[pɔ́ːrtl]	포탈
3	party	파아r리[páːrti]	파티
4	item	아이름[áitəm]	아이템
5	battery	배애러뤼[bǽtəri]	배터리
6	artist	아아r리ㅅㅌ[áːrtist]	아티스트
7	computer	컴퓨우러r[kəmpjúːtər]	컴퓨터
8	water	(우)워러r[wɔ́ːtər]	워터
9	letter	레러r[létər]	레터
10	quarter	쿠오어러r[kwɔ́ːrtər]	쿼터

1 합계, 총 2 포털 3 파티 4 (목록에 있는) 개별 항목 5 배터리 6 아티스트 7 컴퓨터 8 물 9 편지
10 1/4, 분기, 25센트짜리 동전

FAQ

영국식 영어는 t 발음을 안 굴리는데, 굴리는 [t]를 굳이 배워야 할까요?

영국식 영어 발음은 약한 소리 r은 모두 빼고 [t] 발음을 그냥 정석 [t]로 발음하면 됩니다. 즉, total은 [토우틀], party는 [파아티]로 발음하면 되는 거죠. 요즘 영국 상류층 언어인 Posh English, Posh accent에 대한 관심이 높고 영국식 억양을 선호하는 분도 많습니다. 그런데 실제로 우리가 일상에서 가장 많이 접하는 것은 대부분 미국식 영어입니다. 말할 때는 그렇다 쳐도 상대방의 말을 알아들을 때는 어떨까요? 미드를 볼 때는요? 여러분이 발음할 수 있어야 미국식 영어로 발음하는 상대방의 말도, 미드도 이해할 수 있습니다.

041

 **회화훈련** 굴리는 소리 [t] 발음을 실제 말하기에서 알아듣고 전달하는 연습을 할 차례입니다.

1 Check the computer battery; it might be dead.
컴퓨터 배터리가 방전되었을 수 있으므로 배터리를 확인하세요.

2 This is government property, so we need to go through the security checkpoint.
이곳은 정부 소유지이므로 우리는 보안 검색대를 통과해야 합니다.

3 I just received an automatic reply from his Outlook email.
방금 그 사람 아웃룩 이메일로 자동 회신을 받았습니다.

4 I like this because it has a sporty look, and I like the tire rims too.
이거 디자인이 스포티해서 마음에 들고 타이어 림도 마음에 들어요.

5 She just turned forty, but she still looks so young and beautiful.
그 여자는 이제 막 마흔이 됐는데도 여전히 너무 젊고 아름다워.

6 Are you going to invite Curtis to your birthday party?
네 생일 파티에 커티스 초대할 거야?

7 When you opt out of the autopilot mode, you can manually change the setting.
자동 조종 모드를 해제하면 수동으로 설정을 변경할 수 있습니다.

2 property 소유지 | security checkpoint 보안 검색대 **5** turn + 나이 ~살이 되다
7 opt out of ~를 해제하다 | manually 수동으로

발음 포인트

2 t sound를 굴릴 때 완전히 굴린 r이 아니라 d 정도로 발음되는 경우가 있습니다. property[프라아퍼r디]와 security[시큐어러디]가 이에 해당되는데, 잘 들어보면 'ㄷ'에 'ㄹ' 발음이 살짝 묻어 있는 그런 느낌입니다.

3 automatic [오어러매애릭 ɔ̀:təmǽtik]

4 sporty의 -ty는 [리]로 발음됩니다. 5번 문장의 forty도 같은 경우이죠.

7 set처럼 -t로 끝나는 동사 뒤에 -ing가 붙으면 굴리는 소리 [t]로 발음하는 게 편합니다.

다음 문장과 대화를 듣고 따라 하면서 [t] 발음을 자연스럽게 익혀보세요.

8
A   Dark chocolate tastes too bitter for me.   다크 초콜릿은 너무 써요.
B   That's true. But it has a high cacao content, so it is a healthier choice.   맞아요. 하지만 카카오 함량이 높아서 건강에는 더 좋은 선택이죠.

9
A   Oh no, the system is down again.   아, 안 돼, 시스템 또 다운됐네.
B   No, it's only down temporarily, starting now. They sent us an email notice for the portal shutdown, which will last for about an hour today.   아냐, 지금부터 잠깐만 다운되는 거야. 오늘 포털 일시 중단된다고 이메일 공지 받았잖아. 한 시간 정도 걸릴 거래.
A   Yeah, you're right. I forgot all about it. Let me get out of here to get some coffee.   맞다, 깜빡했네. 커피 좀 사러 나갔다 와야겠다.
B   That sounds good to me, too.   나도 좋은 생각인 것 같아.

10
A   Are you busy right now? I need to talk to you about the quarterly report.   지금 바쁘세요? 분기 보고서에 대해 얘기할 게 있어요.
B   You know what? I was going to talk to you about it, too.   있잖아요? 나도 그 얘기를 하려고 했어요.
A   Good, then. Let's go to the break room and talk about it.   좋아요, 그럼. 휴게실에 가서 얘기하죠.
B   Sure. Let me bring my laptop with me.   네. 노트북 가져갈게요.

8 content 함량   9 temporarily 임시로, 일시적으로 | last 지속되다   10 quarterly 분기의 | laptop 노트북

발음
포인트

9 about it은 연음되어 [어바우맅]처럼 발음됩니다. about의 -t가 굴리는 소리로 변형된 것이죠. 마찬가지로 get out of도 연음되면서 get과 out의 끝소리 -t가 굴리는 소리로 바뀌어 [게라우럽]처럼 발음됩니다.

10 going to와 go to의 to는 [드] 또는 [루] 정도로 약하게 발음됩니다.

03 | T법칙 3: 콧바람 소리 [t]

It's important,
but not that important.

중요하긴 한데, 그렇게 중요하지는 않아.

콧바람 소리 [t]

입천장 볼록한 부분에 혀끝을 댄 채 '은' 하면서 공기를 힘껏 코로 내보내세요.

button   certain   often   mountain   Hilton

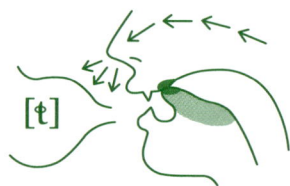

정석 t 발음은 공기가 입을 통해 터져 나가면서 만들어진다고 했는데요. button, mountain, certain과 같이 발음이 <t + 모음 + n>으로 끝나는 단어들의 경우, 미국인들은 입보다는 코를 통해 바람을 세게 내보내면서 발음하는 경향이 있어요. 그래서 '튼'보다는 콧바람 소리 '은'으로 발음되죠.

일단 정석 t를 발음할 때처럼 혀끝을 입천장의 볼록한 부분에 살짝 대세요. 그리고 코를 풀 때처럼 '흔' 하고 공기를 힘껏 코로 내보내세요. 그러면 완벽한 미국식 발음이 됩니다. 콧바람 소리가 난다는 의미로 여기서는 편의상 t에서 ㅡ 대신에 콧구멍을 상징하는 의미로 ㅇ를 얹어 [t]로 표기하고 있습니다.

단어훈련

콧바람 소리 [t]가 들어간 단어를 듣고 따라 말해봅니다.

		😊 미국식 발음	☹️ 잘못된 발음
1	important	임포어r은트 [impɔ́:rtənt]	임포튼트
2	cotton	캍은 [kɑ́tn]	코튼
3	button	벝은 [bʌ́tən]	버튼
4	Latin America	랱은 어메뤼커 [lǽtən əmérikə]	라틴 아메리카
5	Mountain Dew	마운은 디유우 [máuntən dju:]	마운틴 듀
6	Manhattan	맨해애은 [mænhǽtn]	맨해튼
7	fountain	(f)파운은 [fáuntən]	파운틴
8	curtain	커어r은 [kə́:rtn]	커튼
9	often	오어(f)픝은 [ɔ́:ftən]	오픈
10	Hilton	히일트은 [híltn]	힐튼

1 중요한 **2** 솜, 면화 **3** 버튼 **4** 라틴 아메리카 **5** 스카치 위스키 **6** 맨해튼 **7** 샘, 분수 **8** 커튼
9 자주, 빈번하게 **10** 힐튼

FAQ

often은 미드에서 [ɔ́:fnep]으로 발음하는 것도 많이 들었는데요?

여기서 언급하고 있는 t sound는 미국 내 출신 지역에 따라 [튼/턴]으로 [t] 발음을 정석대로 살려 발음하는 경우도 들을 수 있습니다. 다만 t sound를 정석대로 살려 발음하는 경우는 우리가 듣고 말할 때 크게 문제가 안 되지만 콧소리 [t]로 발음하는 경우는 익숙해지지 않으면 못 알아들을 수 있기에 여기서는 콧소리 [t]에 초점을 맞춰 발음을 익히고 있는 것이죠. 특히 often은 미국 내 출신 지역에 따라 [오어(f)픝은] / [오어f튼] / [오어f흔]과 같이 보다 다양하게 발음합니다. t sound를 콧소리로 발음하는 사람도 있고, 정석대로 발음하는 사람도 있고, 아예 빼고 발음하는 사람도 있죠. 보통 미국 동부 해안 지역에서는 [오어f튼]이라고 하고, 캘리포니아 등 서부 해안 출신인 사람은 [오어f흔]이라고 합니다. 유럽이나 아시아에서 온 이민자라면, t를 정석 [t] 소리로 배웠기 때문에 보통 [오f튼]이라고 말하는 경우가 많겠지요.

 **회화훈련**　콧바람 소리 [t] 발음을 실제 말하기에서 알아듣고 전달하는 연습을 할 차례입니다.

1　I know it's important to you, so it is important to me.
여러분에게 중요하다는 것을 알기 때문에 저에게도 중요합니다.

2　I like Lipton Green Tea, unsweetened of course.
저는 립톤 그린티를 좋아합니다. 물론 무가당으로요.

3　We met him in an Italian restaurant in Manhattan.
우린 맨해튼의 한 이탈리안 레스토랑에서 그를 만났어요.

4　Do you often check your phone while you're driving?
운전 중에 휴대폰을 자주 확인하시나요?

5　Captain Lipton went to the Hilton hotel.
립튼 대위는 힐튼 호텔에 갔어요.

6　I'm looking for a long-sleeved, button-up shirt that goes with my dark blue suit.　제 진한 파란색 정장에 어울리는 긴 팔 버튼업 셔츠를 찾는데요.

7　Her comments are always brief, to the point, and, more often than not, constructive.　그녀의 말은 항상 간결하고 요점만 잘 짚으며, 대부분은 건설적이기까지 해.

8　Cotton shirts are okay, but I don't like to wear one when I work out.
면 셔츠도 괜찮지만 운동할 때는 입기 싫어요.

2 unsweetened 단맛을 들이지 않은　6 go with ~에 어울리다　7 to the point 요점을 잘 짚은 | more often than not ~인 경우가 더 많은, 자주, 대개　8 work out (헬스장에서) 운동하다

 발음 포인트

2　Lipton은 이름의 성(last name)이면서 브랜드명이기도 합니다. 우리에겐 립톤 홍차(Lipton Tea)로 더 친숙하지요. 실제 미국식 영어 발음은 '립톤'이 아니라 [립턴/튼 líptən] 또는 [립은 líptən]입니다. Lipton에서는 Sweetened(가당), Unsweetened(무가당) 두 종류의 녹차를 생산하는데, 이때 -tened도 [-은d]라고 t sound를 콧소리로 발음해 보세요.

6　button-up은 '벝은[bʌ́tən] 업'이라고 발음합니다. 이때 up은 앞 단어의 끝소리 n과 연결되지 않고 분명하게 발음됩니다. '넙(nup)'이 아니라 '업(up)'이라고 말이죠.

8　cotton은 첫 번째 모음 -o-('아'에 가깝게 발음)에 강세를 넣어 [같은 kɑ́tn]이라고 발음합니다. 참고로, 운동을 할 때는 cotton shirts보다는 통기성도 좋고 가벼우며 땀을 흘려도 쉽게 말라 끈적거리지 않는 dry-fit shirts(드라이핏 셔츠)를 선호하겠죠?

다음 문장과 대화를 듣고 따라 하면서 [t] 발음을 자연스럽게 익혀보세요.

9 A **I like your shirt. Are you going to the gym now?**
셔츠 예쁘네. 지금 헬스장 가는 거야?

B **Oh, thanks. Yes, I'm on my way to work out.**
아, 고마워. 응, 운동하러 가는 길이야.

A **Where did you find that shirt?** 그 셔츠 어디서 찾았어?

B **I found it on eBay. It's a dry-fit, and wrinkle free. Cotton shirts are okay, but they get heavy when I sweat.**
이베이에서 찾았어. 드라이 핏이고 구김도 없어. 면 셔츠도 괜찮지만 땀을 흘리면 무거워져서.

10 A **My family was invited for dinner at Captain Thomas's residence.** 우리 가족이 토마스 대위님 댁에 저녁 초대를 받았어.

B **You had dinner with your boss. Nice!** 상사랑 저녁 식사라니, 좋았겠다!

A **He has a beautiful house. There's a perfectly manicured garden with a small water fountain in the middle.**
집이 정말 예쁘더라. 정원도 잘 손질돼 있었고, 가운데에는 작은 분수도 있었어.

11 A **I got a surprise for you. Look!** 너를 위해 깜짝 선물을 준비했어. 이거 봐!

B **Oh my goodness. These are perfect!** 오, 세상에. 정말 완벽해!

A **I know it's important for you to have them.**
이걸 갖는 게 네게 중요하다는 거 알아.

B **Thank you so much. You are the best!** 정말 고마워. 넌 정말 최고야!

---

9 dry-fit (의류 소재) 땀이나 습기를 빨리 흡수해서 증발시키는 | wrinkle free 구김이 생기지 않는
10 manicured 손질한 **11** You are the best! 네가 최고야! (감사의 인사를 할 때 덧붙이면 좋은 표현)

발음
포인트

10 captain과 fountain의 -t-도 cotton과 마찬가지로 콧바람 소리 [t]로 발음됩니다. 하나 더! perfectly는 [퍼어r(f)픽ㅌ을리]처럼 발음됩니다. -tly로 끝나는 단어들은 보통 [-ㅌ을리]처럼 발음되죠. recently, lately, softly, gently, justly, partly, smartly 같은 단어에도 모두 같은 원리가 적용되죠.

11 important는 [임포어r은ㅌ]로 첫 번째 t는 콧바람 소리 [t], 마지막 t는 -nt로 t 소리가 거의 사라집니다. 미국 구어체에서 -nt로 끝나는 단어는 마지막 t가 거의 사라진다는 것을 기억해 주세요(p. 52 참조). 몇 가지 예로 want, point, paint, agent, event 등이 있습니다.

04 | T법칙 4: n에 먹힌 소리 [t]

04.mp3

It's an all-in-one super printer.

이건 올인원 슈퍼 프린터야.

n에 먹힌 [t]
모음 사이에 n과 함께 나오는 -nt- sound의 t는 n 소리에 흡수되어 없어져버리는 발음입니다.

c**en**t**er**   **In**t**ernet**   **p**r**in**t**er**   **t**w**en**t**y**

Internet을 '인터넷'이 아니라 [이너r넽]이라고 말하는 거 자주 들어봤죠? 뿐만 아니라 미국인들은 printer를 [프뤼너r], twenty는 [트웨니]와 같이 말하는 경우가 많습니다. t sound가 어디로 갔는지 사라져버렸는데요. 이처럼 <u>모음 사이에 -nt- sound가 오면 t는 앞의 n 소리에 흡수되어 없어져버립니다.</u> 단, 이 현상은 <t + 모음>에 강세가 없는 경우에만 일어나죠. 이렇게 발음되는 이유는 <u>t sound가 n에 영향을 받아 동화되기 때문</u>입니다.

나중에 집중적으로 다루겠지만, n sound는 콧등에 공기 진동이 느껴진다고 해서 비음(nasal sound)으로 표현됩니다. 따라서 이런 단어들을 공기마찰이 강한 t sound를 기대하고 듣다가는 단어 문맥과 회화의 흐름을 놓칠 수도 있으니 꼭 알아둬야 하는 발음현상이겠죠?

이렇게 n에 먹힌 t sound는 t자 모양에 ─ 대신에 N자를 올려놓은 형태 [t]입니다. [t]은 단어에서 보여지는 알파벳은 t지만, 실제 소리는 N으로 날 수 있다는 뜻으로, t 모양을 살리면서 두 글자를 합성해서 만들었습니다.

단어훈련

n에 먹힌 [t]가 들어간 단어를 듣고 따라 말해봅니다.

		😊 미국식 발음	😩 잘못된 발음
1	In**t**ernet	이너r넽 [íntərnet]	인터넷
2	prin**t**er	프뤼너r [príntər]	프린터
3	in**t**ernational	이너r내애셔널 [ìntərnǽʃənəl]	인터네셔날
4	in**t**ersection	이너r쎅션 [íntərsekʃn]	인터섹션
5	**t**wen**t**y	트웨니 [twénti]	트웬티
6	den**t**al clinic	데널 클리닠 [déntl klínik]	덴탈 클리닉
7	cen**t**er	쎄너r [séntər]	센터 / 쎈터
8	coun**t**er	캬우너r [káuntər]	카운터 / 카운타
9	in**t**erview	이너r(v)비유우 [íntərvjùː]	인터뷰
10	in**t**erested	이너뤠ㅅ티ㄷ [íntərestid]	인트레스티드

1 인터넷 (첫 자는 대문자로 쓰는 것이 원칙) 2 프린터 3 국제적인 4 교차로 5 20 6 치과 7 센터
8 계산대 9 인터뷰, 면접 10 관심이 있는

FAQ

그럼 intern도 '이넌'으로 발음해도 되나요?

intern은 [인터r언 intə́ːrn]으로 -t-를 정석 [t]로 발음해야 합니다. international처럼 <t + 모음> 부분에 강세가 없는 경우에만 t sound가 앞의 n에 먹히는 현상이 생기죠. intern처럼 <t + 모음> 부분에 강세가 있는 경우에는 t sound가 확실하게 정석 [t]로 발음됩니다.
intimidate [인티머데잍 intímədèit] 협박[위협]하다
intuitive [인티유우어티v intjúːətiv] 직관적인
intolerable [인탈러뤄벌 intálərəbl] 참을 수 없는
intoxicating [인탁씨케이링 intáksikèitiŋ] 취하게 하는

<t + 모음>에 강세가 없는 단어들도 정석 [t]로 발음해도 됩니다. 각 사람의 습관에 따라 [t]로 발음하기도 [n]에 소리가 먹히기도 하는데, 우리 입장에서는 [n]에 소리가 먹히는 경우를 모르면 말을 알아들을 수가 없기 때문에 이 부분만 콕 집어 훈련하는 것입니다.

회화훈련   n에 먹힌 [t] 발음을 실제 말하기에서 알아듣고 전달하는 연습을 할 차례입니다.

1 Turn right at the second intersection. You'll see a sign for the Banpo Bridge.
두 번째 교차로에서 우회전하세요. 반포대교 표지판이 보일 거예요.

2 The year twenty twenty was surely a historic year, as the whole world went through the pandemic together.
분명 2020년은 전 세계가 코로나19 팬데믹을 함께 겪은 역사적인 해이죠.

3 My daughter works at a downtown dental clinic as an assistant.
딸은 시내에 있는 치과에서 보조로 일하고 있어요.

4 With this machine, you can print, fax and scan. It's an all-in-one super printer. 이 기계로 인쇄, 팩스, 스캔까지 할 수 있습니다. 올인원 슈퍼 프린터이죠.

5 We have a small airport, and there are no international flights available there. 우리 지역에는 작은 공항이 있는데 국제선은 운항하지 않습니다.

6 You can go to the tourist information center and ask questions about the site. 관광 안내소에 가서 그 사이트에 대해 궁금한 점을 물어보시면 됩니다.

7 Hackers are getting more and more intelligent with creating programs that can intercept site information.
해커들은 점점 더 지능적으로 사이트 정보를 가로챌 수 있는 프로그램을 만들어내고 있습니다.

4 all-in-one 하나로 다 (해결)되는 5 international flights 국제 항공편
7 **(형용사)** 비교급 and 비교급 점점 더 ~한 | intercept 가로채다

발음 포인트

3 daughter에서 -ter의 t는 버터소리인 굴리는 [t]로 발음됩니다. later, eater(먹는 사람), hater(싫어하는 사람, 악플러), letter, matter 등이 여기에 속하죠.

4 super printer에서 super는 '슈퍼'가 아니라 [수우퍼r]라고 발음해야 합니다.

7 intercept에서 -nt-의 t 소리는 앞의 n 소리에 먹혀 [이너r셉ㅌ ìnt̬ərsépt]로 발음됩니다. t 소리가 '약화된' 모음과 함께 올 때 미국인들은 t 소리를 더 부드럽게 만드는 경향이 있어 정석 [t]가 아니라 [n] 소리가 이어지곤 하죠.
반면, intelligent[인**텔**러줜ㅌ intéləʒənt]에서 -nt-의 t 소리는 원래의 [t]로 명확하게 발음됩니다. 즉, t 소리가 포함된 음절의 모음에 강세가 오는 경우엔 t 발음이 정석대로 살아나죠.

다음 문장과 대화를 듣고 따라 하면서 [t] 발음을 자연스럽게 익혀보세요.

8 A How did you do on your job interview? Did you do well?
취업 면접은 어땠어? 잘했어?

　　B I think I did. I was so nervous at first, but as the interview went on, I began to relax.
그런 것 같아. 처음에는 너무 떨렸지만 면접이 진행되면서 안정이 되더라.

9 A We have an internship program this summer to recruit students from colleges.
우리 회사에서 이번 여름에 대학생을 채용하기 위한 인턴십 프로그램이 있어.

　　B Oh, that's good. My son is a computer major, and he might be interested in that program.   아, 잘됐다. 우리 아들이 컴퓨터 전공자잖아. 그 프로그램에 관심이 있을지도 모르겠다.

　　A Good. He can check our company's Internet website and send us an application.   잘됐네. 걔 우리 회사 인터넷 웹사이트 확인해서 지원서를 보내면 돼.

　　B I will let him know. Thanks for the information.   알려 줄게. 정보 고마워.

10 A After the pandemic in 2020, almost all small businesses struggled, with many soon going out of business.
2020년 팬데믹 이후로 거의 모든 소규모 자영업자들이 힘들어했죠. 많은 곳들이 곧 문을 닫았고요.

　　B I know. One of my friends had a small printing shop. He almost went out of business.
그러게요. 제 친구 중 하나도 작은 인쇄소를 운영했는데, 문닫을 뻔했어요. (안 닫았다는 의미)

9 be interested in ~에 관심이 있다 | application 지원서　　**10** out of business 폐업한

발음
포인트

9 intern은 -te-에 강세가 있어서 -t- 발음이 정석대로 나지만, internship은 [íntəːrnʃip]으로 강세가 첫소리 i-에 있기 때문에 [이년쉽]으로 발음하기도 합니다.
10 printing에서 -nt-의 t 소리도 n에 먹힙니다. 이런 류의 단어를 몇 가지 더 들자면, en**t**er, poin**t**er, ren**t**er, pain**t**er 등이 있죠.

99 **percent** is still not 100 **percent**.

99퍼센트는 여전히 100퍼센트가 아닙니다.

사라지는 소리 t

미국식 발음에서는 -nt로 끝나는 단어의 끝소리 [t]는 발음하지 않습니다.

accent   count   don't   point   saint

일반적으로 -nt로 끝난 단어는 미국식 영어에서 마지막 t sound를 발음하지 않는 경향이 뚜렷합니다. 특히 부정어 not이 축약될 때 t sound 생략이 자주 나타나죠. 예를 들어 I can't forget that.이나 I can't do this.에서 can't은 [캔트]가 아닌 [키애앤]처럼 들리고, 반대로 긍정형 can은 [큰] 정도로 가볍게 발음됩니다.

not은 문장의 의미를 바꾸는 핵심 단어입니다. 미국식 발음에서는 이를 축약한 n't 형태로 쓰고, 여기에 t sound마저 생략되어 들리지 않는 경우가 많아요. 따라서 이런 생략에 익숙해지려면 듣고 따라 말하는 훈련이 중요합니다.

단, t가 끝소리로 올 경우 그 소리는 사라지더라도 혀의 위치는 반드시 정석 [t] 발음할 때와 같은 위치에서 끝내야 합니다. 혀의 위치를 지켜서 매듭을 짓는 경우와 아무렇게나 소리를 생략하는 경우가 처음엔 다 똑같이 들릴지 모르지만 익숙해지면 그 미묘한 차이가 자연스럽게 체득될 거예요.

참고로, 이렇게 생략되는 경우의 t sound는 귀에는 들리지 않고 보이기만 한다는 뜻에서 ( ) 안에 t를 숨겨 표기했습니다.

단어훈련

사라지는 소리 [(t)]가 들어간 단어를 듣고 따라 말해봅니다.

		☺ 미국식 발음	☹ 잘못된 발음
1	turning point	터어*r*닝 포인[tə́:*r*niŋ pɔin(t)]	터닝 포인트
2	assistant manager	어씨ㅅ튼 매애느줘*r* [əsístən(t) mǽnidʒər]	어시스턴트 매니저
3	important issue	임포어*r*은 이슈우[impɔ́:rtən(t) íʃu:]	임포턴트 미팅
4	payment	페이먼[péimən(t)]	페이먼트
5	document	다키유먼[dákjumən(t)]	다큐먼트
6	want	(우)완/(우)오언 [wan(t)/wɔ:n(t)]	원트
7	percent	퍼*r*쎄엔[pərsén(t)]	퍼센트
8	went	(우)웬[wen(t)]	웬트
9	spent	ㅅ뻰[spen(t)]	스펜트
10	absent	애앱쓴[ǽbsən(t)]	엡센트

1 전환점 **2** 부지배인 **3** 주요 이슈 **4** (돈, 비용) 지불 **5** 문서 **6** 원하다, 바라다 **7** 퍼센트
8 (go의 과거형) 갔다 **9** (spend의 과거형) 소비했다, (돈, 물질을) 써버렸다, (시간을) 보냈다
10 참석하지 않은, 부재중인

발음 포인트

2 assistant manager에서 assistant의 끝자음 t sound는 사라집니다. 하지만 이어지는 다음 단어 manager는 매우 또렷하게 발음되죠. 3번의 important issue도 마찬가지 흐름으로 발음됩니다.

7 percent의 끝자음 t sound는 사라지죠. 하지만 percentage라고 말할 때는 t 소리가 바로 앞의 n 소리로 합쳐져 [퍼*r*쎄느쥐 pərséntidʒ]가 됩니다.

10 absent의 -sent는 강세가 있는 음절이 아닙니다. 따라서 모음 -e-는 약화되어 [-쓴]에 가깝게 들리죠.

 미국인들이 곧잘 무시하고 발음하지 않는 t sound는 Speaking보다 Listening에서 더 문제가 됩니다.

1   I want you to know that I am fully aware of that situation.
    제가 그 상황을 충분히 인지하고 있다는 점을 알아주셨으면 합니다.

2   This will be a turning point in the company's history.
    이것은 회사 역사의 전환점이 될 것입니다.

3   It's not an important issue. The real issue is that you are in denial of your mistakes.
    이건 중요한 문제가 아닙니다. 진짜 문제는 당신이 실수를 부인하고 있다는 것이죠.

4   We went to a Japanese restaurant to celebrate our grandfather's birthday.   할아버지의 생신을 축하하기 위해 우린 일식집에 갔어.

5   The left side of his head is absent of any hair, and the scars from his surgery are visible.   그의 왼쪽 머리에는 머리카락이 하나도 없고 수술 흉터가 보여.

6   I spent an hour with her to talk about how she could do better, but she wouldn't listen to me.
    한 시간 동안 그 애랑 더 잘할 수 있는 방법에 대해 이야기했지만, 내 말을 들으려 하질 않더라고.

7   Trent received an incident report last night; there was a stolen vehicle at the northern campus.
    트렌트는 어젯밤 북부 캠퍼스에서 도난당한 차량이 있다는 사건 보고를 받았습니다.

1 be aware of ~을 인지하다, 알다   3 denial 부인, 부정   5 scar 흉터   7 incident 사건 (accident는 우연한 사고, incident는 강도, 절도처럼 의도된 사건이나, 산재)

발음
포인트

1   I want you to know에서 want you는 [(우)완 유]처럼 발음하기도 하고, [(우)완츄]처럼 연음해 발음하기도 합니다.
4   went는 매우 짧아져서 거의 when처럼 들립니다. 끝소리 t가 사라지기 때문이죠.
6   spent an hour에서 spent의 t 소리는 사라지고 an과 연결되어 [쓰뻬넌아우어r]로 발음됩니다. sp-의 p는 된소리화되어 'ㅃ'에 가깝게 들리죠(p. 216 참조). would not의 줄임말인 wouldn't의 끝소리 t 역시 사라져 들리지 않습니다.
7   incident[인써던/든 ínsədənt]은 첫 음절 in-에 강세가 있습니다. 따라서 -dent는 모음이 약화되어 [ə] 또는 거의 없는 것처럼 들리고, 끝자음 t sound도 사라지죠.

다음 문장과 대화를 듣고 따라 하면서 사라지는 소리 [(t)]에 익숙해져 보세요.

8
- **A** Traffic is slowing down more now. 지금 차들이 더 천천히 빠지는데.
- **B** I just got an alert about an accident ahead of us. A car crashed into a truck.
방금 우리 앞에 사고가 났다는 알림을 받았어. 자동차가 트럭과 충돌했대.

9
- **A** How can I help you today? 오늘은 무엇을 도와드릴까요?
- **B** Hi. I just made a payment for my membership online. I checked my bank transaction, but it was double charged. Can you fix it? 안녕하세요. 방금 온라인으로 멤버십을 결제했어요. 은행 거래 내역을 확인했는데요, 이중으로 청구되었더라고요. 바로잡아 주실 수 있나요?
- **A** Certainly. Let me check your account. Could you give me your phone number or email that is associated with your account? 물론이죠. 계정을 확인해 보겠습니다. 계정에 연결된 휴대폰 번호나 이메일을 알려 주시겠어요?
- **B** Sure. It's jinny4u@gilbut.com. 네. jinny4u@gilbut.com입니다.

10
- **A** Did you get a chance to talk to your supervisor about the new project? 새 프로젝트에 대해 상사와 이야기할 기회가 있었어?
- **B** I went to her office and spent an hour or so discussing it.
사무실에 가서 한 시간 정도 이야기를 나눴어.

8 get an alert 주의 또는 경고 알림을 받다 **9** make a payment (금액을) 결제하다, 지불하다 | transaction 거래 | account 계정 **10** get a chance to + 동사원형 ~할 기회를 얻다 | supervisor 직속상사

발음
포인트

8 accident[애액씨던/든 ǽksidənt]은 첫 음절 a-에 강세가 오면서 마지막 음절 -dent는 [던/든]으로 들립니다. 즉, 모음 -e-는 [ə]로 약화되거나 거의 들리지 않죠. 끝자음 -t 역시 소리가 사라집니다.

9 account의 -cc-는 [kia]처럼 들리고(p. 89 참조), 끝소리 t는 사라져 [어카우은]에 가깝게 발음됩니다. 참고로, payment(지불)은 pavement(포장)과 매우 비슷하게 들려 헷갈릴 수 있지만 영어에 많이 노출되다 보면 문맥을 통해 두 단어는 쉽게 가려집니다. 물론 이 두 단어도 끝소리 -t는 미국인이 말할 때 대부분 사라지죠.

 **잠깐만요!** t를 생략하고 발음하는 부정형 n't와 긍정형을 구분해서 발음해 보세요.

1	I **can** do it. 난 할 수 있어.	I **can't** do it. 난 못 해.
2	I **can** understand. 이해할 수 있어.	I **can't** understand. 난 이해 못 해.
3	I **do** know. 잘 알겠어.	I **don't** know. 모르겠어.
4	She **does** mean that. 그녀는 정말 진심이야.	She **doesn't** mean that. 그녀는 그런 뜻이 아니야.
5	She **did** come. 그녀가 진짜 왔어.	She **didn't** come. 그녀는 오지 않았어.
6	I **could** do that. 그럴 수 있었어.	I **couldn't** do that. 난 그럴 수 없었어.
7	He **would** talk to me. 그가 내게 말했을 걸.	He **wouldn't** talk to me. 그는 내게 말하지 않았을 걸.
8	You **should** say that. 그렇게 말하렴.	You **shouldn't** say that. 그렇게 말하지 마렴.
9	I **do** deserve it. 난 진짜 그럴 자격 있어.	I **don't** deserve it. 난 그럴 자격 없어.
10	They **will** do it. 그들은 할 거야.	They **won't** do it. 그들은 안 할 거야.

3 do 뒤의 동사를 강조하기 위해 쓰임 (4, 5, 9번의 긍정문장에 쓰인 do동사도 마찬가지)

 발음 포인트

기본적으로 조동사의 긍정형은 동사의 보조역할만 할 뿐 핵심내용에 큰 영향을 미치지 않기 때문에 약하게 발음하는 것이 보통입니다. 물론 특별한 의도를 가지고 강조하는 경우는 예외이죠. 또한, 부정형 -n't[nt]의 끝소리 -t는 무시하고 발음하지 않는 게 보통입니다.

1 can [큰] / can't [키애앤 kæn]. 모음을 늘여 강조해서 발음합니다.

3 do동사가 뒤의 동사를 강조하는 용도로 쓰이는 경우엔 뒤에 오는 본동사보다 더 강하게 말합니다. don't은 '돈트'가 아니라 [도운 doun(t)]으로 발음합니다.

06 | T법칙 6: 된소리 [t]

Watch your step!

발조심해!

된소리 [t]

혀끝을 입천장의 볼록 튀어나온 부분에 대고 'ㄸ' 하는 느낌으로 바람을 내보내세요.

s**t**op s**t**udy s**t**ress mis**t**ake ex**t**ension

우리말에서 된소리를 표기할 때 ㄲ, ㄸ, ㅆ 하는 식으로 쓰죠. 여기에서 착안해 t sound가 'ㄸ'라고 된소리가 날 경우, t 위에 double bar(=)를 올려놓아 t가 두 개 겹친 모양을 뜻하게 [ŧ]라고 표기했습니다. stop, stress 등과 같이 s sound와 t sound가 연달아 올 때 발생하는 현상인데요.

t와 마찬가지로 s도 역시 바람만 내보내는 무성음입니다. s와 t는 우리말의 'ㅅ'나 'ㅌ'보다도 바람소리가 훨씬 강하게 납니다. 그런데 t 소리를 된소리 'ㄸ'로 내면, 바람 새는 소리를 막아주고, 발음도 똑 떨어지는 느낌으로 정확하게 전달되죠. 그래서 [st]가 실제로는 [sŧ]로 발음되는 것입니다. 우리말의 'ㄸ'는 혀를 앞니 안쪽에 대고 소리 내지만, 영어의 된소리 [ŧ]는 <u>정석 [t]의 발음 위치(입천장의 볼록 튀어나온 부분)</u>에 혀끝을 대고 'ㄸ' 하는 느낌으로 소리 냅니다.

 **단어훈련 1** 된소리 [t]로 소리 나는 st- 혹은 중간소리 -st-가 들어간 단어를 듣고 따라 말해봅니다.

		☺ 미국식 발음	☹ 잘못된 발음
1	st**eak**	ㅅ떼잌 [steik]	스테이크
2	st**andard**	ㅅ때앤더ㅓrㄷ [stǽndərd]	스탠다드
3	st**aff**	ㅅ때애f [stǽf]	스탭
4	st**op**	ㅅ따앞 [stap]	스톱
5	in**st**ead	인ㅅ떼엗 [instéd]	인스테드
6	st**reet**	ㅅ뜨뤼읕 [stri:t]	스트리트
7	st**ressful**	ㅅ뜨뤠ㅅ(f)펄 [strésfəl]	스트레스풀
8	mi**st**ake	미ㅅ떼잌 [mistéik]	미스테이크
9	st**rong**	ㅅ뜨로엉 [strɔ:ŋ]	스트롱
10	st**omach**	ㅅ떠먹/믹 [stʌ́mək]	스토머크

1 스테이크 (주로 쇠고기)   2 표준, 기준   3 직원   4 정지, 멈추다   5 대신에   6 거리, 도로
7 스트레스가 많은   8 착오   9 힘센, 강인한   10 복부, 배

 FAQ

strong은 [ㅅ츄로엉]처럼 들리던데요?
맞습니다. t sound 뒤에 r이 오면 t를 [츄]에 가깝게 발음하기도 해서 strong이 [ㅅ츄로엉]에 가까운 소리로 들리기도 합니다. 즉, str-로 시작하는 단어의 -t-는 t sound 뒤에 r이 와서 [츄]로 발음하는 경우도 있고, 바로 앞 s의 영향을 받아 된소리 [t]로 발음하는 경우도 있는데요(사실 된소리와 [츄]의 중간 어디 소리쯤으로 들릴 때도 많습니다). 이는 어디까지나 발음이 편한 쪽을 선택하면 되는 것이죠. tr의 t[츄] 발음에 대해서는 다음 과에서 자세하게 다룹니다.

단어훈련 2

된소리 [t]로 소리 나는 ext-[ikst]가 들어간 단어를 듣고 따라 말해봅니다.

		😊 미국식 발음	☹ 잘못된 발음
1	extension	익ㅅ뗀션 [iksténʃən]	익스텐션
2	extreme	익ㅅ뜨뤼임 [ikstríːm]	익스트림
3	extend	익ㅅ뗀ㄷ [iksténd]	익스텐드
4	extent	익ㅅ뗀ㅌ [ikstént]	익스텐트
5	external	익ㅅ떠어r널 [ikstə́ːrnl]	익스터널
6	extorted	익ㅅ또어r딛 [ikstɔ́ːrtid]	익스톨티드
7	extensive	익ㅅ뗀씨v [iksténsiv]	익스텐시브
8	extinguisher	익ㅅ띵구이셔r [икstíŋgwiʃər]	익스팅귀셔
9	extended	익ㅅ뗀딛 [iksténdid]	익스텐디드
10	exterior	익ㅅ띠어뤼어r [ikstíəriər]	익스티리어

1 연장, 구내전화 2 극도의, 과격한 3 연장하다, 늘이다 4 정도, 범위 5 외부의 6 왜곡된, 강탈당한
7 넓은 범위에 걸치는, 외연적인 8 불 끄는 기구 (fire extinguisher 소화기) 9 연장된, 연장시킨
10 외부, 외부의

발음 포인트

1. extension number(구내번호)와 같이 ext-[ikst-]로 시작하는 단어에도 s sound가 있으므로 된소리 'ㄸ'로 발음되는 경향이 있습니다. [iks]에서 [i]는 '엑'처럼 들리기도 합니다. 이 부분은 나중에 [i] 발음에 대한 해설에서 자세히 다룹니다.
2. ext-로 시작하는 단어의 경우 바로 뒤에 r이 오는 경우엔 tr을 묶어 [츄]로 발음하는 경우도 많습니다. 따라서 extreme은 [익ㅅ츄뤼임]으로 발음하기도 하죠.
6. extorted에서 ext-의 -t-는 물론 된소리 [t]로 발음됩니다. 하지만 -ted의 -t-는 바로 앞 r의 영향을 받아 굴리는 소리 [t]에 가깝게 발음되어 'ㄷ'처럼 들립니다. 이와 비슷한 경우로 started도 앞 -t-는 된소리로, 뒤의 -t-는 굴리는 소리로 발음되어 [ㅅ따아r딛]처럼 들립니다.

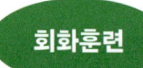

된소리 [t] 발음을 알아듣기는 그다지 어렵지 않습니다. 하지만 이 발음을 정확하게 해주면 영어다운 영어가 됩니다.

1 When you see a **stop** sign on the **street**, you better make sure to make a full **stop**. 길에서 정지 표지판이 보이면 반드시 완전히 멈춰야 합니다.

2 I had a terrible **stomachache** after I ate that spicy soup.
매운 수프를 먹은 후 복통이 심했어요.

3 He attempted to **extort** cash from his former boss by threatening to expose his **extramarital** affair.
그는 전 상사에게 불륜을 폭로하겠다고 협박해 돈을 뜯어내려고 했죠.

4 I'm thinking about **extending** my stay for another week.
일주일 더 체류 기간을 연장할까 고민 중이야.

5 I put so much money into that **stock**, which was a **stupid** decision.
그 주식에 너무 많은 돈을 투자했는데 어리석은 결정이었어.

6 His achievement this quarter will set a new **standard** for all of us.
이번 분기에 그가 이룬 성과는 우리 모두에게 새로운 기준을 제시할 것입니다.

7 Hey, do you know that your vehicle **registration sticker** is going to expire soon?
야, 너 자동차 등록 스티커가 곧 만료되는 거 알고 있니?

1 you better + 동사원형 ~해야 하다 (you'd better ~에서 'd를 생략하고 말한 것)   **3** extramarital affair (기혼자와 미혼자 사이의) 불륜   **7** vehicle registration sticker 자동차 등록 스티커 (미국에서는 자동차 등록을 정기적으로 갱신해야 하며, 일정 금액을 내고 1·2·5년 단위로 갱신 스티커를 발급받음)

발음 포인트

3 extramarital[èkstrəmǽritl]에서 extra-는 말하는 사람에 따라 [엑ㅅ뜨뤄] 또는 [엑ㅅ츄뤄]로 발음될 수 있습니다.

5 stock의 모음 -o-는 '아'로 발음되어 [스딱 stɑk]처럼 들립니다. stupid는 어떤 사람들은 [ㅅ뜨우핃]라고 하고, 어떤 사람들은 [ㅅ츄핃]라고 합니다. 어느 쪽이든 상관없이 끝소리 d는 받침소리입니다.

7 registration sticker에서 sticker의 -t-는 된소리 [t]로 발음됩니다. 하지만 registration에서 -str-의 t는 바로 뒤의 r과 뭉쳐 [츄]에 가깝게 들리기도 합니다.

다음 문장과 대화를 듣고 따라 하면서 된소리 [t] 발음을 자연스럽게 익혀보세요.

8   A   These are beautiful chairs, and a great price.
        이 의자들은 정말 예쁘고 가격도 저렴하답니다.

    B   Can I sit on it and see how I feel? 앉아서 어떤 느낌인지 살펴봐도 될까요?

    A   Absolutely. Watch your step here. What do you think?
        물론이죠. 여기 발조심하시고요. 어떠세요?

    B   Oh, they are beautiful, but extremely uncomfortable to sit on. I can't see myself sitting on this long enough to finish my coffee.
        아, 예쁘긴 한데 앉기 너무 불편하네요. 커피 한 잔 다 마실 때까지 앉아 있진 못할 거 같아요.

9   A   Stan was selected as the Employee of the Month.
        스탠이 이달의 직원으로 선정되었어요.

    B   Oh, good for him! What was he awarded for?
        아, 잘됐네요! 어떤 이유로 상을 받았나요?

    A   He provided extraordinary customer service, and he got a five-star review from every single person that he served this month. 탁월한 고객 서비스를 제공해서 이번 달에 서비스를 제공한 모든 고객으로부터 별 다섯 개의 리뷰를 받았어요.

10 A   Ginseng is famous as a stamina booster.
        인삼은 자양 강장제로 유명하잖아요.

    B   I ordered a couple of boxes from Amazon. It was nice and sweet, but strong stuff.
        아마존에서 두 박스 주문했어요. 맛은 달고 좋았지만 너무 쎄더라고요.

8 watch 조심하다   9 Good for someone! (누구) 너무 잘됐다! | extraordinary 탁월한

발음
포인트

9   extraordinary는 [익ㅆ뜨러오어r더네리] 또는 [익ㅅ츄러오어r더네리]처럼 들릴 수 있습니다.
10 '체력, 스태미너'를 뜻하는 stamina는 [스때애미너 stǽmənə]로 발음합니다. -t-가 된소리로 나는 전형적인 경우이죠.

07 T법칙 7: '츄'에 가깝게 발음하는 tr의 t [tʃ]

Is it true or not true?

사실인가요, 사실이 아닌가요?

tr의 t [tʃ]

혀끝을 입천장의 볼록한 부분에서 시작해 [t] 하고 바람을 내보내면서 곧바로 [r] 발음을 이어보세요. 입술을 동그랗게 쑥 내밀면서 혀끝은 목구멍 쪽으로 말며 [r] 소리를 내세요.

try   train   trouble   future   natural

tr-로 시작하는 단어에서 t는 '츄'에 가깝게 발음하는 경향이 있습니다(엄밀히 말하면 '튜'도 아니고 '츄'도 아닌 그 중간 어디쯤 소리이지만 우리말로 표기가 어려워 '츄'라고 하겠습니다). -ture로 끝난 단어에서는 99% t가 '-춰r'로 발음되지요.

tr 발음에서 r sound를 확실히 굴리기 위해 입을 모아 발음하다 보면, 자연히 '츄'에 가까운 소리가 나옵니다. 혀를 굴려 발음하는 r sound가 t sound에 영향을 주면서 일어나는 현상인데요. t sound는 바람만 내보내는 무성음이고, r sound는 성대를 울리는 유성음이죠. 무성음과 유성음이 연달아 나오면서 상대적으로 t sound가 유성음화되는 발음현상이라고 볼 수 있습니다. 사전상 발음기호로는 나타나지 않지만, 발음을 들어보면 미묘하게 정석 t sound와는 다른, '츄'에 가까운 소리로 들리는 걸 발견하게 될 겁니다.

단어훈련 1

[t]로 표기하지만 [tʃ]에 가깝게 발음되는 tr의 t가 들어간 단어를 듣고 따라 말해봅니다.

		🙂 미국식 발음	☹ 잘못된 발음
1	trip	츄륖 [trip]	트립
2	traveler	츄(r)래애(v)블러r [trǽvələr]	트래블러
3	transfer	츄(r)래앤ㅅ(f)퍼어r [trǽnsfər]	트랜스퍼
4	trouble	츄뤄벌 [trʌbl]	트러블
5	traffic	츄(r)래애(f)픽 [trǽfik]	트래픽
6	truck	츄뤅 [trʌk]	트럭
7	tremendous	츄뤼멘더ㅆ [triméndəs]	트리멘더스
8	extra	엑ㅅ츄러 [ékstrə]	엑스트라
9	extraordinary	익ㅅ츄로어r더네뤼 [ikstrɔ́:rdəneri]	엑스트라오디네리
10	extract	엑ㅅ츄랙ㅌ [ékstrækt]	익스트랙트

1 여행 2 여행자, 여행객 3 전근, 전학 4 곤란, 불편 5 교통 6 트럭 7 엄청난, 거대한
8 여분의, 특별한, 여분으로, 특별히 9 비범한 10 추출물

TIP

c가 '츄'로 발음되는 경우도 있죠!

위의 단어들에서 보듯 tr-로 시작하는 단어에서 t는 '츄'에 가깝게 발음합니다. 그런데 c가 '츄'로 발음되는 경우도 있습니다. 이런 경우는 주로 이탈리아에서 수입된 말이죠.
cello [췔로우 tʃélou] 첼로
concerto [컨췌r토우 kəntʃéərtou] 협주곡

 **회화훈련 1**

[t]로 표기하지만 [tʃ]에 가깝게 발음되는 tr의 t 발음을 실제 말하기에서 알아듣고 전달하는 연습을 할 차례입니다.

1. I would be in big trouble if I say that to her.
   그녀에게 그렇게 말하면 큰일 날 것 같아요.

2. It was a tremendous relief when I received the letter of confirmation. 확인서를 받고서 엄청 안심이 됐어.

3. Ginger extract made in Korea is the best energy booster.
   한국산 생강 추출물이 최고의 자양 강장제지.

4. How was your trip? I remember how excited you were about that trip. 여행 어땠어? 그 여행 되게 설레 했던 걸로 기억하는데.

5. If you are a frequent traveler, I want you to consider creating an account with us. 여행을 자주 다니신다면 저희 쪽에 계정을 만드시는 게 어떨지 고려해 보세요.

6. This bag feels extra heavy. What's inside?
   이 가방이 유난히 무겁게 느껴져요. 안에 뭐가 들어 있나요?

7. We need someone who can translate this letter into German.
   이 편지를 독일어로 번역할 수 있는 사람이 필요해요.

8. Making the transition from military to a normal civilian life can be challenging. 군 생활에서 평범한 민간인 생활로 전환하는 게 쉽지 않지.

1 be in trouble 곤란한 상황에 빠지다 3 ginger 생강 6 extra 특별히, 유난히 (extra long / extra large 등과 같이 쓰임) 7 translate A into B(언어) A를 B로 번역하다 8 transition 전환 | challenging (이뤄 내기가) 쉽지 않은, 어려운

 발음 포인트

6 extra는 ex-에 강세를 넣어 [엑ㅆ츄러 ékstrə]에 가깝게 발음하는 게 보통입니다. 이 문장에서 쓰인 뜻 외에 '추가로'(ex. extra ten percent discount 추가 10% 할인 / make extra copies 여분으로 복사하다)라는 의미로도 많이 알려져 있죠.

7 translate에서는 tr-[츄r]의 발음뿐 아니라 -s-가 [s]와 [z]의 중간쯤 소리로 발음된다는 점에 주목해 주세요. 원어민이 말하는 것을 들어보면 [s] 같게도 [z] 같게도 들리는데요, 발음 연습을 할 때 [z]에 가까운 소리로 연습해 주세요. 8번에 나오는 transition의 -s-는 확실한 [z]로 발음됩니다.

다음 문장과 대화를 듣고 따라 하면서 tr의 t 발음을 자연스럽게 익혀보세요.

9 A   I can't see anything because of this big eighteen-wheeler truck right ahead of me.   바로 앞에 커다란 18륜 트럭이 있어서 아무것도 보이지 않아.

     B   I know. I don't like to be behind this type of huge truck.
그러게. 이렇게 엄청 큰 트럭 뒤에 가는 건 정말 싫어.

     A   I have no choice because the traffic is backed up here.
여긴 차가 막혀서 어쩔 수 없어.

10 A   I'm going to drive to Las Vegas.   라스베가스에 차 몰고 갈 거야.

     B   Isn't it better to travel by plane?   비행기로 가는 게 낫지 않아?

     A   Well, it's a short trip. And I don't mind traveling by car.
음, 짧은 여행이잖아. 그리고 난 자동차로 여행하는 것도 괜찮아.

     B   I see. I guess you can also avoid the hassle of going through the airport.   그렇군. 공항을 통과하는 번거로움도 피할 수 있을 것 같네.

11 A   My wife received a job offer, and she wants to move closer to that job.   아내가 일자리 제안을 받았는데 그 직장에서 더 가까운 곳으로 이사하고 싶어 합니다.

     B   We have a transfer program so that you can move closer, too.
더 가까운 곳으로 옮길 수 있는 전근 프로그램도 있습니다.

     A   That's great. I will look up the closest location for that transfer.
잘됐네요. 그렇게 전근을 신청할 수 있는 가장 가까운 위치를 찾아보겠습니다.

     B   Right. Make sure that you get approval from your supervisor first.   알겠습니다. 먼저 상사의 승인을 받도록 하세요.

9 back up (교통 등이) 밀리다 (누군가를 '지원하고 지지하다', 컴퓨터 파일이나 프로그램을 '백업하다'란 의미로도 많이 쓰임) | **11** transfer 전근, 전학, 이동 ('송금하다'는 뜻의 transfer money에서와 같이 동사로도 쓰임) | look up (책, 인터넷 검색 등을 통해 정보를) 찾아보다

발음 포인트

10 '여행'을 뜻하는 trip(시작과 끝이 분명한 단기 여행)의 t-는 [츄]에 가깝게 소리 나서 [츄륍] 정도로 들립니다. 비슷한 의미인 travel(여행하는 행위 전반을 말함)의 t- 발음도 마찬가지로 소리 나 [츄(r)래애(v)블]에 가깝게 발음되죠.

11 여기서처럼 transfer가 명사로 쓰일 때는 강세를 앞의 -a-에 넣어 [츄**(r)래**앤스(f)퍼*r* trǽnsfər]와 같이 발음합니다. [애] 발음을 [애애]와 같이 조금 더 길게 끌어서 또렷이 들리게 하죠. 하지만 transfer가 동사로 쓰일 때는 뒤의 -e-에 강세를 넣어 [츄(r)랜스**(f)퍼***r*]로 [애] 발음을 길게 끌지 않죠.

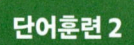 **단어훈련 2** tur(e)의 t[tʃ]가 들어간 단어를 듣고 따라 말해봅니다.

		☺ 미국식 발음	☹ 잘못된 발음
1	ad**ven**ture	얼**벤**춰r [ədvéntʃər]	어드벤쳐
2	**ges**ture	**줴**ㅅ춰r [dʒéstʃər]	제스처
3	**cen**tury	**쎈**츄뤼 [séntʃəri]	센츄리
4	**nat**ural	**내애**츄뤌 [nǽtʃərəl]	네츄랄
5	**lec**ture	**렉**춰r [léktʃər]	렉쳐
6	**sig**nature	**씨**ㄱ너춰r [sígnətʃər]	시그너쳐
7	**fu**ture	(f)**피유**춰r [fjúːtʃər]	퓨쳐
8	**fea**ture	(f)**피**이춰r [fíːtʃər]	피쳐
9	**cul**ture	**컬**춰r [kʌ́ltʃər]	컬쳐
10	**fix**ture	(f)**픽**ㅅ춰r [fíkstʃər]	픽스쳐

1 모험 2 (주로 얼굴 표정을 동반한) 손동작 3 세기 (한 세기는 100년) 4 자연의, 타고난 5 강의 6 서명 7 미래 8 특징, 특색, 주된 특징, 특별 기사 9 문화 10 (부엌, 욕실, 거실 등에 고정되어 있는) 설비, 고정물

 TIP

tu 뒤에 r이 따라오지만 t sound가 정석 [t]로 발음되는 단어들도 있습니다!
<-tur + 모음>의 형태일 때 t sound는 '츄' 하고 입을 모아 바람을 내보내는 무성음입니다. 하지만 다음과 같이 정석 [t]로 발음되는 경우도 있지요.
return [뤼터r언 ritə́ːrn] 돌아오다, 반납   turner [터어r너r tə́ːrnər] 선반공
turbo [터어r보우 tə́ːrbou] 터빈   turf [터어rf təːrf] 잔디

물론 tu 뒤에 r이 없으면 자연스럽게 정석 [t]로 발음됩니다.
tune [티유운 tjuːn] 곡조
tummy [터미 tʌ́mi] (어린애들이 쓰는 말) 배
gratitude [그(r)래애러티윧 grǽtətjùːd] 감사
intuitively [인티유우어티(v)블리 intjúːətivli] 직관적으로

회화훈련 2

tur(e)의 t[tʃ] 발음을 실제 말하기에서 알아듣고 전달하는 연습을 할 차례입니다. 다음 문장과 대화를 듣고 따라 하면서 tur(e)의 t[tʃ] 발음을 자연스럽게 익혀보세요.

1. We're living in the twenty-first century, and I think that looks very outdated. 우린 지금 21세기에 살고 있는데, 그건 너무 구식인 것 같은데요.

2. Please put your initials in the highlighted sections and your signature at the bottom. 강조 표시된 부분에는 이니셜을, 하단에는 서명을 입력해 주세요.

3. Her facial features remind me of a famous movie star back in the 1990s. 그녀의 이목구비를 보니까 1990년대 유명 영화배우가 떠올라요.

4. Understanding cultural differences is important nowadays for being a global citizen. 요즘은 세계 시민으로서 문화적 차이를 이해하는 게 중요하죠.

5. My father gave me a lecture about how important it is to find the right woman in my life. 아버지는 내 인생에서 (나한테) 맞는 여성을 찾는 게 얼마나 중요한지 설교를 늘어놓으셨어.

6. I need to call someone to replace the bathroom sink fixtures. 욕실 세면대 설비 교체를 요청해야 해요.

7. It is natural for me to say yes and just do it when my parents tell me to do anything. 부모님이 뭐든 하라고 하시면 '예'라고 말하고 그냥 하는 게 저한테는 당연한 일이에요.

8. The movie features an adventurous story of a man who traveled to India in early 2000. 이 영화는 2000년대 초에 인도를 여행한 한 남자의 모험담을 담고 있습니다.

1 outdated 구식인 3 facial features 이목구비 | A remind me of B A를 접하니 B가 떠오르다
6 call for 요청하다, 요구하다 | replace 교체하다   8 feature ~를 주요 내용으로 하다

발음 포인트

1 twenty-first century에서 first의 끝소리 -t는 거의 사라지고 안 들립니다.
3 features는 -ea-에 강세가 들어갑니다. -ea-를 [iː]로 길게 빼줘서 [(f)피이춰rz]로 발음하세요. 참고로 여기 features는 명사로 쓰였고, 8번에서는 동사로 쓰였습니다.
4 global의 강세모음 -o-는 [ou]로 발음하고, -al은 [ə]로 발음이 약화됩니다.
6 fixtures의 -i-는 [i]로 짧게 발음해 [(f)픽ㅅ춰rz]라고 소리 냅니다.

9   **A**   You didn't like the trip? You planned this trip for over a year.
여행이 마음에 안 들었던 거야? 이 여행을 1년 넘게 계획했잖아.

         B   To tell you the truth, I planned it to be an adventure, but it turned out to be a nightmare.
솔직히 말해 모험으로 계획했지만 악몽이 되어버렸어.

10   **A**   Once you fill out this form, I will process it. Please make sure to put your initials in the highlighted areas.
이 양식을 작성해 주시면 처리해 드리겠습니다. 강조 표시된 부분에 이니셜을 꼭 넣어주세요.

         B   Okay. Thanks. Here you are.   알았어요. 고마워요. 여기 있습니다.

         A   You forgot your signature at the bottom. Could you sign it and put down the date as well?
하단에 서명을 잊으셨네요. 서명하고 날짜도 적어 주시겠어요?

         B   Oh, my bad. What's the date today?
아, 제가 실수했네요. 오늘 날짜가 어떻게 되나요?

11   **A**   I'm going to order something very nice from Amazon for her birthday. 그 애 생일을 맞아 아마존에서 아주 좋은 걸 주문할 거야.

         B   What are you thinking about?   뭘 생각하고 있는데?

         A   I'm thinking about a set of diamond earrings. She likes earrings. And I will bring a bouquet of roses. 다이아몬드 귀걸이 세트를 생각하고 있어. 걘 귀걸이를 좋아하거든. 그리고 장미꽃 다발도 가져갈 거야.

         B   That is a nice gesture. She will be the happiest woman in the world. 좋은 생각이네. 걘 세상에서 가장 행복한 여자가 될 거야.

9 to tell you the truth 솔직히 말해 | it turned out to do ~ (뚜껑을 열어보니 결과가) ~했다   **10** My bad. (슬랭) 제가 실수했네요. (My fault. / My mistake. / Sorry, I was wrong about that.과 같은 의미)

발음 포인트

10 fill out은 [(f)필라웉]이라고 한 단어처럼 연결해 발음합니다. 참고로, 미국에서는 보통 서명(signature)을 할 때 그 옆이나 지정된 공간에 날짜도 같이 기입해야 합니다.

11 gesture[dʒéstʃər]에서는 -ture[취r] 발음 외에도 g- 발음에 주목해 봅시다. 이때의 g-는 [dʒ]로 발음되는데, 입천장 볼록한 부분(d 발음 위치)에 혀끝을 대고 혀를 차내면서 '쥬[ʒ]' 하고 발음하면 나는 소리입니다. (p. 145 참조)

068

08 | T법칙 8: 소리 없는 [t̸]

08.mp3

Fasten your seatbelt, please.

안전벨트를 매주세요.

소리 없는 [t̸]

단어 안에 t가 보여도 절대 발음해서는 안 돼요. t [t̸] 앞의 s sound는 '쓰-' 하며 바람을 세게 내보내세요.

cas**t**le   fas**t**en   glis**t**en   lis**t**en   wres**t**le

이번 발음기호는 기본 t에 ×를 넣은 모양입니다. 눈으로 t가 보여도 절대 발음해서는 안 된다는 뜻으로 t에 ×를 넣었습니다. [t̸]는 듣고 말할 때 t를 완전히 무시해야 합니다.

앞에서 배운 '사라지는 소리 [(t)]'의 경우엔, 영국식 영어를 하는 사람들이 말할 때는 들리기도 하는 등, 말하는 사람의 어투나 습관에 따라 선택적인 사항이라서 t를 ( )에 넣었죠. 하지만 [t̸] 발음은 절대 t 소리를 내서는 안 됩니다. 한마디로 묵음이라는 얘기이죠.

castle, wrestle, fasten, glisten 등의 단어에서 보듯 [t̸] 발음은 주로 철자 t 앞에 s가 나온 걸 확인할 수 있는데요. 이때 s는 '스'가 아니라 '쓰-' 하면서 바람을 세게 내보낸다는 느낌으로 발음하세요.

 **단어훈련** 소리 없는 [t]가 들어간 단어를 듣고 따라 말해봅니다.

		☺ 미국식 발음	☹ 잘못된 발음
1	castle	캐애슬 [kǽsl]	캐쓰틀
2	fasten	(f)패애슨 [fǽsn]	패스튼
3	ballet	배앨레에이 [bæléi]	발레
4	listen	리슨 [lísn]	리스튼
5	whistle	(우)위슬 [hwísl]	휘쓸
6	wrestle	뤠슬 [résl]	레슬
7	buffet	버(f)페에이 [bəféi]	뷰페 / 부페
8	debut	데(이)비유우 [deibjúː]	데뷔
9	mortgage	모어r기쥬 [mɔ́ːrgidʒ]	몰게이지
10	valet	(v)배앨레에이 [væléi]	발레트

1 성, 큰 저택 2 매다, 채우다 3 발레 4 듣다, 귀 기울이다 → 귀 기울여 듣다, 경청하다 5 휘파람 불다
6 레슬링을 하다, (문제 해결을 위해) 씨름하다 7 부페식 8 데뷔, 첫 선을 보이다 9 주택 담보 대출
10 (주로 호텔에서 일하는) 주차 담당원

TIP

[t] 발음은 애초에 단어 자체의 발음만 제대로 알면 알아듣기 어렵지 않아요!
영어는 라틴어, 게르만어(지금의 독일어), 프랑스어, 그리스어 등, 유럽의 여러 민족이 쓰는 언어에서 유입되고 변형되어 형성된 언어인데요(특히 게르만어와 프랑스어의 영향을 많이 받았죠). **fasten, listen, whistle, wrestle** 등과 같이 일부 영어 단어는 분명 t라는 철자는 있는데 소리가 없습니다. 이를 **silent t**, 우리말로는 묵음 t라고 하죠. 특히 게르만어에서 유래된 단어들 가운데 t가 묵음인 단어들이 많으며, **buffet, ballet, debut, valet**처럼 프랑스어에서 유래한 단어들도 제법 있습니다(**mortgage**는 라틴어와 프랑스어에서 유래). 프랑스어에서 t 소리는 묵음인 경우가 종종 있거든요. 아무튼 이런 단어들은 처음 접할 때 단어 자체의 발음만 제대로 익혀두면 이것저것 신경 쓸 필요 없이 쉽게 알아들을 수 있습니다. 따라서 위에 언급한 '잘못된 발음'이 오히려 학습에 방해가 된다면 그냥 처음부터 '미국식 발음'만 접수하고 넘어가세요.

회화훈련

소리 없는 [t]가 들어간 단어를 실제 말하기에서 알아듣고 전달하는 연습을 할 차례입니다.
다음 문장과 대화를 듣고 따라 하면서 자연스럽게 익혀보세요.

1. Now listen up, people. I need your undivided attention on this.
여러분, 잘 들으세요. 여기에는 여러분의 전폭적인 관심이 필요합니다.

2. She made her debut as a singer only six months ago. She is now seen as a K-Pop star.
그녀는 불과 6개월 전에 가수로 데뷔했어요. 이제 그녀는 케이팝 스타로 꼽히고 있죠.

3. He is the kind of person who wrestles with a problem until he finds a solution. 그는 해결책을 찾을 때까지 문제와 씨름하는 사람이에요.

4. I heard whistles blowing amid wild applause after he finished his speech. 연설이 끝나자 열렬한 박수 속에 휘파람 소리가 들렸어.

5. We have valet parking service available after check-in.
체크인 후 발렛 파킹 서비스를 이용하실 수 있습니다.

6. My son is interested in being a ballet dancer. You must be surprised, right? 우리 아들은 발레리노가 되는 데 관심이 있어. 놀랍지, 그지?

7. We visited a castle that dates back to the 15th century.
우리는 15세기로 거슬러 올라가는 성을 방문했어.

8. Fasten your seatbelt, honey. I got a warning sign on the dashboard. 안전벨트 매, 여보. 대시보드에 경고 표시가 떴어.

---

1 undivided attention 한눈 팔지 않고 전적으로 집중해서 관심을 기울이는 것
3 the kind of person who + 동사 ~하는 류의 사람 (사람의 특성을 설명할 때 쓰기 좋은 표현)
7 date back to the 15th centrury 15세기로 거슬러 올라가다

발음 포인트

2 debut의 끝자음 t는 소릿값이 없습니다. 대신 모음 u가 길어져 [데(이)비유우 deibjú:]라고 발음하죠.
3 wrestles는 [뤠슬z]로 발음됩니다. 끝소리 -es가 [z]로 발음되죠.
5 valet은 [(v)배앨레에이]로 발음됩니다. 이때 [v] 발음은 윗니로 아랫입술을 살짝 깨물고 목소리를 울려 바람을 내뿜으면 나는 소리입니다. (p. 246 참조)
8 fasten의 -t-도 소릿값이 없습니다. 참고로 Fasten your seatbelt.는 기내 안내방송에서 자주 듣는 표현이고, 일상대화나 도로 표지판에서는 Buckle up.을 더 자주 접하게 됩니다.

9 A Have you tried the one all-you-can-eat buffet restaurant down the street? 길가에 있는 무한리필 뷔페 레스토랑에 가봤어?

B Yeah, I did. It was the worst all-you-can-eat buffet.
응, 가봤어. 최악의 뷔페였어.

A What did you not like about it? 어떤 점이 마음에 안 들었어?

B The food was terrible. So salty and greasy. The display was terrible, too. And the inside of the restaurant was so dark and dingy. 음식이 끔찍했어. 너무 짜고 기름기가 많았어. 디스플레이도 끔찍했어. 그리고 식당 내부는 너무 어둡고 칙칙했어.

10 A How much do I pay monthly for the $800,000 mortgage?
80만 달러의 모기지에 대해 매달 얼마를 지불해야 하나요?

B You're on a 30-year fixed plan. So, $4,699 per month.
30년 고정금리를 이용하시니까, 한 달에 4,699달러입니다.

11 A We provide a valet parking service at the main entrance. Just drop your key here after checking in.
정문에서 발렛 파킹 서비스를 제공합니다. 체크인 후 여기에 키를 맡기시면 됩니다.

B Can I park my car myself? 직접 주차해도 되나요?

A Since we have limited parking, we only provide the valet parking service.
주차가 제한되어 있기 때문에 발렛 파킹 서비스만 제공합니다.

---

9 all-you-can-eat buffet 무한리필 뷔페 (미국에서는 이렇게 길게 표현하는 것을 우리말로 받아들여지면서 buffet로 축약됐다고 볼 수 있음) | dingy 칙칙한

발음 포인트

9 앞서 배운 발음으로, tried에서 tr-의 t는 [츄]에 가깝게 소리 납니다. 이런 류의 단어를 좀 더 보면 tragedy, tripod(삼각대), triple, trendy, trauma 등이 있죠.

11 entrance에서 -tr-의 t도 [츄]에 가깝게 소리 나 [엔츄런ㅆ éntrəns]처럼 들립니다. 강세가 첫 모음 e-에 있습니다.

Practice Test 1   오디오를 잘 듣고 다음 질문에 답해보세요.

PT 1.mp3

| STEP 1 | 미국인이 말하고 있는 단어는 다음 중 무엇인가요?

1 (a) certain   (b) curtain   (c) cartoon

2 (a) internal   (b) international (c) irrational

3 (a) studies   (b) stoppers   (c) studios

4 (a) quarter   (b) quota   (c) quitter

5 (a) term   (b) team   (c) tenant

| STEP 2 | 주어진 두 개의 단어 중 미국인이 말하고 있는 단어는 무엇인가요?

1 (wrest / test) run

2 (stressful / stressed) situation

3 (trouble / travel) itinerary

4 (mortgage / momentum) payment

5 (Internet / international) down

6 pure (cotton / cartoon)

7 redesigned (potter / portal)

8 purified or distilled (water / waiter)

9 tip-top (consent / condition)

10 (document / doctor's) folder

| STEP 3 | 미국인의 말을 잘 듣고 빈칸을 채우세요.

1. How did you do on your job _____?

2. Let me get _____ of here to get some coffee.

3. I need to talk to you about the _____ report.

4. One of my friends had a small _____ shop.

5. What's the _____ _____?

6. Dark chocolate _____ too _____ for me.

7. _____ shirts are okay, but they get heavier when I _____.

8. You can check our company _____ _____ and send us an application.

9. Could you give me your phone number or email that is _____ with your _____?

10. I _____ got an _____ about an _____ ahead of us.

11. I _____ into her office and _____ an hour or so discussing it.

12. I _____ see myself _____ there long enough _____ finish my coffee.

13. He has a _____ house. There's a _____ manicured garden with a small _____ _____ in the middle.

14. _____ it _____ _____ _____ by plane?

| STEP 4 | 미국인들의 대화를 잘 듣고 다음에 이어질 대사로 적절한 것을 고르세요.

1 (a) That sounds fun!
(b) I don't think so. I have a quiz tomorrow morning.
(c) Peter is younger than me, I think.

2 (a) It works well. It blocks air leaks and drafts.
(b) It makes our home almost 100 percent energy efficient.
(c) It's high-quality weatherstrip for windows.

3 (a) You can use either a passport or travel ID for domestic travel.
(b) No. You still need a passport to go abroad.
(c) I should apply for a new passport.

4 (a) Let's take a look around.
(b) That tastes good.
(c) How much is it?

5 (a) Driving is always fun for me.
(b) I don't think so.
(c) No. The subway is really good. I don't think I have to have a car.

6 (a) Their customer service is great.
(b) There's no phone number. Just an email to contact customer service.
(c) You can call them anytime.

→ 정답 p.336

유창한 회화로 가는 미국 영어 발음 ABC

영어 단어는 알파벳 그대로 읽히지 않습니다. 같은 글자도 위치와 강세에 따라 소리가 달라지죠. 특히 v, f, g, th, r, z처럼 한국어에 없는 발음은 들려도 구분이 안 되기 쉽습니다. 이 파트에서는 그런 자음과 모음들을 하나씩 짚어가며, 미국식 소리의 기준을 체계적으로 훈련합니다. 중요한 건 소리의 미묘한 차이를 구분하는 감각입니다. 입 모양과 혀의 위치, 공기의 흐름까지 익히다 보면, 이제 단어가 아닌 '소리'로 영어가 들리기 시작합니다.

PART 3

EXPANSION
미국 영어 발음 확장

09 | 입을 양 옆으로 당겨 내는 소리 [æ]

09.mp3

I'm allergic to cat hair.

고양이 털에 알레르기가 있어요.

[æ] 발음

우리말 '에' 할 때보다 입을 양옆으로 더 당겨준 다음, 턱을 아래로 떨어뜨린 상태에서 '애애애'라고 길고 강하게 소리 내세요.

aspirin   **a**llergy   b**a**d   m**a**d   f**a**t

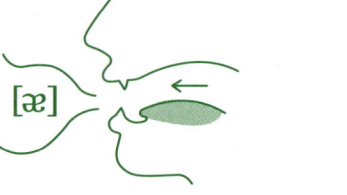

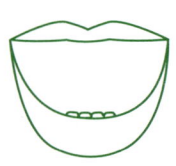

알파벳 a는 [æ 애], [ɑ: 아아], [ɔ: 오어], [ei 에이]의 무려 4가지 발음이 있습니다. 쉬울 것 같지만 의외로 a를 정확히 발음하지 못하는 분이 많아요. apple을 '에플', aspirin을 '아스피린', allergy를 '알레르기'라고 발음하면 미국인은 잘 못 알아듣습니다.

이번 과에서는 우리말 '에'와 착각해서 잘못 발음하는 [æ]를 연습해 볼 거예요. 우리는 '애'와 '에'를 구분없이 발음하곤 하는데, 영어의 [æ]와 [e] 발음에는 큰 차이가 있습니다. [æ] 발음은 우리말 '에'를 발음할 때보다 입을 양옆으로 더 당겨준 다음, 턱을 아래로 떨어뜨려 줍니다. 그 상태에서 '애애애'라고 길고 강하게 말해보세요. 장음(long vowel)은 아니지만, 우리가 생각하는 것보다 살짝 길게 발음할 때 [æ] sound가 잘 표현됩니다.

단어훈련 1

[æ]가 들어간 단어를 듣고 따라 말해봅니다.

		😊 미국식 발음	😞 잘못된 발음
1	apple	애애펄/애애뻘[æpl/æpl]	에플/애플
2	aspirin	애애스뻐륀[æspərin]	아스피린
3	add	애앤[æd]	에드
4	actress	애액트뤼ㅆ[æktris]	엑트레스
5	actually	애액츄얼리[æktʃuəli]	엑추얼리
6	acid	애애씯[æsid]	에시드
7	angry	애앵그뤼[æŋgri]	엥그리
8	advertisement	앤(v)버r타아이z먼ㅌ[ædvərtáizmənt]	어드버타이즈먼트
9	address	애애드뤠ㅆ[ædres]	어드레쓰/에드레쓰
10	accurate	애애키유뤹[ǽkjurət]	아큐레이트

1 사과 2 아스피린 3 더하다, 보태다 4 여배우 5 사실상, 사실대로 말하자면, 실제로 6 산(酸), 신 것
7 성난, 화난 8 광고 9 주소 10 정확한, 한치 오차 없는

발음
포인트

1 apple은 '에/애플'이 아니라 [애애펄] 또는 [애애뻘]로 발음됩니다.
2 aspirin의 -p-는 된소리 [ㅃ]에 가깝게 발음됩니다. (p.216 참조)
8 advertisement[앤(v)버r타아이z먼ㅌ]처럼 adv/adm으로 시작하는 단어의 d는 받침소리로 발음됩니다.

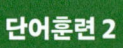 **단어훈련 2**   자주 쓰이는데 [æ]를 잘못 발음하고 있는 단어들입니다.

		☺ 미국식 발음	☹ 잘못된 발음
1	h**a**ppy	해애삐[hǽpi]	해피
2	th**a**nks	때앵ㅆ[θæŋks]	쌩(크)쓰
3	m**a**nage	매애니쥬[mǽnidʒ]	메니지
4	sed**a**n	씨대앤[sidǽn]	쎄단
5	cl**a**ss	클래애ㅆ[klæs]	클래쓰
6	b**a**ckground	배액ㄱ롸운ㄷ[bǽkgraund]	빽그라운드
7	c**a**tegory	캐애러고어뤼[kǽtəgɔ̀ːri]	카테고리
8	im**a**gine	이매애쥔[imǽdʒin]	이메진
9	m**a**th	매애θ[mæθ]	메쓰
10	tr**a**nsaction	츄(r)랜재액션[trænsǽkʃən]	트렌젝션

1 행복한, 기분 좋은   **2** 감사, 감사해요   **3** 관리하다   **4** 일반 4인승 고급 승용차   **5** 수업, 강좌   **6** 배경
7 부문, 범주   **8** 상상하다   **9** 수학   **10** 상거래

발음 포인트

1 happy의 -pp-도 된소리 [ㅃ]에 가깝게 발음됩니다. (p.216 참조)
7 강모음과 약모음 사이의 t sound는 굴리는 [t]로 발음합니다.
9 mathematic[mæθəmǽtik]의 줄임말로, 보통 '수학' 하면 줄임말인 math로 통용됩니다.

회화훈련

[æ] 발음을 실제 말하기에서 알아듣고 전달하는 연습을 할 차례입니다.
다음 문장과 대화를 듣고 따라 하면서 [æ] 발음을 자연스럽게 익혀보세요.

---

1 I take a baby aspirin a day for helping out my heart condition.
   난 심장 컨디션에 도움이 되는 베이비 아스피린을 매일 한 알씩 복용해.

2 Can you share the recipe of your apple pie with me?
   사과파이 레시피 좀 공유해줄래?

3 Thanks a lot for providing the background story.
   배경 이야기/비하인드 스토리를 알려주셔서 감사합니다.

4 Math was never my cup of tea.
   수학은 원래 내 취향 아니었어.

5 Back in 2010, I worked as a store manager at the Gangnam Starbucks.
   2010년에 강남 스타벅스에서 점장으로 일한 적이 있습니다.

6 She was a famous actress in early 2000.
   그녀는 2000년대 초에는 유명 여배우였어.

7 More and more people rely on the advertisements on YouTube.
   점점 더 많은 사람들이 유튜브 광고에 의존하고 있어요.

---

1 baby aspirin 심혈관 질환 예방용 아스피린 (일반 아스피린 한 알 용량 500㎎에 비해 80~100㎎의 적은 용량이라서 '베이비 아스피린'이라고 부름) **4** my cup of tea 내 취향 **5** back in + 연도 ~년으로 거슬러 가면

발음 포인트

1, 3 aspirin처럼 첫소리로 강세 모음 a[æ]가 오면 Thanks처럼 자음(th) 뒤에 a[æ]가 오는 경우보다 [æ] 발음이 더 길게 들리기도 합니다. 참고로, 너무 고마워서 '진짜 진짜 고마워!'라고 말하고 싶을 땐 Thanks!를 [때애애앵씨]라고 [æ] 발음만 아주 길게 늘어줘도 그 진정성이 충분히 전달되죠.

5 back의 a도 [æ] 발음이므로 [배액].

7 advertisements는 강세가 -tise-[타이즈]에 있기 때문에 상대적으로 첫소리 a[æ]는 짧게 발음하고 넘어가지만, advertisements의 축약어인 ads[æz]는 [애애즈]로 [æ] 발음을 비교적 길게 빼줍니다. advertisements에서 끝자음 -ts는 [ㅉ]에 가깝게 발음합니다.

8 A In America, Super Bowl Commercials are the talk of the town every year. **Have** you ever seen any?
미국에선 슈퍼볼 광고가 매년 화제야. 본 적 있어?

B I've seen a few on YouTube. Some of the **advertisements** were listed **as** the funniest videos.
유튜브에서 몇 개 봤어. 어떤 광고는 '가장 웃긴 영상'으로도 올라왔더라.

A **Many companies spend millions of dollars to get their ads out there.** 많은 기업들이 수백만 달러를 들여서 광고를 내보내기도 해.

9 A Is your mailing **address accurate**? Please take a look.
귀하의 우편 주소가 정확합니까? 한번 봐주세요.

B Yes, **that** looks good. 네, 정확합니다.

A Is this the billing **address** linked to your credit card?
신용카드에 연결된 청구서 수신 주소인가요?

B Yes, it is. **Thanks** for checking on **that**.
네, 맞습니다. 확인해 주셔서 감사합니다.

10 A I will send you an email with the link. You can click on **that** link to make a payment.
링크가 포함된 이메일을 보내드리겠습니다. 해당 링크를 클릭해 결제하시면 됩니다.

B Can I get a receipt **after** paying the fee online?
온라인으로 요금을 결제한 후 영수증을 받을 수 있나요?

A **Absolutely**. You will receive an email receipt **after** the **transaction** is complete. 물론입니다. 거래가 완료되면 이메일 영수증을 받게 됩니다.

---

8 commercial 상업광고 | ads 광고 (advertisements의 줄임말) **9** take a look (at) (~을) 살펴보다
10 receipt 영수증 | fee 요금

발음 포인트

8 have와 as의 a도 [æ] 발음이지만, 문장의 기능어로 쓰이는 경우엔 약하게 발음됩니다. 진짜 약하게 발음될 때는 [ə] 정도로 발음되죠. 한편, any와 many의 a는 [e]발음입니다.
9 that의 a도 [æ] 발음입니다.
10 after와 Absolutely의 a도 [æ] 발음입니다. 또, Absolutely의 t는 콧바람 소리 [t]가 되어 [애앱설루웉을리 ǽbsəluːtli] 정도로 발음됩니다.

잠깐만요!

[æ]와 [e]를 구분해서 발음해 보세요.

1	Did you mean that her dad is dead? 그녀의 아버지가 죽었다는 뜻인가요?	What I said was her dad is not dead. 제 말은 그녀의 아버지가 죽지 않았다는 겁니다.
2	I added "Thank you!" Before I hung up. "고마워요!"라고 덧붙였습니다. 전화를 끊기 전에요.	I edited the "Thank you" column in the monthly newsletter. 월간 뉴스레터의 "감사합니다"란을 편집했습니다.
3	Bad news doesn't get better with time. 나쁜 소식은 시간이 지나도 나아지지 않습니다.	This new bed doesn't fit very well in my bedroom. 이 새 침대는 제 침실에 그다지 어울리지 않아요.
4	We will get married in December this year. 우리는 올해 12월에 결혼할 거예요.	We will have a very merry Christmas this year. 우리는 올해 아주 즐거운 크리스마스를 보낼 거예요.
5	He just sat on that matter for months, doing nothing. 그는 몇 달 동안 그 문제에 대해 아무것도 하지 않고 앉아만 있었어요.	He just set you up for failure by doing nothing. 그는 아무것도 하지 않음으로써 당신을 실패로 이끌었어요.

1 What I said 내가 말한 것, 내 말 2 hang up 전화를 끊다 3 get better with time 시간이 지나면서 나아지다 4 merry (웃음꽃이 피어나는 분위기) 즐거운 5 set someone up for failure ~를 실패로 몰아넣다

발음 포인트

1 dad[dæd] / dead[ded]
 dad is [대애리z dǽtiz]. dad와 is가 연음되면서 dad의 끝음 d가 굴리는 [t]로 발음됩니다.
2 added[ǽtid] / edited[éditid]
3 bad[bæd] / bed[bed]
4 marry[mǽri] / merry[méri]
5 sat[sæt] / set[set]

10 'ㅂ'도 'ㅃ'도 아닌 [b]

10.mp3

You look so beautiful!

너무 예뻐요!

[b] 발음

윗입술과 아랫입술을 안으로 살짝 말아 넣었다가 [(으)ㅂ] 정도로 공기를 내보내세요.

baby beer bread book boy

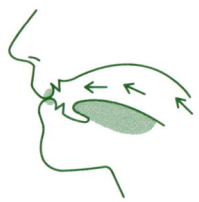
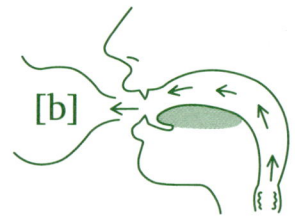

boy, band, best를 그냥 '보이, 뱅크, 베스트'라고 b를 ㅂ으로 발음하셨나요? [b]는 우리말 소리와 같다고 오해하고 대충 발음하는 대표적인 발음 중 하나인데, 영어의 [b] 발음과 우리말 'ㅂ' 사이에는 분명한 차이가 있습니다.

우리말 'ㅂ'는 윗입술과 아랫입술이 가볍게 맞닿아 만들어내는 소리입니다. 그런데 영어의 b sound는 윗입술과 아랫입술을 안으로 살짝 말아 넣었다가 공기를 내보내면서 내는 소리입니다. 입술만 부딪히는 소리가 아니라 입안에서 성대까지 울리는 깊은 소리가 나지요. 윗입술과 아랫입술을 약간 말아 넣고 '(으)ㅂ' 정도로 바람을 내뿜으며 발음해 주세요. '(으)'를 [으]라고 소리 내라는 얘기는 아닙니다. 립스틱을 바를 때처럼 입술을 말아 넣어 [읍] 하는 입 모양 상태에서 소리를 내면 b를 쉽게 발음할 수 있다는 것을 보여주기 위해 '(으)'라고 표시한 것입니다.

단어훈련 1

[b]가 첫소리로 들어간 단어를 듣고 따라 말해봅니다.

		☺ 미국식 발음	☹ 잘못된 발음
1	**B.C.**	(으)**비**이씨이 [[bíːsíː]	비시, 삐씨
2	**b**est	(으)**베**ㅅ트 [best]	베스트
3	**b**udget	(으)**버**쥍 [bʌ́dʒit]	버제트
4	**b**alance	(으)**배**앨런ㅆ [bǽləns]	밸런스
5	**b**ooster	(으)**부**우ㅅ터r [búːstər]	부스터
6	**b**oring	(으)**보**어륑 [bɔ́ːriŋ]	보링
7	**b**oundary	(으)**바**운더뤼 [báundəri]	바운더리
8	**b**ehavior	(으)**비**헤이(v)비어r [bihéivjər]	비헤이비어
9	**b**eautiful	(으)**비**유우러(f)펄 [bjúːtəfəl]	뷰티플
10	**b**elongings	(으)**블**로엉잉ㅆ [bilɔ́ːŋiŋs]	빌롱잉쓰

1 기원전 (Before Christ)   2 최고, 최선의   3 예산   4 균형, 잔액   5 효능 촉진제   6 지루한, 지루하게 하는
7 경계, 한계   8 행위, 행동   9 아름다운, 훌륭한   10 소지품

TIP

흑인 소년을 boy라고 부르면 안 됩니다!

일반적으로 boy는 아들(son) 대신 쓰는 말입니다. 하지만, 미국에서 흑인(African American/Afro-American) 남자아이를 boy라고 부르지는 마세요. 아픈 역사가 있습니다. 노예제도가 있던 시절, 백인들은 흑인을 나이에 상관없이 boy라고 불렀습니다. 나이가 들어도 미성숙한 존재로 취급한 것이죠. 그런 아픔 때문인지 미국 흑인들은 아버지가 어린 아들을 부를 때도 boy가 아니라 man이라고 합니다. 요즘은 이 말이 대중화되어 "이거 봐!", "이 사람아!"라는 뜻으로 Hey, man!이라 하죠. 아주 정중하게는 Excuse me, young man.이라 부릅니다.

 **단어훈련 2** [b]가 끝소리로 들어간 단어를 듣고 따라 말해봅니다.

		☺ 미국식 발음	☹ 잘못된 발음
1	grab	그래앺 [græb]	그라브
2	carb	카아*r*ㅂ [kaːrb]	카브
3	pub	펖 [pʌb]	퍼브
4	rub	뤕 [rʌb]	러브
5	curb	커어*r*ㅂ [kərb]	커브
6	absorb	업(z)조어*r*ㅂ [əbzɔːrb]	어브절브
7	superb	수퍼어*r*ㅂ [supə́ːrb]	슈퍼브
8	suburb	서버어*r*ㅂ [sʌ́bəːrb]	서버브
9	disturb	디스떠어*r*ㅂ [distə́ːrb]	디스터브
10	proverb	프롸아(v)버어*r*ㅂ [práːvəːrb]	프로버브

1 쥐어잡다 2 탄수화물 (carbohydrate [kɑ̀ːrbouháidreit]의 줄임말) 3 술집, 선술집 (우리나라 간판에서 많이 보는 HOF[하이f]는 맥주 원료를 뜻함) 4 문질러 닦다 5 (보도의) 연석 6 흡수하다, 없애다 7 훌륭한, 대단한, 지대한 8 도시근교 주택지구 (중산층 이상의 주택지대) 9 어지럽히다, 방해하다 10 격언, 속담

 FAQ

끝소리 [b]도 같은 방식으로 발음하면 되나요?
grab, pub, superb와 같은 경우에는 **윗입술과 아랫입술을 살짝 말아 넣기만 하고 소리를 내지 않으면 완벽한 끝소리 [b] 발음**이 됩니다.
한편 b로 끝난다고 해서 [b] 소리가 모두 나는 것은 아닙니다. 다음의 경우처럼 자음 b가 묵음(slient)인 단어들도 있지요.

bomb [bam] 폭탄   comb [koum] 빗   numb [nʌm] 마비된
womb [wuːm] 핵심, 자궁   knob [nab] 손잡이, 마디   tomb [tuːm] 무덤

회화훈련

[b] 발음을 실제 말하기에서 알아듣고 전달하는 연습을 할 차례입니다.
다음 문장과 대화를 듣고 따라 하면서 [b] 발음을 자연스럽게 익혀보세요.

1. She is more beautiful in person than in the picture.
그녀는 사진보다 실물이 더 아름다워요.

2. Keep an eye on your belongings at all times.
항상 소지품을 주시하십시오.

3. Let's go grab a bite. I'm hungry.
간단히 뭐 좀 먹으러 가자. 배고프다.

4. You will find the populous suburb of Incheon when you go south.
남쪽으로 가면 인구가 많은 인천 교외가 나옵니다.

5. Before we talk about the budget for a new refrigerator, let me check the current balance first.
새 냉장고의 예산에 대해 이야기하기 전에 먼저 현재 잔고를 확인해볼게.

6. You need to set boundaries so that people will show you respect.
사람들에게 존중받으려면 선을 분명하게 해야 해.

7. Bob is our webmaster, so you can send him an email to ask for help with any issues.
밥은 웹마스터이므로 문제가 생기면 그에게 이메일을 보내 도움을 요청할 수 있습니다.

---

1 in person 실제로 직접 하는, 실물로 직접 접하는   2 keep an eye on ~을 주시하다 | at all times 항상
3 grab a bite 간단히 뭐 좀 먹다   4 populous 인구가 많은

발음 포인트

1 beautiful의 -t-는 굴리는 [t]로 발음합니다.
3 grab a bite는 연음되어 [그래애버바이트]와 같이 발음됩니다.
5 about [어바웉 əbáut]. b sound가 단어 중간에 오는 경우도 다를 건 없습니다. -b-가 뒤의 모음 -o-와 결합하여 어엿한 [b] 소리를 내지요.
7 webmaster [(우)웹매애ㅅ떠r wébmæstər]. 역시 b sound가 단어 중간에 오는 경우인데요. 이처럼 -b- 뒤에 자음이 와서 결합할 모음이 없으면 그냥 끝소리 [b]로 발음합니다.

8 **A** **Bob's** wife is a realtor. She recently sold a million-dollar house.
밥의 아내는 부동산 중개인이야. 최근에 백만 달러짜리 집을 팔았어.

B That is nice. In fact, we're looking for a realtor who can sell a condo that we own.
잘됐다. 사실, 우리 소유의 콘도를 팔 수 있는 부동산 중개인을 찾고 있었는데.

A She is good. Her name is **Bonnie**. If you want, I can get her **number** for you. 괜찮은 사람이야. 이름은 보니인데. 원하면 전화번호 알려줄게.

9 **A** What is **curbside** pickup? 커브사이드(도로변) 픽업이 뭔가요?

B You place an order online and then you schedule your pickup.
온라인으로 주문한 다음 픽업 일정을 잡는 거예요.

A Ah ha. That's very convenient, and time-saving. You don't have to walk around to find stuff and then go through **busy** checkout stands. 아하. 그거 정말 편리하고 시간도 절약되겠네요. 필요한 물건 찾아다니고, 복잡한 계산대 줄 설 필요도 없고요.

10 **A** We had a new stand-up shower installed. We finally got rid of our twenty-year-old one.
스탠드형 샤워기를 새로 설치했어. 드디어 20년 된 샤워기를 없앴어.

B Oh, good! Do you like it? 아, 잘했네! 마음에 들어?

A **Absolutely**. We love it. It's a Koehler product, and they did a **great job**. 물론이지. 정말 마음에 들어. 쾰러 제품인데 정말 잘해주더라.

---

8 realtor 부동산 중개인   **9** curbside pickup 차에서 내려 건물로 들어가지 않고 길가에서 물건을 받는 것 (curbside는 '도로변'을 뜻함)

발음
포인트

9 curbside [커어r ㅂ싸이ㄷ kərbsáid]. -b- 뒤에 자음이 오므로 curb에서 [b] 발음이 끝납니다. 끝소리 [b]로 발음하면 되죠. pickup은 [피컾] 또는 [피껖] 정도로 발음됩니다.

10 job [쥬왑 dʒab]. 끝소리 [b] 발음입니다. 사실 job은 -b보다는 jo[dʒa] 발음이 만만치가 않죠. 이 부분은 뒤에서 따로 다룹니다.

11 첫소리 c가 만드는 발음 [k]

11.mp3

Cut It Out!

그만 좀 해!

첫소리 c [k]

턱을 아래로(↓)로 당기고 목구멍을 크게 열면서 'ㅋ(흐)' 소리를 내세요. 술 마실 때 자연스럽게 나오는 캬~ 소리입니다.

cat   cow   cute   crown

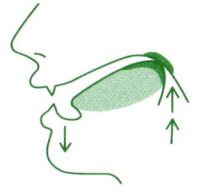 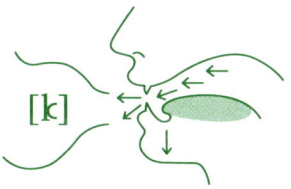

Korea의 k와 cut/cat/cow의 c는 소리가 다릅니다. 첫소리로 나온 c sound를 k sound와 구분하기 위해 새로운 기호 [k]를 만들었습니다. 곡선 모양 c가 붙은 [k]는 일반 k sound보다 목구멍을 더 크게 열고, 턱을 아래로 당겨 입을 크게 벌리며 발음해야 한다는 뜻이에요.

미국 사람들은 구강 구조상 턱을 아래로 많이 내립니다. 그러다 보니 입안 깊숙한 곳에서부터 소리가 납니다. 이때 목젖 부근에서 공기가 마찰되며 바람 새는 소리가 섞이죠. 그래서 이 첫소리 [k]를 제대로 발음하려면 턱을 아래로 당기고 목구멍을 크게 열면서 발음해야 합니다. 'ㅋ'보다 거칠고 깊은 소리로, 소주나 양주 같은 독주를 원샷(bottom up)한 뒤 나오는 "캬~" 소리가 바로 이 발음과 비슷합니다.

반면, epic처럼 끝소리 c는 단순히 [k]로 발음됩니다.

 **단어훈련 1** 첫소리 [k]가 들어간 단어를 듣고 따라 말해봅니다.

		😊 미국식 발음	😞 잘못된 발음
1	canned	캐앤ㄷ [kænd]	캔드
2	cold	코오울ㄷ [kould]	콜드
3	couple	커뻘 [kʌpl]	커플
4	casual	캐애쥬월 [kǽʒuəl]	캐주얼
5	confused	컨(f)피유우zㄷ [kənfjúːzd]	컨퓨즈드
6	control	컨츄(r)로울 [kəntróul]	컨트롤
7	cart	카아rㅌ [kaːrt]	카트
8	couch	캬우츄 [kautʃ]	카우치
9	compare	컴페에어r [kəmpéər]	콤페어
10	contract	카안츄(r)랙ㅌ [kɑ́ntrækt]	콘트랙트

1 캔으로 포장되어 나온 (상품) 2 ⑧ 차가운 ⑲ 감기 3 부부, 쌍 4 ⑧ 일상적인 ⑲ 캐주얼, 평상복
5 헷갈리는, 혼동되는 6 제어하다, 지배하다 7 (쇼핑 시) 카트 8 거실용 소파 9 비교하다 10 계약

 FAQ

cart의 c-는 '카'이고, couch의 c-는 '캬'네요?
우리말의 '카'에 비슷하게 발음이 되든, '캬'에 비슷하게 발음이 되든 cart의 c-와 couch의 c-는 턱을 아래로 당기고 목구멍을 크게 열면서 'ㅋ(흐)' 하고 바람을 세게 내뿜으며 발음해야 한다는 점은 동일합니다. 즉 둘 다 [k] 발음인 것이죠. 다만 **c- 뒤에 [au]나 [ju], [uː] 등과 같이 [u] 발음이 포함된 이중모음이나 장모음이 오는 단어의 경우 cou-[키아우 → 캬우], 또는 cou-/cu-/qu-[키이유 → 큐]**처럼 발음이 되어서 우리말의 '캬'나 '큐'에 가깝게 들리죠.

couch [키아우츄/캬우츄 kautʃ]　　　　count [키아운ㅌ/캬운ㅌ kaunt]
counselor [키아운쓸러r/캬운쓸러r káunsələr]
coupon [키이유우판/큐우판 kúːpan]
cube [키이유웁/큐웁 kjuːb]　　　　　queue [키이유우/큐우 kjuː]

회화훈련 1 다음 문장을 듣고 따라 하면서 첫소리 [k] 발음을 자연스럽게 익혀보세요.

1. They are the cutest couple I've ever seen. 내가 본 커플 중 가장 귀여워요.

2. When you click on it, it will show up in the cart at the top of the screen. 클릭하면 화면 상단의 장바구니에 표시됩니다.

3. He was totally confused about what he needed to do.
그는 무엇을 해야 할지 완전히 혼란스러워 했어요.

4. The dress code is business casual. That means no shorts, no jeans, no short dresses, no low-cut tops, no leggings, and no flip-flops. 복장 규정은 비즈니스 캐주얼입니다. 즉, 반바지, 청바지, 짧은 원피스, 가슴이 파인 옷, 레깅스, 플립플랍은 안 됩니다.

5. I think I have a cold. I have a sore throat and a high temperature.
감기에 걸린 것 같아. 목이 아프고 열이 많이 나.

6. You can compare the prices on a few online shopping malls, and then order. 온라인 쇼핑몰 몇 군데서 가격을 비교한 다음 주문하면 돼.

7. She couldn't control her emotions when she heard it.
그 여자는 그 말을 들었을 때 감정을 주체할 수 없었어요.

8. Canned vegetables are not real food, I think.
채소 통조림은 진짜 음식이 아닌 것 같아.

4 dress code 복장 규정 | low-cut tops 가슴이 많이 파인 상의   5 have a sore throat 목이 쑤시고 아프다 | have a high temperature 열이 높다

발음 포인트

1 cutest [키유우리에스트 kjuːtiest]. cute[키유우트] 뒤에 -st가 붙으면서 -t-가 굴린 소리로 변합니다.
4 code [코우ㄷ koud]
6 조동사 can의 c-도 첫소리 [k]로 소리 나지만 8번의 canned가 [캐애앤드]로 제소리를 다 낸다면, 조동사 can은 [컨] 정도로 약하게 발음됩니다.
c[k]는 Listening보다 Speaking을 할 때 주의해야 합니다. 강세만 제대로 지킨다면 우리말 'ㅋ'로 발음해도 외국인이 알아듣긴 하지만, 이번 기회에 정확히 구사해 봅시다.

 **단어훈련 2** 끝소리 c는 [k]로 받침처럼 발음됩니다. 끝소리 c가 들어간 단어를 듣고 따라 말해봅니다.

		😊 미국식 발음	😞 잘못된 발음
1	disc	디ㅅㅋ [disk]	디스크
2	mimic	미믹 [mímik]	미믹
3	basic	베이씩 [béisik]	베이직
4	optic	아앞틱 [áptik]	옵틱
5	garlic	가아r릭 [gáːrlik]	갈릭
6	heroic	히로우익 [hiróuik]	히로익
7	diabetic	다이어베릭 [dàiəbétik]	디아베틱
8	romantic	(r)로우매앤틱 [rouməntik]	로맨틱
9	chronic	크롸아닉 [kránik]	크로닉
10	episodic	에퍼싸아딕 [èpəsádik]	에피소딕

1 음반 2 흉내내다 3 기본적인 4 광학의, 눈의 5 마늘 6 영웅의 7 당뇨병의, 당뇨병 환자 8 낭만적인
9 만성의 10 일시적인, 간혹 일어나는

 FAQ

chronic의 ch-도 [k]로 발음되나요?
네, 그렇습니다. chronic에서처럼 ch-는 [k]로 발음되는 경우와 church, cheese에서처럼 [tʃ]로 발음되는 경우가 있지요. 다음은 ch-가 [k]로 발음되는 경우의 단어들입니다.
Christmas [krísməs] 크리스마스
Christ [kraist] 그리스도
Christian [krístʃən] 기독교도
chlorine [klɔ́ːriːn] 염소
chronicle [kránikl] 연대기 (The Chronicles of Narnia 나니아 연대기)
chronology [krənálədʒi] 연대기, 연표

회화훈련 2

다음 문장을 듣고 따라 하면서 끝소리 c[k] 발음을 자연스럽게 익혀보세요.

1 Freedom of expression is a basic human right.
표현의 자유는 인간의 기본 권리입니다.

2 His music is still available on compact disc. But you can download some of his popular songs for free from YouTube.
그의 음악은 여전히 CD로 나와. 하지만 그의 인기곡 중 일부는 유튜브에서 무료로 다운로드할 수 있지.

3 He is a dry and matter-of-fact person, and far from romantic.
그는 건조하고 T 성향인 사람이어서 낭만적인 것과는 거리가 멀어.

4 Garlic is a very strong spice, but it has many benefits.
마늘은 매우 강한 향신료이지만 좋은 점이 많아.

5 Her father is a diabetic, so he's watching his diet to limit his sugar, salt, and fat intake. 그녀의 아버지는 당뇨병 환자여서 설탕, 소금, 지방 섭취를 제한하기 위해 식단에 신경 쓰고 계셔.

6 Cameras, magnifying glasses, and microscopes are examples of optical instruments. 카메라, 돋보기, 현미경 같은 게 광학 기기이죠.

7 The movies with heroic characters are usually big hits in the theaters; for example, *Superman*, *Spiderman*, *Iron Man* and so forth. <슈퍼맨>, <스파이더맨>, <아이언맨> 등 영웅 캐릭터가 등장하는 영화는 일반적으로 극장에서 큰 인기를 얻지.

---

2 available 물건이 시판되어서 이용/구매할 수 있는 | for free 무료로   **3** matter-of-fact 감정을 드러내지 않고 사실에 입각한 | far from ~와는 거리가 먼 | romantic 낭만적인 사람   **5** intake 섭취, 섭취량

발음 포인트

3 fact [(f)패액ㅌ fǽkt]. fact의 -c-도 받침소리인 끝소리 [k]로 발음됩니다. 7번의 character[캐애릭터*r* kǽriktər]의 -c-도 마찬가지이죠.

6 microscope [마일뤄ㅅ꼬웊 máikrəskòup]. mic-를 '마이크'가 아니라 '마잌'이라고 한 상태에서 바로 -roscope의 발음을 이어주세요. 뒤에 나오는 -c- 발음은 된소리 'ㄲ'에 가깝게 발음됩니다. optic의 뒤에 -al이 붙은 optical은 [아앞띠컬/껄] 정도로 발음합니다.

 **단어훈련 3** c가 [s]로 발음되는 경우도 있습니다. c[s]가 들어간 단어를 듣고 따라 말해봅니다.

		☺ 미국식 발음	☹ 잘못된 발음
1	cent	쎈(ㅌ)[sen(t)]	센트
2	century	쎈츄뤼[séntʃəri]	센트리
3	center	쎄너r[séntər]	센터
4	certificate	써rㅌl(f)피킽[sərtífikət]	서티피케이트
5	celebrate	쎌러b뤠잍[séləbrèit]	셀러브레이트
6	cellular	쎌률러r[séljulər]	셀룰러
7	central	쎈츄뤌[séntrəl]	센트럴
8	certain	써어r은[sə́ːrtn]	서튼
9	cease	씨이ㅆ[siːs]	시이즈
10	cyberspace	싸이버r스뻬이ㅆ[sáibərspèis]	사이버스페이스

1 (미국 화폐 단위) 센트   2 세기   3 센터   4 인증서   5 축하하다   6 세포의, (통신) 셀 방식의 (이 경우 '휴대폰'을 뜻하는 cellular phone의 형태로 많이 쓰임)   7 중앙의   8 특정한   9 중단, 중단하다   10 사이버 공간

TIP

c가 [s]로 발음되는 경우는 다양합니다!
성대를 울리지 않고 'sss-' 하고 바람을 내보내면 [s] 발음이 되는데요. 직관적으로 빠르게 c[s] 발음을 인식하기 위해 위에서는 c[s]가 첫소리로 오는 경우들 위주로 다뤘습니다. 사실 c[s]가 중간 소리로 오는 경우, 끝소리로 오는 경우 등, c가 [s]로 발음되는 경우는 다양합니다.

- c[s]가 중간 소리로 오는 경우: accident / acid / concise / grocery / license / specific / vaccinate
- c[s]가 끝소리로 오는 경우: fancy / juicy / spicy / ice / voice / romance / science

회화훈련 3 다음 문장을 듣고 따라 하면서 c[s] 발음을 자연스럽게 익혀보세요.

1. Congratulations on your promotion. Let's celebrate it tonight.
   승진을 축하합니다. 오늘밤에 함께 축하합시다.

2. I am certain that the package was delivered to the right address.
   소포가 올바른 주소로 배달되었음을 확신합니다.

3. Make sure to keep all your training certificates in case you need to submit any.   나중에 제출해야 할 수도 있으니까, 모든 교육 수료증을 잘 보관해 두세요.

4. Chris loves to be the center of attention.   크리스는 관심의 중심이 되는 걸 좋아해.

5. We have five divisions: east, west, central, south, and north.
   우리에게는 동부, 서부, 중부, 남부, 북부의 5개 사단이 있습니다.

6. The royal palaces in Seoul were originally built in the 14th century.
   서울에 있는 궁은 원래 14세기에 지어졌어요.

7. Younger generations are much more used to communicating in cyberspace through social media.
   젊은 세대는 SNS를 통해 사이버 공간에서 소통하는 데 훨씬 더 익숙하죠.

8. Price tags ending with 99 cents are used to create the impression that they are lower-priced items.
   99센트로 끝나는 가격표는 가격이 저렴한 제품이라는 인상을 주기 위해 사용된다.

---

3 in case + 문장 ~한 경우에 대비해 **5** division (육군) 사단 **7** social media SNS (SNS는 영어 아님)
8 price tag 가격표 | low-priced 가격이 싸게 붙은, 값싼 (price는 '가격을 매기다, 값을 정하다'는 동사로도 쓰이며, priced는 '값이 매겨진, 값이 붙은'이란 의미)

발음 포인트

 1 congratulations의 c-는 첫소리 [k] 발음입니다.
 4 Chris의 Ch-도 첫소리 [k] 발음입니다.
 6 palace [패앨리ㅆ pǽlis]
8 price [프라이ㅆ prais] / priced [프라이ㅆㄷ]

 **회화훈련 4** 다음 대화를 듣고 따라 하면서 다양한 c sound를 자연스럽게 익혀보세요.

1 A Since when have you been having migraines?
편두통이 언제부터 있었어요?

B It's been about a month. I would say it's more episodic than chronic. It comes and goes, usually whenever I get stressed out at work. 한 달 정도 됐어요. 만성이라기보다는 일시적인 증상에 가까워요. 보통 직장에서 스트레스를 받을 때마다 나타났다 사라지곤 해요.

2 A I don't buy canned vegetables. To me, they are not real vegetables. 난 채소 통조림은 안 사. 진짜 채소로 안 쳐.

B I can't agree with you more. Vegetables should be on the shelf, not in cans. 전적으로 동감이야. 채소는 통조림이 아니라 선반 위에 있어야지.

3 A In America, you can find great deals, called "epic deals" at least two times a year. You will find products with great prices. 미국에서는 적어도 일 년에 두 번 정도 "대박세일"이라고 불리는 대규모 할인행사가 있다는 걸 알게 될 거야. 완전 저렴한 가격의 물건을 찾을 수 있어.

B When are those two times? 그 두 번이 언제인데?

A The first one comes around July 4th, Independence Day. The second one comes in November right after Thanksgiving Day. It is called Black Friday. 첫 번째는 독립기념일인 7월 4일 전후야. 두 번째는 추수감사절 직후인 11월에 있는데, '블랙 프라이데이'라고 하지.

1 migraine[máigrein] 편두통 **3** epic deals 대박세일 (epic은 놀랄 만한, 대단한) | Black Friday 예전에는 추수감사절 다음 날인 금요일에 진행되었으나, 이제는 추수감사절 주간 월요일에 일찍 시작함

 발음 포인트

2 조동사 can은 [큰/컨] 정도로 약하게 발음되고 부정형인 can't는 [캐앤(ㅌ)]처럼 끝소리 t는 거의 사라진다고 했습니다. 그렇다면 끝소리 d가 거의 사라져 [캐앤(ㄷ) kænd] 정도로 발음되는 canned(통조림한)와 헷갈리는데, 듣고 어떻게 구별할 수 있을까요? 방법은 각 단어의 뒤에 따라오는 말이 무엇인지 그 내용을 이해하며 자연스럽게 알아듣는 것뿐이죠. 이 대화에서처럼 조동사인 can't 뒤에는 동사가 옵니다. 그리고 형용사인 canned 뒤에는 명사(주로 음식 명사)가 오죠.
I can't understand. 이해가 안 돼.   I don't like canned fruit. 과일 통조림 안 좋아해.

12 변신하는 소리 [d] 1: 정석 [d]

12.mp3

What's the date today?

오늘 며칠이야?

정석 [d] 발음

혀끝을 입천장 볼록한 부분에 대고 목청 깊숙이에서 성대를 울려 소리 내세요.

date **d**igit to**d**ay moo**d** be**d**time

 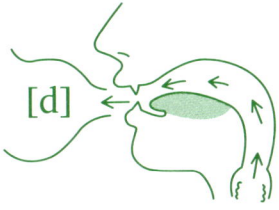

d sound를 흔히 우리말 'ㄷ'과 같다고 생각하는데 우리말 '다리', '달', '대리', '도둑'을 한번 발음해 보세요. 혀 앞부분 대부분이 입천장과 닿는 것을 느낄 수 있습니다. 하지만 date, desk 등을 발음할 때 영어의 d sound는 혀끝을 입천장의 볼록한 부분에 대고 성대를 울려 내는 소리입니다. 만약 입천장에서 혀를 어느 위치에 갖다 댈지 헷갈린다면 아이를 어를 때처럼 혀로 '딱' 소리를 내어 보세요. 바로 그 자리입니다. 그리고 배에서 공기를 끌어올리는 식으로 힘 있게 공기를 뿜어내 주세요.

앞에서 t sound도 혀끝을 입천장의 볼록한 부분에 대고 내는 소리라고 했는데요, 혀끝을 입천장의 볼록한 부분에 대고 바람만 내보내면 t, 성대를 울려 소리 내면 d sound가 됩니다. 발성법이 비슷하다 보니 d는 t와 유사한 패턴 변화를 보입니다. 정석 d 발음, 혀를 굴려줘야 하는 d 발음, 들리지 않는 d 발음 등이 있죠.

 **단어훈련 1**   정석 [d] 발음 중 첫소리에 [d]가 들어간 단어를 듣고 따라 말해봅니다.

		☺ 미국식 발음	☹ 잘못된 발음
1	**d**ata	데이러[déitə]	데이터
2	**d**inner	디너r[dínər]	디너
3	**d**igit	디짙[dídʒit]	디지트
4	**d**ouble	더벌[dʌbl]	더블
5	**d**efensive	디(f)펜씨v[difénsiv]	디펜시브
6	**d**igest	다이쮀ㅅㅌ[daidʒést]	다이제스트
7	**d**uring	디유어륑[djúəriŋ]	듀링
8	**d**amage	대애미쥬[dǽmidʒ]	데미지
9	**d**ivorce	디(v)보어rㅆ[divɔ́ːrs]	디보스
10	**d**iagnose	다이어ㄱ노우ㅆ[dáiəgnòus]	디아그노스

1 데이터 2 저녁식사 3 자릿수 4 두 배 5 방어적인 6 소화하다 7 ~동안 8 손상 9 이혼
10 (병) 진단하다

 TIP   **d sound는 우리말의 'ㄷ'보다 좀 더 강한 느낌!**
d sound와 관련하여 영어를 처음 받아들여 쓰던 세대의 유산 중 하나가 d sound를 'ㄸ'으로 발음하는 경향입니다. 예컨대 double을 '따블', dance를 '땐스', down을 '따운'이라고 발음하는 거죠. 발음 이론을 모른다고 해도 영어의 d가 우리말의 'ㄷ'과 다르고 좀 더 강한 느낌이 있음을 직관적으로 감지했기 때문이 아닌가 싶어요.

단어훈련 2

정석 [d] 발음 중 끝소리에 [d]가 들어간 단어를 듣고 따라 말해봅니다.

		☺ 미국식 발음	☹ 잘못된 발음
1	moo**d**	무우읃[muːd]	무드
2	gla**d**	글래앧[glæd]	글래드
3	nee**d**	니이읻[niːd]	니드
4	weir**d**	(우)위어r ㄷ [wiərd]	위어드
5	gifte**d**	기(f)프티ㄷ [gíftid]	기프티드
6	atten**d**	어텐ㄷ [əténd]	어텐드
7	sprea**d**	ㅅ빼(r)레엗[spred]	스프레드
8	engage**d**	인게이쥬ㄷ [ingéidʒd]	인게이즈드
9	passwor**d**	패애쑤어r ㄷ [pǽswərd]	패스워드
10	surroun**d**e**d**	써롸운디ㄷ [səráundid]	서라운디드

1 기분 2 기쁜, 다행인 3 필요하다 4 이상한, 요상한 5 재능을 타고난 6 참석하다 7 확산, (특별한 날을 맞아) 음식이 그럴 듯하게 잔뜩 차려져 있는 것 8 약혼한 9 비밀번호 10 둘러싸인

FAQ

끝소리 d가 들어간 단어는 어떻게 발음해요?

위의 단어와 같이 끝에 나오는 d는 받침소리 정도로만 발음해야 합니다. 즉 혀끝을 정석 [d] 발음할 때의 위치인 입천장의 볼록한 부분에 댄 상태에서 끝내는 거죠. 끝소리 [d]는 소리가 울리다가 멈춰진 소리이므로, 거의 들리지 않을 수 있습니다. 우리말의 모음 '으'를 붙여 '드'라고 발음하지 않도록 주의하세요.

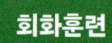 **회화훈련**   정석 [d] 발음을 실제 말하기에서 알아듣고 전달하는 연습을 할 차례입니다.

1. Single-digit margins are not enough for a company like us to keep going. 한 자릿수 마진으로는 우리 같은 회사를 계속 운영하기에 충분하지 않습니다.

2. You need to keep updating your password in this data portal.
이 데이터 포털에서는 비밀번호를 계속 업데이트하셔야 합니다.

3. I was invited to a dinner at Kim's, and it was a nice spread of Korean fusion style dishes.
킴의 저녁식사에 초대를 받았는데, 한국 퓨전 스타일의 요리가 멋지게 차려져 있었어.

4. I'm sorry but I'm just not in the mood to talk right now.
미안하지만 지금은 얘기할 기분이 아니야.

5. Are you glad that I came back to pick you up?
내가 데리러 오길 잘했어?

6. Why is he acting so weird? He's not himself today.
쟤 왜 저렇게 이상하게 행동하지? 오늘 그 애답지가 않다.

7. This course is designed for highly gifted learners.
이 과정은 재능이 뛰어난 학습자를 위해 설계되었습니다.

8. I ate double the portion size that I usually eat.
평소보다 두 배의 양을 먹었어.

---

1 keep going 계속 꾸려가다, 버티다   **3** spread (특별한 날을 맞아) 음식이 그럴 듯하게 잔뜩 차려져 있는 것
4 be not in the mood to +동사원형 ~할 기분이 아니다

 발음 포인트

2 updating [엎데이링 ʌpdéitiŋ]. up-과 -dating은 음절이 분리되어 있습니다. 따라서 up[엎]이라는 발음이 완결되고 dating[데이팅]이란 발음이 이어지므로 이때의 -d-도 첫소리로 오는 정석 [d] 발음으로 납니다. -d-가 단어 중간에 왔을 때 바로 앞에 자음이 오면 -d-는 정석 [d]로 발음된다고 단순하게 생각하면 되겠습니다.

6 today [트데이/트레이 tədéi/tətéi]. 마찬가지로 to[트]라는 발음이 완결되고 day[데이]가 오므로 이때의 -d-도 첫소리로 오는 정석 [d]로 발음할 수 있습니다. 단, 앞의 발음이 이처럼 모음으로 끝날 경우 d sound는 부드럽게 굴리는 소리 [t]로 바꿔 발음하기도 합니다. ready[뤠리], video[(v)비리오우]처럼 말이죠.

다음 문장과 대화를 듣고 따라 하면서 정석 [d] 발음을 자연스럽게 익혀보세요.

9 A Apple cyder vinegar is very popular, especially for weight loss. 애플 사이다 식초는 특히 체중 감량에 매우 인기가 있어.

B It's what they call ACV, right? How do you use it?
ACV라고 부르지? 어떻게 사용해?

A You can take one tablespoon with a glass of water after a meal. But don't take it by itself because it will bring damage to your throat and digestive system. It is a very strong acid.
식사 후에 물 한 컵과 함께 큰 스푼으로 한 스푼 먹으면 돼. 그런데 달랑 그 식초만 먹으면 안 된다. 목이랑 소화기관에 손상을 줄 수 있거든. 산이 되게 강한 식초야.

10 A Her husband was diagnosed with diabetes.
그 애 남편이 당뇨병 진단을 받았대.

B Oh, I know. She is now all about making the right meals for him. Something easy to digest and control the portion size as well. Especially for dinner. David is a lucky guy to have a wife like her. 아, 알아. 걔 요새 남편한테 맞는 식사를 챙기는 데 온 신경을 쓰더라. 소화 잘 되고, 양 조절도 잘 되는 음식 위주로. 특히 저녁은 더. 데이비드는 복 받은 사람이야, 그런 아내가 있어서.

11 A Diego is highly gifted in art just like his dad.
디에고는 자기 아빠처럼 미술에 재능이 있어.

B I know. I saw some of his paintings. They are absolutely beautiful. 그러게 말야. 걔 그림을 몇 점 봤는데 진짜 아름답더라.

A I think he will be a great artist someday.
언젠가는 훌륭한 예술가가 될 것 같아.

9 tablespoon 큰 숟가락 | by itself 단독으로 | digestive system 소화기관   10 as well ~도, 마찬가지로

발음 포인트

9 Apple cyder vinegar에서 cyder의 -d-는 굴리는 소리로 변형되어 [싸이러r sáitər]처럼 발음됩니다. vinegar는 강세가 vi-에 들어가 뒤따라오는 모음 -e-와 -a-는 상대적으로 약해져 [(v)비느거r vínəgər]로 발음됩니다.

10 diagnosed [다이어ㄱ노우ㅆㄷ dáiəgnòusd]. 한 단어 안에서 첫소리 [d]와 끝소리 [d]를 연습할 수 있는 좋은 예네요. 첫소리는 분명하게 발음되고, 끝소리는 받침소리로 거의 들릴락말락합니다. did / dead / died / dried / dined / dated / divided / diced / digged 등도 모두 한 단어 안에서 첫소리와 끝소리 [d]를 확인할 수 있습니다.

단어훈련 3

중간에 오는 -d-가 끝소리 [d], 즉 받침소리로 나는 단어를 듣고 따라 말해봅니다.

		😊 미국식 발음	☹ 잘못된 발음
1	be**d**time	벧타임 [bédtaɪm]	베드타임
2	brea**d**crumb	브뤤ㅋ(r)럼 [brédkrʌm]	브레드크럼브
3	wee**d**killer	(우)위읻킬러r [wíːdkilər]	위드킬러
4	gui**d**eline	(우)가읻라인 [gáidlàin]	가이드라인
5	bloo**d** type	블럳타잎 [blʌ́dtàip]	블러드 타입
6	drie**d** goods	드라읻구욷ㅈ [draidgudz]	드라이드 굿즈
7	sli**d**e deck	슬라이(ㄷ)덱 [slai(d)dek]	슬라이드 덱
8	tra**d**emark	츄뤠읻마아r ㅋ [tréidmɑrk]	트레이드 마크
9	har**d**-headed	하r(ㄷ)헤리ㄷ [haːr(d)hétid]	하드 헤디드
10	han**d**-held	해앤(ㄷ)헬ㄷ [hǽn(d)held]	핸드헬드

1 잘 시간　**2** 빵 부스러기　**3** 제초제　**4** 지침, 가이드라인　**5** 혈액형　**6** 건어물, 건조식품
7 슬라이드 덱 (강연이나 강의 시 사용하는 시각적 보조 도구, 프레젠테이션 슬라이드)　**8** 상표　**9** 냉정한
10 손에 쥐고 쓸 수 있는, 소형의

발음 포인트

[-d+자음]. 단어 중간에 오는 d sound 다음에 바로 b, k, p 등의 자음이 올 때 d는 받침소리로 발음해야 합니다. 한 단어에서 일어날 수도 있고, 두 단어가 연결될 때도 이런 현상이 적용됩니다. 받침이 된 d는 거의 들리지 않는 것처럼 느껴집니다. 대신 d 다음에 온 자음은 상대적으로 더 강하게 들리죠.

10 hand-held에서 hand 부분의 -d-는 받침소리로 발음하는 사람도 있지만 대개는 -d- 발음을 생략하고 말할 때가 많습니다.

단어훈련 4

-nd 모양에서 [d] 발음은 주로 생략합니다. 다음 단어를 듣고 따라 말해봅니다.

		😊 미국식 발음	😞 잘못된 발음
1	bond	바안(ㄷ)[ban(d)]	본드
2	find	(f)파아인(ㄷ)[fain(d)]	파인드
3	diamond	다이여먼(ㄷ)[dáiəmən(d)]	다이아몬드
4	kind	카인(ㄷ)[kain(d)]	카인드
5	mind	마인(ㄷ)[main(d)]	마인드
6	fund	(f)펀(ㄷ)[fʌn(d)]	펀드
7	windshield	(우)윈쉬일ㄷ[wín(d)ʃiːld]	윈드쉴드
8	sandwich	쌔애ㄴ위츄[sǽn(d)witʃ]	샌드위치
9	stand	ㅅ때앤(ㄷ)[stæn(d)]	스탠드
10	second	세컨(ㄷ)[sékən(d)]	세컨드

1 채권 2 찾다 3 다이아몬드 4 친절한 5 (머리에서 비롯되는) 마음, 생각 6 펀드 7 (자동차) 앞 유리
8 샌드위치 9 참다, 견디다 (이 경우 보통 cannot과 함께 쓰임) 10 두 번째(의)

TIP

-nd로 끝나는 단어도 연음되면 [d] 발음이 살아나기도 하죠!

-nd로 끝나는 단어를 단독으로 말할 때 미국인들은 대개 끝소리 [d]를 생략합니다. 하지만 stand alone[ㅅ때앤더로운], you and I[유앤다이]와 같이 -nd로 끝나는 단어 뒤에 모음으로 시작하는 단어가 오면 -d와 모음이 연음되어 -d 발음이 살아나기도 하죠. 그렇다고 해도 대개는 gol(d) and diamon(d) / secon(d) chance / some kin(d) of joke / stan(d) by / min(d)-boggling(믿기 어려운, 깜짝 놀랄 만한)처럼 끝소리 [d]를 생략하고 말할 때가 많죠.

회화훈련 [-d + 자음]과 [(d)] 발음을 실제 말하기에서 알아듣고 전달하는 연습을 할 차례입니다.

1 You're so kind. I appreciate your assistance.
정말 친절하시네요. 도와주셔서 감사합니다.

2 Keep in mind that there will always be some kind of changes periodically. 명심하세요. 항상 주기적으로 변동사항이 발생합니다.

3 I will email you the slide deck for the training in Tuesday.
화요일에 쓸 교육용 슬라이드 덱을 메일로 보내드리겠습니다.

4 Did you notice that there is a rock chip in the windshield on the passenger's side? 조수석 앞 유리에 바위 조각 박힌 거 봤어?

5 It's 11 o'clock, and it's already way past our bedtime.
11시야, 우리 잘 시간 이미 한참 지났어.

6 About 38% of the population have O positive blood type, so it is the most common blood type.
인구의 약 38%가 혈액형이 O형이니까, O형은 가장 흔한 혈액형이죠.

7 His office is on the second floor to your right when you get off the elevator. 그의 사무실은 엘리베이터에서 내리면 오른쪽 2층에 있습니다.

8 You should turn off any handheld devices such as smartphones, tablets, e-readers, and portable gaming consoles during the flight.
비행 중에는 스마트폰, 태블릿, 이북리더기, 휴대용 게임기 등과 같은 휴대용 기기를 꺼주시기 바랍니다.

2 keep in mind 명심하다 | periodically [pìəriάdikəli] 정기적으로, 주기적으로 **4** notice 눈치채다 | passenger's side 조수석 쪽 **5** way 훨씬 **8** handheld device 소형 휴대용 기기 | portable 휴대의

발음 포인트

2 mind의 -d는 발음이 생략됩니다. kind of는 [카인업]처럼 -d 발음을 생략하고 말하는 사람도 있고, [카인덥]처럼 연음해서 말하는 사람도 있습니다.

4 windshield에서 중간의 -d-는 아예 발음하지 않고 끝소리 -d는 받침소리로 발음해 [(우)윈쉬일ㄷ] 정도로 말합니다.

5 bedtime에서 중간의 -d-는 받침소리로 발음합니다.

다음 문장과 대화를 듣고 따라 하면서 [-d + 자음]과 [(d)] 발음을 자연스럽게 익혀보세요.

9
A David can't stand to sit around and do nothing. He needs to do something. 데이빗은 아무것도 안 하고 가만히 있는 걸 못 견뎌. 할 일이 필요해.
B Oh good. Can you have him put up the pictures in the living room? 아, 좋아. 거실에 그림을 걸어 달라고 할래?
A Sure. He will be happy to do that. 그래. 아주 좋아라 하며 해줄 거야.

10
A I'm looking for an engagement ring. 약혼반지를 찾고 있어요.
B What kind of shape are you looking for? Round, princess, oval, or marquise? 어떤 모양을 찾고 계신가요? 라운드, 프린세스, 오벌, 마퀴즈 중에요?
A Let's start with princess. 프린세스부터 한번 볼게요.
B Sure. A diamond cut determines how it responds to light. Let me show you a few rings so that you can see the differences in each cut. 좋아요. 다이아몬드는 컷에 따라 빛을 반사하는 방식이 달라요. 컷마다 어떤 차이가 있는지 몇 가지 반지를 보여드릴게요.

11
A How was the conference? 회의는 어땠어요?
B It was good. I thought I would find something interesting. And I did. 좋았어요. 흥미로운 것을 찾을 수 있을 거라 생각했는데, 찾았어요.
A What was it? 그게 뭐였나요?
B I got some good data pool sources, and some good people that I can stay connected to for this subject. 좋은 데이터 풀 소스와 이 주제에 대해 계속 연락할 수 있는 좋은 사람들을 만났어요.

9 can't stand to + 동사원형 ~하는 걸 못 견디다 | sit around (아무것도 안 하고) 가만있다
10 respond to ~에 반응하다 (여기서는 빛에 반사하다는 의미로 쓰인 것)

발음 포인트

9 stand의 끝소리 -d는 생략하고 [ㅅ때앤(ㄷ)] 정도로 발음합니다. need의 끝소리 -d는 받침 소리로 [니인] 정도로 발음하지만 뒤에 -s가 붙어 needs가 되면 [니이z]로 발음이 바뀝니다. 10번의 responds도 마찬가지이죠.

11 good의 끝소리 -d는 받침소리입니다. 뒤에 자음으로 시작하는 다른 단어가 와 good data / good people / good food / good day와 같이 쓸 때도 받침소리는 살아 있습니다. 정리해보면, 단어의 끝소리이든 단어 내 음절의 끝소리이든 d sound가 끝소리로 오면 대부분 받침소리로 발음합니다. 단, -d 앞에 자음 n이 오는 경우(-nd)에는 -d를 노골적으로 발음하지 않고 생략하는 경우가 많다는 것이죠.

Hello, everybody.

안녕하세요, 여러분.

굴리는 d[t] sound

목청을 울리며 혀끝을 입천장의 볼록 튀어나온 부분에 살짝 스치듯이 굴리며 소리 내세요.

audi**e**nce   **e**very**bo**dy   **pa**r**do**n   **noo**dle

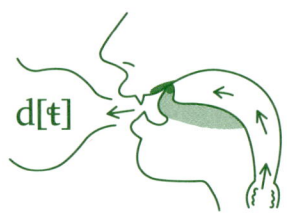

d sound는 t sound와 소리가 만들어지는 혀의 위치가 같기 때문에, 발음현상도 비슷하게 나타납니다. t sound가 강모음과 약모음 사이에서 굴러가는 소리로 바뀌듯, d sound도 모음과 모음 사이에서 굴리는 [t] 소리로 변합니다. 이는 d sound가 입천장에 닿는 강도가 약해지면서 생기는 현상인데, 앞의 강모음을 강조하려는 경향 때문에 [d] 소리는 줄고 자연스럽게 굴리는 [t] 소리가 납니다.

천천히 말하면 [d]로 뚜렷하게 들리지만, 빠르게 말할 땐 굴리는 [t] 소리로 바뀝니다. 실제 미국인들의 대화나 영화, 드라마를 들어보면, d sound를 혀끝이 입천장 볼록한 부분에 슬쩍 스치듯이 대면서 굴러가는 [t]로만 발음하고 지나가는 경우를 자주 들을 수 있어요. 이런 소리의 강약 차이가 영어를 더 리드미컬하게 만들어 줍니다.

단어훈련

굴리는 d[t] sound가 들어간 단어를 듣고 따라 말해봅니다.

		😊 미국식 발음	😖 잘못된 발음
1	e**d**ible	에러벌[étəbl]	에더블
2	la**dd**er	래애러r[lǽtər]	래더
3	har**d**er	하아r러r[hάːrtər]	하더
4	ma**d**e in	메이린[meitin]	메이드인
5	ba**d**ly	배애를리[bǽtli]	배들리
6	mo**d**el	마를[mάtl]	모델
7	everybo**d**y	에(v)브뤼바아리[évribɑːti]	에브리바디
8	sta**d**ium	ㅅ떼이리엄[stéitiəm]	스테이디움
9	rea**d**y	뤠리[réti]	레디
10	hea**d**ing	헤링[héting]	헤딩

1 먹을 수 있는, 식용의 **2** 사다리 **3** 더 열심히 하는, 더 어려운 **4** ~에서 만들어진, ~산(産)인 **5** 심하게, 몹시, 너무 **6** 모델 **7** 모두, 누구나 **8** 경기장 **9** 준비된 **10** ~ 방향으로 가는

발음 포인트

3 약한 [r] 소리에 바로 뒤따르는 [d]도 굴리는 [t]로 약화되어 발음되는 경향이 있습니다. order[오어r러r], pardon[파어r른]도 같은 경우이죠.

4 [d]로 끝난 단어가 모음으로 시작하는 단어를 만나면 연음현상이 일어나 [d]는 'ㄹ'과 비슷한 굴리는 [t] 소리가 납니다.

5 [d] 뒤에 [l]이 오는 경우의 [d]도 굴리는 [t] 소리로 발음합니다. noodle[누우럴], middle[미럴]도 같은 경우이죠.

3, 4, 5번도 크게 보면 강모음과 약모음 사이의 [d]가 굴리는 [t] 소리로 난다는 사실에 해당하죠.

회화훈련 굴리는 d[t] sound를 실제 말하기에서 알아듣고 전달하는 연습을 할 차례입니다.

---

1 Before **heading** out to shop, just make sure to search for online coupons.
쇼핑하러 가기 전에 꼭 온라인 쿠폰을 검색해 보세요.

---

2 This is a great opportunity for you to advance your career up the **ladder** of **leadership**.
이번이 리더십의 사다리를 타고 경력을 쌓을 수 있는 절호의 기회입니다.

---

3 **Everybody** and **anybody** can see how he treats his **subordinates**.
그가 부하직원을 어떻게 대하는지는 누구나 다 알 수 있습니다.

---

4 You can attract more customers by advertising **products made in** America.
미국에서 만든 제품을 광고하여 더 많은 고객을 유치할 수 있습니다.

---

5 I **ordered** an **edible** fruit basket with a cake for my daughter's birthday. She loved it.
딸의 생일을 맞아 케이크와 함께 식용 과일 바구니를 주문했어. 딸이 아주 좋아했어.

---

6 I have a long list of tasks to get my home **ready** for the holidays.
크리스마스 연휴를 맞아 집에 준비해야 할 일들이 줄줄이야.

---

7 The **harder** you work, the more results you'll see.
열심히 일할수록 결과를 더 보게 될 거야.

---

2 **ladder** 사다리 (비유적으로 출세를 향한 '길'이나 지위의 '단계'를 의미하는 말로도 자주 쓰임)
3 **subordinate** 부하   6 **have a long list of tasks** 할 일의 목록이 길다, 즉 할 일이 많다는 의미 | **the holidays** 크리스마스 연휴 (12월 20일 경부터 보통 2주 정도 됨)

발음 포인트

2 ladder의 -dd-와 leadership의 d 발음은 굴리는 [t]로 소리 납니다.
3 subordinates [써보어러너ㅊ səbɔ́ːrtənətʃ] 부하직원들
4 products [프러럭ㅊ prátʌktʃ]
5 ordered에서 앞의 -d-는 굴리는 [t]로 소리 나고, 뒤의 -ed는 받침소리 [d]로 거의 약화되어 들릴락말락 합니다.

다음 문장과 대화를 듣고 따라 하면서 굴리는 d[t] sound를 자연스럽게 익혀보세요.

---

8   A   Do you know what football stadium has the largest capacity in the world? 세계에서 가장 많은 관중을 수용할 수 있는 축구 경기장이 어디인지 알아?

   B   Umm. I don't know. 음. 모르겠는데.

   A   It's Rungrado 1st of May Stadium. '릉라도 5월 1일 경기장'이야.

---

9   A   Does anybody have any questions? Oh ok. Yes. What is your question? 질문 있으신가요? 아, 좋아요. 네, 질문이 뭐죠?

   B   Thank you for such a great presentation. My question is how often we should get rid of outdated data and refresh it. 훌륭한 프레젠테이션 감사합니다. 제 질문은 오래된 데이터를 얼마나 자주 없애고 새로 갱신해야 하는가예요.

   A   Good question. The data pool can be updated in real time. But in this case, every quarter is a reasonable cycle. Just make sure to keep all the data saved. 좋은 질문입니다. 데이터 풀은 실시간으로 업데이트할 수도 있어요. 하지만 이 경우에는 분기마다 한 번씩이 적절한 주기예요. 다만, 모든 데이터를 꼭 저장해 두세요.

---

10   A   What's going on? You look sad. 무슨 일이야? 슬퍼 보이네.

   B   I miss my puppy badly. 강아지가 너무 보고 싶어.

   A   Oh, the new puppy you got last month? What happened? 아, 지난달에 새로 데려온 강아지? 무슨 일 있었어?

   B   My wife and daughter took her on their trip, and they are not coming back till next Saturday. 아내와 딸이 여행 떠날 때 데려갔는데 다음주 토요일에나 돌아올 거야.

---

8 Rungrado 1st of May Stadium 릉라도 5월 1일 경기장 (북한 평양에 있음)   **9** outdated 오래된, 기한이 지난 | quarter 분기   **10** not A till B B가 되어서야 A가 되다

발음
포인트

8 stadium의 -d-는 굴리는 [t]로 소리 납니다. 단, -d-는 목청을 울려 소리 내주세요. 하나 더! stadium에서 -t-는 된소리 'ㄸ'에 가깝게 발음됩니다.

9 rid of는 연음되면서 [뤼럽] 정도로 발음됩니다. rid의 -d가 굴리는 [t] 소리로 바뀌죠. 또, outdated의 첫 번째 -t-는 받침소리로, 두 번째 -t-는 굴리는 소리로 발음됩니다. data의 -t- 역시 굴리는 [t] 소리로 [데이라]로 발음되죠. 하지만 개인의 습관에 따라 [데-타], [데-라]로도 발음합니다.

14 변신하는 소리 [d] 3: '듀'와 '쥬'의 중간소리 dr의 [d]

Sweet dreams.

좋은 꿈 꿔.

dr

dr의 [d] 발음

입술을 동그랗게 쑥 내밀면서 혀끝을 입천장의 볼록한 부분에서 시작해 [d] 소리를 낸 후, 곧바로 [r] 발음으로 이어보세요.

dream drive drug drum dry-clean

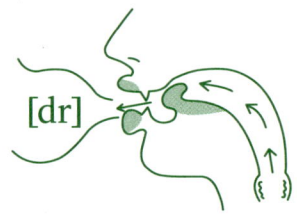

d sound와 r sound의 발음 요령을 정확하게 지켜서 하면 이 복자음 dr sound는 자연스럽게 구사됩니다. 우선 d sound를 발음할 때 모음 '으'를 넣어 '드'라고 하지 않도록 주의하는 것이 중요합니다. d sound를 만드는 곳, 즉 입천장의 볼록한 부분에 혀를 스칠 때 입 모양이 '우' 하는 모양이 됩니다. 입천장 볼록한 부분을 스치자마자 '뒤' 하면서 r sound로 이어서 말해보세요. 이때 d sound는 '듀'도 '쥬'도 아닌 중간 소리로 발음됩니다. 여기서는 편의상 우리말 발음 표기 시 '듀'로 표기합니다.

단어훈련

'듀'와 '쥬'의 중간소리로 발음되는 [dr]이 들어간 단어를 듣고 따라 말해봅니다.

		😊 미국식 발음	😞 잘못된 발음
1	dr**ug**	듀**럭**[drʌg]	드러그
2	dr**yer**	듀**롸**이어r[dráiər]	드라이어
3	dr**op**	듀**랖**[drɑp]	드롭
4	dr**ibble**	듀**뤼**벌[dríbl]	드리블
5	dr**one**	듀**로운**[droun]	드로운
6	dr**iver**	듀**롸**이(v)버r[dráivər]	드라이버
7	dr**agged**	듀**래액**ㄷ[drægd]	드래그드
8	dr**unken**	듀**룅**컨[drʌ́ŋkən]	드렁컨
9	dr**aft**	듀**래앺**(f)ㅌ[dræft]	드래프트
10	dr**essing**	듀**뤠**씽[drésiŋ]	드레싱

1 약물, 마약 **2** 드라이어, 건조기 **3** 중도 포기하다 **4** 액체가 천천히 소량 똑똑 떨어지는 모습 **5** 드론
6 운전기사 **7** drag(끌어내다, 끌어당기다)의 과거형 **8** 술에 취한 **9** (글) 초안 **10** (샐러드에 뿌리는) 드레싱

FAQ

drug은 마약인데, 약국은 왜 드럭스토어(drugstore)죠?

drug은 '약물, 약품'을 일컫는 포괄적인 표현입니다. '가정 상비약(emergency care drugs)', '일반 의약품(over-the-counter drugs)', '약물 중독(drug addiction)', '약물 남용(drug abuse)', '마약상(drug dealer)', '마약 거래(drug dealing) 등과 같은 말을 할 때 drug이 쓰입니다. drugstore는 내부에 약국(pharmacy)이 있는 편의점(convenient store)을 의미합니다. 미국에서 가장 인기 있는 drugstore 체인은 Walgreens와 CVS입니다.
참고로, 미국인들은 '마약'이라고 '헤로인(heroin)'이나 '아편(opium)'과 같이 구체적인 이름이나 종류로 말합니다. 헤로인이나 아편을 포함하고 있는 마약은 보통 narcotic이라고 하고요. 이런 마약류는 보통 진통제로 쓰이기 때문에 의사의 처방전(prescription)이 있으면 drugstore에서 합법적으로 구입이 가능합니다.

 **회화훈련**　[dr] 발음을 실제 말하기에서 알아듣고 전달하는 연습을 할 차례입니다.

1　I like this salad **dressing**. It has a nice touch of sesame oil and vinegar.　이 샐러드 드레싱 마음에 들어요. 참기름과 식초가 들어가서 맛이 좋아요.

2　Can we stop by a **drugstore**, Walgreens or CVS, whichever comes up first along the way?
월그린이든 CVS든 가는 길에 먼저 나오는 드럭스토어에 들를까?

3　**Drew dropped** the chemistry class since he found out it was too tough for him.　드루는 화학 수업이 자신에게 무리라는 걸 알고 화학 수업을 그만뒀어.

4　I will send you a **draft** of the letter by email.
서신 초안을 이메일로 보내 드리겠습니다.

5　There was a new report saying that they detected **drones** flying over the 38th parallel.
38도선 상공을 비행하는 드론이 감지되었다는 새로운 보고가 있었습니다.

6　The car accident was caused by a **drunk driver**.
그 교통 사고는 음주 운전자가 냈어.

7　Can you grab the **laundry** from the **dryer**? It must be done by now.　건조기에서 빨래 좀 갖다 줄래? 지금쯤이면 끝났을 거야.

---

1 salad dressing 샐러드 드레싱 (salad sauce라고는 하지 않음) | a nice touch of ~를 살짝 더해 맛이나 식감을 좋게 함　**2** Walgreens 미국의 대표적인 drugstore (CVS도 마찬가지)
5 the 38th parallel (of latitude) 38도선　**7** by now 지금쯤이면 (벌써)

발음 포인트

1　salad dressing은 연음되면서 salad의 -d 발음이 생략됩니다. 연음될 때 앞 단어의 끝자음과 뒤 단어의 첫 자음 발음이 같은 경우 보통 앞 단어의 끝자음은 생략되죠.

3　Drew[dru:]는 남자 이름으로 Andrew의 줄임말입니다. '듀루우'도, '쥬루우'도 아닌 그 중간 어디쯤 소리로 발음되죠.

4　draft[dræft]는 '드래앺ㅌ'와 '쥬래앺ㅌ'의 중간 어디쯤 소리로 발음됩니다. 여기서 모음 [æ]는 [애애] 정도로 길게 빼주고, [f] 발음도 신경 써주세요(p.131 참조).

7　laundry[lɔ́:ndri]의 -dr-도 마찬가지 현상이 나타나 '로언듀뤼'와 '로언쥬뤼'의 중간 어디쯤 소리로 발음됩니다.

다음 문장과 대화를 듣고 따라 하면서 [dr] 발음을 자연스럽게 익혀보세요.

8 A Drew got a ticket for drunk driving. 드루가 음주 운전으로 딱지를 떼었어.
B What? That's hard to believe. He's not a heavy drinker.
뭐라고? 믿기 힘든데. 걔, 술 많이 마시지도 않잖아.

9 A Drones have had a dramatic impact on photography and filming. 드론은 사진 촬영과 영상 제작에 엄청난 영향을 미쳤어요.
B I know. I saw some amazing shots from a few drones.
맞아요. 저도 드론으로 찍은 멋진 영상들을 몇 개 봤거든요.
A Right. Now you can see drone photography used for real estate. You can create some dynamic video footage with aerial shots. 그쵸. 요즘은 부동산 분야에서도 드론 촬영이 쓰이고 있어요. 항공샷으로 역동적인 영상도 만들 수 있죠.

10 A We have a problem with one of the bathroom sink faucets.
욕실 세면대 수도꼭지 중 하나에 문제가 있어요.
B What's going on? 무슨 문제요?
A There was a constant flow of water this morning. But now it's been reduced to a dribble.
오늘 아침엔 물이 계속 줄줄 나왔거든요. 그런데 지금은 물이 똑똑 떨어질 정도예요.
B Call the plumber and make an appointment as soon as possible. 배관공에게 전화해서 가능한 한 빨리 예약 잡아요.

---

8 drunk driving 음주 운전 (일상적인 표현) **9** real estate 부동산 | footage (특정 장면을 촬영한) 영상
10 faucet [fɔ́ːsit] 수도꼭지 | plumber [plʌ́mər] 배관공 | as soon as possible 가능한 한 빨리 (= ASAP)

발음
포인트

9 drone의 dr- 발음은 물론 모음 o[오우] 발음에도 신경 씁니다. 또한, 우리가 평소 '드라마틱'하다는 식으로 자주 말하는 dramatic[drəmǽtik]은 '듀뤼매릭'과 '쥬뤼매릭'의 중간 소리로 발음됩니다. dr sound뿐 아니라 굴리는 소리로 변형되는 -tic의 t sound도 귀 기울여 들어보세요.

10 reduced[ridjúːst]의 -d-는 정석 [d]로 발음되고, dribble[drǐbl]에서 dr-의 d-는 '듀'와 '쥬'의 중간소리로 발음됩니다. 한편 reduced는 바로 뒤의 to와 연음되면서 reduced의 끝소리 [t]가 생략됩니다. 즉 reduced to는 [뤼디유우ㅅ터] 정도로 한 단어처럼 발음되죠.

15 | e의 세 가지 발음 1: 강세를 받는 e [e] 발음

15.mp3

How would you like your eggs?

달걀은 어떻게 해드릴까요?

강세 e[e] 발음

'에계~'라고 할 때처럼 힘 있게 [에] 라고 소리내 보세요. 입꼬리가 절로 위로 올라갑니다.

escort   **e**ssay   **e**very   att**e**nd

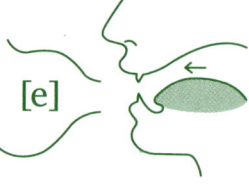

알파벳 e는 무조건 '에'로 발음한다고 생각하는 분 있나요? 차차 짚어가겠지만 영어의 e가 우리말의 '에'라는 생각은 이제 그만 떨쳐버려야 합니다. e sound는 강세를 받는가, 받지 않는가, 어디에 위치하는가에 따라 세 가지로 발음될 수 있으니까요. 이번 과에서는 먼저 강세를 받는 e 발음에 대해 연습해 보겠습니다.

escort, essay에서처럼 모음 e에 강세가 들어갈 때는 우리가 "에계, 이까짓 걸 어디다 써?"와 같은 말을 할 때 힘을 주면서 '에'를 발음하는 것과 같은 소리가 납니다. 사실, 우리말에서는 '에'로 표기하는 것을 영어에서 강세를 받는 e sound로 발음하고 있다고 보면 됩니다. 반면, '애'는 사실상 [æ]와 동일한 음가이지만, 현대 한국어에서는 '애'와 '에'의 차이가 거의 없어졌습니다.

단어훈련

강세 e [e]가 들어간 단어를 듣고 따라 말해봅니다.

		😊 미국식 발음	☹ 잘못된 발음
1	**e**gg	에ㄱ [eg]	에그
2	**e**nd	엔ㄷ [end]	엔드
3	**e**ffort	에(f)퍼rㅌ [éfərt]	에포트
4	**e**ssence	에썬ㅆ [ésns]	에쎈스
5	**e**ligible	엘리줘벌 [élidʒəbl]	엘리저블
6	t**e**xt	텍ㅅㅌ [tekst]	텍스트
7	**e**tiquette	에리킽 [étikit]	에티켓
8	**e**ntrance	엔츄뤈ㅆ [éntrəns]	엔트런스
9	**e**stimate	에ㅅ터멑 [éstəmət]	에스티메이트
10	**e**ducate	에쥬케잍 [édʒukèit]	에듀케이트

1 달걀 2 끝, 결말 3 노력 4 본질, 정수 5 자격이 있는 6 문자, 문자를 보내다 7 에티켓 8 입구
9 견적 10 교육하다

Part 3
발음
a-e

발음 포인트

3 effort는 맨 앞의 e-에 강세가 와서 [e]로 발음됩니다. 다음으로 나오는 모음 -o-는 상대적으로 약화되어 [ə]로 발음되죠.

6 1음절 단어(모음 발음이 하나만 있는 경우)는 당연히 해당 모음에 강세가 가게 됩니다. 따라서 모음이 e밖에 없는 text와 같은 경우, e는 [e]로 발음되죠. 같은 경우로 best, went, west, less, when, well 등이 있습니다.

7 etiquette은 맨 앞의 e에 강세가 와서 [e]로 발음됩니다. 따라서 두 번째로 나오는 -e-는 상대적으로 약화되어 [i]로 발음되며(p.118 참조), 끝의 -e 발음은 소리가 나지 않습니다 (p.125 참조).

회화훈련 강세 e [e] 발음을 실제 말하기에서 알아듣고 전달하는 연습을 할 차례입니다.

1. I will get you the estimate for this job, including materials, labor, and tax.
재료비, 인건비, 세금을 포함하여 이 작업에 대한 견적을 알려드립니다.

2. Would you like your eggs scrambled, boiled or sunny side up?
달걀을 스크램블로 드릴까요, 삶아 드릴까요, 아니면 한쪽만 익혀드릴까요?

3. Let me see if she is eligible for the membership or not.
멤버십에 가입할 자격이 있는지 확인해 보겠습니다.

4. The end statement is that we have achieved the goal for this year.
결론은 우리가 올해 목표를 달성했다는 것입니다.

5. In essence, what you're going through is not uncommon.
본질적으로, 여러분이 겪고 있는 일은 드문 일이 아닙니다.

6. The rules of etiquette are very different in every country.
에티켓의 규칙은 나라마다 매우 다릅니다.

7. Make every effort to attend this upcoming training on cyber security.
다가오는 사이버 보안에 관한 교육에 참석하기 위해 최선을 다하세요.

8. Can you meet me at the entrance lobby around eight AM?
오전 8시쯤 현관 로비에서 만날 수 있을까요?

4 end statement 결론, 맺음말 5 in essence 본질[근본]적으로 | uncommon 드문, 흔치 않은
7 make every effort to + 동사원형 ~하기 위해 모든 노력을 기울이다 8 around + 시간 약 ~시, ~시쯤

발음 포인트

3 membership은 강세가 있는 첫 번째 e가 [e]로 강하게 발음되면서 두 번째 e는 [ə]로 약화되어 [멤버r쉽 mémbərʃip] 정도로 소리 납니다.

5 이 문장을 말할 때 not uncommon은 not과 uncommon 두 단어 모두 강조해 주세요.

7 동사 attend는 두 번째 모음 e에 강세가 옵니다. 따라서 맨 앞의 a-는 [ə]로 약하게 발음되고, -e-는 [e]로 강하게 발음되죠. [어텐드 əténd]

다음 문장과 대화를 듣고 따라 하면서 강세 e [e] 발음을 자연스럽게 익혀보세요.

9   A   I will send an estimate for this job by email. The estimate includes materials, labor, and tax.
이 작업에 대한 견적을 이메일로 보내 드리겠습니다. 견적에는 자재비, 인건비, 세금이 포함됩니다.

   B   Great. Thanks. How long is the estimate good for?
좋습니다. 감사합니다. 견적은 얼마 동안 유효한가요?

   A   It will be good for the next 30 days.   앞으로 30일간 유효합니다.

   B   Sounds great. I will contact you before it expires.
좋습니다. 만료되기 전에 연락 드리겠습니다.

10   A   What kind of TV shows do you like? Comedies, dramas, sci-fi, crime, or fantasy?   어떤 종류의 TV 프로그램을 좋아하세요? 코미디, 드라마, 공상과학, 범죄, 판타지?

   B   I like documentaries or shows based on true stories. I like to watch shows that can educate, not just entertain.   다큐멘터리나 실화를 바탕으로 한 프로를 좋아해요. 단순히 재미만 있는 게 아니라 교육적인 프로그램을 좋아하죠.

11   A   Tomorrow morning sounds good. Text me when you arrive at the main entrance.   내일 아침이 좋겠습니다. 정문에 도착하면 문자 보내주세요.

   B   That sounds like a plan.   좋습니다.

   A   I will come down to the lobby and get you in from the security checkpoint.   제가 로비로 내려가서 보안 검색대에서 들어오실 수 있게 해드리겠습니다.

   B   Sure. I will see you tomorrow morning then!
네, 그럼 내일 아침에 뵙겠습니다!

---

9 good 유효한 (effective) | expire [ikspáiər] (기한이) 만료되다   **10** TV shows TV 프로그램 (일상적인 표현. television programs는 공식적인 맥락에서 주로 사용) | based on ~를 바탕으로 한

발음 포인트

10 documentaries는 두 번째 모음 -e-에 강세가 와서 [dàkjuméntəriz]로 발음됩니다. entertain은 [엔터r테인 èntərtéin]이라고도 발음하고, [에너r테인 ènt̬ərtéin]이라고도 발음합니다. 앞서 t 발음의 -nt- 부분에서 익혔던 center, winter, painter와 같은 원리죠. 모음 강세 순위를 보면 1순위가 끝 쪽의 -a-, 2순위가 맨 앞의 e-, 3순위가 중간에 오는 -e-입니다. 따라서 맨 앞의 e-는 [è]로 어느 정도 강하게 발음하고, 중간의 -e-는 [ə]로 약하게, 끝의 -a-는 [é]로 제일 강하게 소리 냅니다. 즉, 한 단어 안에서 '중강-약-강'의 리듬을 타죠.

11 text me에서 text 끝의 t 소리가 사라져 [텍쓰미]로 발음됩니다.

16 e의 세 가지 발음 2: e [i] 발음

16.mp3

Did you enjoy your meal?

식사는 잘 하셨어요?

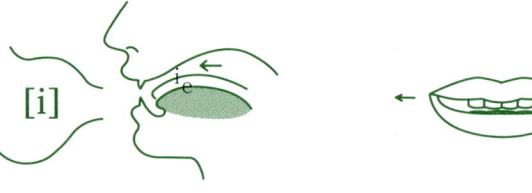

e [i] 발음

새끼 손가락이 들어갈 만큼 입을 살짝 벌린 상태에서 강세가 있는 경우에는 [이이]로 길게, 강세가 없는 경우에는 힘 빼고 [이]로 짧게, 또는 [어]에 가까운 소리를 내보세요.

ego eager meal enjoy edition example

강세를 받는 e가 모두 [e]로 발음되는 것은 아닙니다. ego[íːgou], even[íːvən]과 같이 [이이]로 길게 발음되는 경우도 있죠. 이때는 새끼 손가락이 들어갈 만큼 입을 살짝 벌린 상태에서 [이이]라고 말하기 때문에 [e]를 발음할 때보다 혓바닥이 자연스럽게 더 위로 올라갑니다.

event[ivént], enjoy[indʒɔ́i]와 같이 첫소리로 나온 e가 강세를 받지 않을 때도 [i]로 발음됩니다. 단, 이때는 새끼 손가락이 들어갈 만큼 입을 살짝 벌린 상태에서 힘주지 않고 '이'를 짧게 뱉거나 '어'에 가까운 소리를 낸다고 생각하세요. 그런 다음 강세가 나오는 뒤 음절을 발음하면 [이(v)벤트] 또는 [(어)으(v)벤트]에 가까운 소리가 만들어집니다.

단어훈련 1

강세 e [i]가 들어간 단어를 듣고 따라 말해봅니다.

		😊 미국식 발음	😞 잘못된 발음
1	ego	이이고우 [íːgou]	에고
2	equal	이이꾸/쿠얼 [íːk/kwəl]	이퀄
3	even	이이(v)번 [íːvən]	이븐
4	either	이이(ð)더r [íːðər]	이더
5	evening	이이(v)브닝 [íːvniŋ]	이브닝
6	ear	이이얼 [iər]	이어
7	eager	이이거r [íːgər]	이거
8	east	이이ㅅㅌ [iːst]	이스트
9	eats	이잍ㅊ [iːts]	잇츠
10	era	이어러/에러 [íərə/érə]	에라

1 자아 **2** 동등한, 평등한 **3** 심지어, 공평한 **4** (둘 중) 어느 하나, (둘 중) ~도 **5** 저녁 **6** 귀
7 열망[갈망]하는 **8** 동쪽 **9** (파티 등의) 음식 **10** (역사, 정치 등의) 시대

**발음
포인트**

1 영한사전에서는 ego를 '에고'라고 발음해도 된다고 한 경우들이 많지만 사실 미국인이든 영국인이든 ego는 [이이고우]라고 발음합니다. 주의하세요.

4 either 역시 맨 앞의 e[iː]에 강세가 들어가 [이이(ð)더r]와 같이 발음합니다. 이때 th[ð] 발음은 혀를 윗니와 아랫니 사이에 살짝 넣었다 빼면서 'ㄷ'라고 바람을 빼면 되죠. 참고로, either의 영국식 발음은 [아이(ð)더r]인데 미국인 중에서도 이렇게 영국식으로 발음하는 사람이 꽤 있습니다.

6 ea-에 강세가 들어가 길게 [이이]로 발음되는 경우입니다. ear는 발음기호상으로는 ea-를 단모음 [i]로 표기하고 있지만 사실상 여기에 강세가 들어가기 때문에 힘주어 말하다 보면 7~9번의 ea-와 마찬가지로 길게 [이이]로 발음됩니다.

 **회화훈련 1** 강세 e [i] 발음을 실제 말하기에서 알아듣고 전달하는 연습을 할 차례입니다.

1 All men and women are equal before the law.
   남녀 모두 법 앞에 평등합니다.

2 You can make it even by washing the dishes since I will do the cooking.
   요리는 내가 할 거니까 넌 공평하게 설거지하면 돼.

3 Have a nice evening, and I will see you tomorrow morning.
   좋은 저녁 되세요, 내일 아침에 뵙겠습니다.

4 Are you going to have your ears pierced?
   귀 뚫을 거야?

5 Eric is eager to get into politics.
   에릭은 정치에 입문하기를 열망하고 있습니다.

6 South Korea is located in East Asia. To be exact, it is located in the far east of the Asian landmass.
   한국은 동아시아에 위치하고 있습니다. 정확히 말하자면, 아시아 대륙의 극동쪽에 위치하고 있죠.

7 We're going to have a party with lots of good eats and good live music.
   맛있는 음식과 좋은 라이브 음악이 가득한 파티를 열 거야.

8 We live in an era of fast and constant changes.
   우리는 빠르게 끊임없이 변화하는 시대에 살고 있습니다.

2 make it even by -ing ~해서 (상황을) 공평하게 하다   4 have one's ears pierced (귀 뚫는 곳에 가서) 귀를 뚫다 (pierce는 '뚫다')   5 be eager to + 동사원형 간절히 ~하고 싶어 하다, ~하기를 열망하다
6 to be exact 정확히 말해 | landmass 대륙

 발음 포인트

2 한 문장, 또는 한 구절 내에서도 내용상 중요한 부분은 다른 단어에 비해 강조해 말하는데요. make it even에서는 '공평한'이란 뜻의 even[íːvən]을 강조해 말해주세요.

3 see의 -ee는 [iː]로 길게 발음합니다. agree, beef, eel(뱀장어)과 같이 ee에 강세가 오는 경우에는 모두 [iː]로 길게 발음하죠.

6 강세가 들어가는 ea는 보통 [iː]로 길게 발음하지만 Korea[kəríːə]에서 -ea는 [iːə]로 발음합니다. idea도 같은 경우이죠.

다음 문장과 대화를 듣고 따라 하면서 강세 e [i] 발음을 자연스럽게 익혀보세요.

9 A I'm thinking about having my ears pierced. 귀를 뚫을까 생각 중이야.
   B Really? I thought you never wanted that.
      정말? 넌 그런 건 절대 안 하고 싶어 하는 줄 알았는데.
   A I know. But I find all the earrings that I really like are for pierced ears. 그러게 말이다. 그런데 내가 진짜 좋아하는 귀걸이는 다 귀를 뚫어야 하는 거더라고.
   B I see. It doesn't hurt as much as you think it might.
      그렇구나. 생각보다 많이 아프지는 않아.

10 A We're going to have a party to celebrate the new year.
      우리는 새해를 축하하기 위해 파티를 할 거야.
   B That sounds exciting. 설렌다.
   A We will have lots of good eats, drinks, and live music.
      맛있는 음식과 음료, 라이브 음악이 가득할 거야.
   B I can't wait! 정말 기대된다!

11 A Eddie has such a big ego. 에디는 자아가 정말 강해.
   B What does that mean? 그게 무슨 뜻이야?
   A Well, he thinks he's better than everybody else. And he thinks he is always right.
      음, 에디는 자기가 누구보다도 잘났다고 생각해. 그리고 항상 자기가 옳다고 생각하지.
   B I understand. It is very difficult to deal with someone like that. Especially at work.
      이해해. 그런 사람을 상대하는 건 정말 어려운 일이야. 특히 직장에서.

9 so much as you thought it would 뒤에 hurt가 생략된 표현으로 '아플 거라고 생각한 것만큼 그렇게 많이'란 의미 **10** have a party 파티를 하다 | I can't wait! 너무 기대가 된다! 빨리 그 날이 오면 좋겠다!

발음 포인트

10 year는 언뜻 들으면 ear와 같은 발음처럼 착각할 수 있습니다. 하지만 year는 ear 앞에 y[j] 발음이 붙어 ear보다 더 길게 [이이이여r] 정도로 발음해야 하죠. 하지만 그 차이가 아주 미미해서 대화의 맥락을 통해 알아들어야 합니다. 발음 연습에선 길게 소리 내 보고, 듣기 연습에선 문맥으로 구별하는 훈련이 필요합니다.

11 mean과 deal의 -ea-는 모두 [iː]로 길게 발음합니다. 특히 deal의 -l은 [얼/을]에 가깝게 발음돼서 [디얼/디을]처럼 들리죠. l 발음에 대해서는 뒤에서 자세히 다룹니다.

단어훈련 2 강세가 없는 e [i]가 들어간 단어를 듣고 따라 말해봅니다

		😊 미국식 발음	☹ 잘못된 발음
1	event	이(v)벤ㅌ [ivént]	이벤트
2	evaluate	이(v)배애류에잍 [ivǽljuèit]	이밸류에이트
3	enjoy	인조이 [indʒɔ́i]	엔조이
4	exact	익재액ㅌ [igzǽkt]	이그잭트
5	example	익재앰쁠 [igzǽmpl]	이그잼플
6	erase	이뤠이ㅆ [iréis]	이레이즈
7	engaged	인게이쥐ㄷ [ingéidʒd]	인게이지드
8	economy	이카너미 [ikάnəmi]	이코노미
9	extend	익ㅅ떼엔ㄷ [iksténd]	익스텐드
10	embarrassing	임배애뤄씽 [imbǽrəsiŋ]	임베리싱

1 행사, 이벤트 2 평가하다 3 즐기다 4 정확한 5 예시 6 지우다 7 약혼한 8 경제 9 연장하다
10 부끄러운, 당황스러운

발음 포인트

1 event는 뒤의 -e-에 강세가 와서 앞의 e[i]는 소리가 약화됩니다. 따라서 힘을 빼고 '이'를 짧게, 또는 '어'에 가까운 소리로 발음을 시작하면 [(어)으(v)벤ㅌ]와 같은 소리가 만들어지는데요. 들어보면 [이벤ㅌ] 같기도 하고 [어벤ㅌ] 같기도 하고 [으벤ㅌ]같기도 합니다. 중요한 것은 강세를 주어야 할 부분에 정확히 강세를 주면 e[i]는 자연스럽게 약화된다는 점입니다.

9 extend 역시 뒤의 -e-에 강세가 와서 앞의 e는 [i]로 약화됩니다. 또, -t-는 된소리 'ㄸ'에 가깝게 발음되죠. 참고로 ex-는 뒤에 자음이 오면 [iks]로, 모음이 오면 [igz]로 발음됩니다.
[iks]로 발음되는 경우: extra / expo / excel / expert / exercise
[igz]로 발음되는 경우: exit / exist / exam / exotic / exhort / exempt

회화훈련 2

강세가 없는 e [i] 발음을 실제 말하기에서 알아듣고 전달하는 연습을 할 차례입니다.
다음 문장과 대화를 듣고 따라 하면서 강세가 없는 e [i] 발음을 자연스럽게 익혀보세요.

1. I don't recall the exact time and date of the event at this moment.
   지금 당장은 그 행사의 정확한 시간과 날짜가 생각나지 않습니다.

2. Can you erase my name on the list, please?
   목록에서 제 이름을 지워주실 수 있나요?

3. Did you enjoy your trip to Jeju Island?
   제주도 여행은 즐거웠어?

4. I learn by seeing an example or watching how to do it.
   저는 예시를 보거나 어떻게 하는지를 보면서 배워요.

5. Getting deployed to a war zone was a big event in his life.
   전쟁터에 파병된 것은 그의 인생에서 큰 사건이었죠.

6. How can you evaluate someone's ability without seeing his or her work?
   그 사람의 일을 보지 않고 어떻게 그 사람의 능력을 평가할 수 있나요?

7. I'd like to extend my membership for six more months.
   6개월 더 회원 자격을 연장하고 싶습니다.

8. I answered a video call when I was in the bathroom, and it was my boss calling. How embarrassing!
   화장실에 있을 때 영상 통화를 받았는데, 상사 전화였지 뭐야. 어찌나 당황스럽던지!

---

1 recall 상기하다, 기억하다 | **5** deploy 배치하다 | war zone 교전 지역, 전쟁터 | **8** video call 영상 통화 (전화를 받는다고 할 때 동사는 answer를 씀)

발음 포인트

- **4** example의 ex-는 [igz]로 발음됩니다. 강세는 바로 뒤의 -a-[æ]에 있죠.
- **5** deployed[dipl>ɔid]는 뒤의 -o-에 강세가 있기 때문에 앞의 -e- 발음은 약화됩니다. '어'라고 발음한다고 생각하고 말해봐도 좋습니다.
- **8** video는 맨 앞의 -i-에 제1강세가 있고 맨 뒤의 -o에 제2강세가 있어 중간에 낀 -e-는 약화됩니다.

9   **A**   I answered a **video** call in the bathroom, thinking that it was my girlfriend.   여자친구인 줄 알고 화장실에서 영상 통화를 받았는데.

       B   I wouldn't answer any **video** call if I am in the bathroom.
난 화장실에 있으면 영상 통화 안 받을 거 같은데.

       A   I know. I was **expecting** her to call, but it was my boss. It was **embarrassing**.
그러니까 말이다. 여자친구의 전화를 기대했는데 상사더라고. 당황스러웠어.

       B   Whoops.   맙소사.

10   **A**   Did you **enjoy** your trip to Jeju Island?   제주도 여행은 즐거웠어요?

       B   Oh yes. We had so much fun. We **enjoyed** the beautiful sunsets, great seafood, and hiking.
네, 그럼요. 정말 재미있었어요. 우린 아름다운 석양과 맛있는 해산물, 그리고 하이킹을 즐겼죠.

11   **A**   I appreciate the instructions you sent by email.
이메일로 보내주신 설명서에 감사드립니다.

       B   You're welcome.   별말씀을요.

       A   Do you have any **video** presentation on how to do it step by step? I'm a visual learner. It would be very helpful.
단계별로 하는 방법을 안내하는 동영상 프레젠테이션 갖고 계세요? 저는 시각적 학습을 선호하는 사람이라서요. 큰 도움이 될 것 같은데.

       B   Sure. I have a 3-minute **video** and I will send it to you shortly.
네. 3분짜리 동영상이 있는데 곧 보내드릴게요.

---

10 have (so much) fun (정말) 재미있다 | hiking 하이킹 (들판을 걷거나 언덕, 산 등을 가볍게 걸어 오르는 것을 의미함)   **11** appreciate 감사하다 | instructions (제품 등의 사용) 설명서 | step by step 단계별로

발음
포인트

   9   expecting[ikspéktiŋ]의 강세는 두 번째 -e-에 있습니다. 따라서 맨 앞의 e-[i]는 약하게 발음되죠. 또 -p-는 된소리화되어 'ㅃ'처럼 발음되기도 합니다. 따라서 [익쓰페엑팅] 또는 [억쓰뻬엑팅]처럼 발음한다고 생각하고 말해보세요.

   11   바로 다음 과에서 연습하겠지만, 보통 단어 끝의 -e는 소릿값이 없습니다. 하지만 be는 다르죠. -e에 강세를 넣어 길게 [iː]로 발음하거든요. me, we, he, she도 마찬가지입니다.

17 | e의 세 가지 발음 3: 단어 끝에 붙는 소리 없는 e

Tickets are on sale online.

티켓은 온라인에서 판매 중입니다.

단어 끝에 붙는 e 발음

단어가 -e로 끝나는 경우, 우리말의 '이' 또는 '으' 모음을 넣지 않고 e 바로 앞의 자음까지만 발음하고 끝내세요.

cute   fire   sale   online   blue   true

단어 끝에 오는 -e는 소릿값이 없습니다. nice[나이ㅅ nais], cake[케잌 keik], ice[아이ㅅ ais]처럼 말이죠. 단어 끝에 오는 e는 무시하고 발음하지 마세요. '이' 혹은 '으'라는 모음을 넣지 않도록 주의하면서 바로 앞의 자음까지만 충실하게 발음하고 끝내야 합니다.

여기서 한 가지 더! -e로 끝나는 단어는 바로 앞의 모음이 [ai], [ou], [ei], [i:], [u:] 등과 같이 이중모음 또는 장모음으로 발음된다는 특징이 있습니다. 다음 예를 통해 확인해 보세요.

- cut[kʌt] *vs.* cute[kju:t]
- hop[hap] *vs.* hope[houp]
- rat[ræt] *vs.* rate[reit]
- fir[fə:r] *vs.* fire[faiər]
- pet[pet] *vs.* pete[pi:t]
- win[win] *vs.* wine[wain]

단어훈련
-e로 끝나는 단어를 듣고 따라 말해봅니다.

		😊 미국식 발음	☹ 잘못된 발음
1	use	이유우ㅈ [ju:z]	유즈
2	bone	보운 [boun]	본
3	fire	(f)파이어r [faiər]	파이어
4	love	럽(v) [lʌv]	러브
5	sale	쎄열 [seil]	세일
6	cake	케잌 [keik]	케이크
7	false	(f)포얼ㅆ [fɔːls]	폴스
8	blue	블루우 [bluː]	블루
9	true	츄(r)루우 [truː]	트루
10	glue	글루우 [gluː]	글루

1 쓰다, 사용하다 2 뼈 3 불, 화재 4 사랑 5 판매 6 케이크 7 거짓 8 파란(색) 9 사실인
10 풀, 접착제

발음 포인트

1, 7 단어 끝의 -e는 소릿값이 없습니다. 따라서 바로 앞의 자음까지만 충실하게 발음하고 맺어주세요. -se로 끝나는 단어의 경우 끝자음은 use처럼 -se[z]로 발음되는 경우와 false처럼 -se[s]로 발음되는 경우가 있습니다.

6 cake의 -ke는 받침소리 [ㅋ]로 발음됩니다. 다음과 같이 -ke, -te, -me, -ne 등이 받침소리로 발음되죠.
like[라잌] / coke[코웈] / smoke[ㅅ모웈]
ate[에잍] / date[데잍] / gate[게잍] / site[싸잍] / note[노웉]
dine[다인] / lane[레인] / line[라인] / gene[쥐이인] / cone[코운]
예외적으로 latte[lάːtei] / saute[soutéi] 등과 같이 프랑스어에서 온 외래어의 경우 모음 -e에 소릿값이 붙어 [ei]로 발음됩니다.

 **회화훈련** -e로 끝나는 단어의 발음을 실제 말하기에서 알아듣고 전달하는 연습을 할 차례입니다.
다음 문장과 대화를 듣고 따라 하면서 -e로 끝나는 단어의 발음을 자연스럽게 익혀보세요.

1   Tickets are on sale online and at local booking offices.
    티켓은 온라인 및 현지 예약 사무소에서 판매 중입니다.

2   Where can I buy some rice cakes for teokbokki?
    떡볶이용 떡은 어디에서 구입할 수 있나요?

3   I think T-bone steak is the best kind of steak.
    티본 스테이크가 스테이크 중에 제일 맛있는 것 같아요.

4   I like tests with true or false questions. Easy to answer.
    난 참/거짓 문제가 나오는 시험이 좋아. 답하기가 쉬워.

5   I love clear blue skies, but sometimes it's nice to see fluffy clouds.   난 맑고 푸른 하늘을 좋아하지만 가끔은 뭉게구름을 보는 것도 좋아.

6   There are so many super glues on the market, but they never seem to work.   시중에 강력 접착제가 아주 많은데, 효과는 없는 것 같아.

7   You can check the earnings and leave statement to find out how many hours of use-or-lose leave you have.
    소멸 대상 휴가가 몇 시간 있는지 알아보려면 급여 및 휴가 명세서를 확인하면 돼요.

8   I assumed too much. It was not even close to what I predicted.
    내가 가정을 너무 심하게 했나 봐. 예상과 전혀 달랐어.

---

1 on sale 판매 중인   **2** rice cake '떡'을 영어로 풀어 쓴 것   **7** use-or-lose leave 사용-소멸 휴가 (연간 휴가일수가 정해져 있어 그 해에 다 쓰지 않으면 그대로 소멸되는 휴가 시스템)

 발음 포인트

4   true의 -e도 소릿값이 없습니다. 대신 바로 앞의 -u-는 [uː]로 길게 소리 나죠. 5번의 blue, 6번의 glues도 마찬가지 경우입니다.

7   use의 경우 동사로 쓰이는 경우엔 -se가 [z]로, 명사로 쓰이는 경우엔 [s]로 발음됩니다. 여기서 use-or-lose leave는 you must use it or you'll lose it.에서 나온 말이기 때문에 [z]로 발음되죠. lose의 -se도 [z]로 발음됩니다.

8   여기서처럼 close가 형용사로 쓰일 때는 -se가 [s]로 발음되어 [클로우씨]로 발음됩니다. 하지만 동사로 쓰이는 경우엔 [z]로 발음되죠.

9 A Why do they say T-bone is one of the best quality steaks?
   왜 티본 스테이크가 최고급 스테이크 중 하나라고 하는 거야?

   B It's about the marbling on the meat. The fat distribution on the meat is perfect.   고기의 마블링 때문이지. 고기의 지방 분포가 완벽해.

10 A My wife is looking for rice cakes to make teokbokki.
   아내가 떡볶이를 만들 떡을 찾고 있어요.

   B You can find some at any big grocery store in town. Ask her to check the frozen food section.
   시내에 있는 큰 식료품점 어디에서나 찾을 수 있어요. 아내에게 냉동 식품 코너를 확인하라고 하세요.

   A She wants fresh ones, not the frozen ones in a bag.
   아내는 봉지에 든 냉동 떡이 아니라 갓 나온 것을 원해요.

   B Oh, I see. I know one grocery store that carries fresh rice cakes.   아, 알겠어요. 갓 나온 떡을 취급하는 식료품점을 하나 알고 있어요.

11 A What exactly does an active lifestyle look like?
   활동적인 생활방식이라는 게 정확히 어떤 걸 말하죠?

   B Good question. It's not about simply being busy, like running errands or giving a ride to your children. It's more about going out for a run or a hike or going to the gym to lift some weights on a regular basis.   좋은 질문이에요. 심부름을 하거나 아이들 데려다주는 것 같이, 단순히 바쁘게 지낸다고 해서 활동적인 건 아니에요. 그보다는 규칙적으로 조깅을 하거나 등산을 가거나 헬스장에 가서 웨이트 트레이닝을 하는 것 같은 거죠.

---

9 fat distribution 지방 분포 11 lift some weights 웨이트 트레이닝하다 | on a regular basis 정기적으로

발음 포인트

9 one vs. bone: -one은 [wʌn]과 [oun] 두 가지 소리가 날 수 있습니다.
  · **-one[wʌn]으로 발음되는 경우:** anyone[éniwʌn] / someone[sʌ́mwʌn] / everyone[évriwʌn] / no one[nou wʌn]
  · **-one[oun]으로 발음되는 경우:** alone[əlóun] / drone[droun] / phone[foun] / scone[skoun] / stone[stoun] / tone[toun] / zone[zoun]

10 store의 -e는 소릿값이 없습니다. 마지막 자음인 [r]에 초점을 맞춰 발음하세요.

11 ride는 [롸읻 raid]로, 끝의 e는 음가가 없습니다. 끝에 '으'를 붙이지 않도록 유의하세요.

Practice Test 2

오디오를 잘 듣고 다음 질문에 답해보세요.

PT 2.mp3

| STEP 1 | 미국인이 말하고 있는 단어는 다음 중 무엇인가요?

1. (a) tanks   (b) thanks   (c) sandals
2. (a) damp   (b) darling   (c) damage
3. (a) sensual   (b) chemical   (c) casual
4. (a) dribbled   (b) dressing   (c) dresser
5. (a) epic   (b) echo   (c) effort

| STEP 2 | 주어진 두 개의 단어 중 미국인이 말하고 있는 단어는 무엇인가요?

1. shopping (cart / car)
2. (transfer / transaction) code
3. (control / contour) factor
4. (digestive / diverse) enzyme
5. (edible / edifying) garnishes
6. (bad time / bedtime) stories
7. (moon / mood) swings
8. (equip / equal) rights
9. a (drip-down / dropdown) menu
10. (couples' / carpool) rings

| STEP 3 | 미국인들의 대화를 잘 듣고 다음에 이어질 대사로 적절한 것을 고르세요.

1   (a) I saw you dragging the chair all around the room.
    (b) Funny you said that. It is not a comfortable chair.
    (c) I can't. This chair is so heavy.

2   (a) I think it will escalate into a full-scale war.
    (b) We're walking on eggshells.
    (c) They made it look effortless.

3   (a) I don't know whether he is interested in learning new skills.
    (b) People learn new things different ways.
    (c) That's good. It can help him to advance in his career.

4   (a) Do you want it in alphabetic order?
    (b) I want it in alphabetical order, like a to z.
    (c) I don't like ribbons.

5   (a) Hope you find what you want.
    (b) We're looking for white gold rings with a few diamonds on them.
    (c) Are you looking for someone to assist you?

6   (a) Did you receive a reminder yesterday?
    (b) I forgot my phone at home.
    (c) I did receive one yesterday. Now they will charge me $20 for being a no-show.

→ 정답 p.339

18. 바람을 세게 내보내는 [f]

Finish it by the close of business.

영업 마감 시간까지 마치세요.

바람을 세게 내보내는 [f] 발음

윗니로 아랫입술을 살짝 깨물고 '후욱' 하고 바람을 내뿜어 보세요.

fast   golf   coffee   phoenix   enough

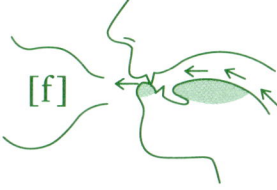

[f]는 윗니로 아랫입술을 살짝 깨물고 바람만 세게 내보내는 소리입니다. f 발음을 너무 의식한 나머지, 윗니로 아랫입술을 다 쓸어 넣을 듯이 하면서까지 발음할 필요는 없습니다. 아랫입술이 만들어지는 경계선, 즉 안쪽 입술과 입안 피부의 경계선에 윗니를 살짝만 얹어주세요. 그리고 바람을 후욱 내뿜어 보세요. 윗니와 아랫니 사이를 바람이 스쳐 나가면서 f sound가 자연스럽게 만들어집니다.

특히 f가 단어 끝에 있을 때 '프'라고 절대 모음 '으'를 넣어 발음하지 마세요. 전적으로 바람 새는 소리만 내야 합니다.

단어훈련 1
바람을 내뿜는 [f]가 들어간 단어를 듣고 따라 말해봅니다.

		🙂 미국식 발음	☹ 잘못된 발음
1	file	(f)파이을 [fail]	(p)파일
2	frozen	(f)ㅍ로우즌 [fróuzn]	(p)프로즌
3	floor	(f)플로어r [flɔːr]	(p)플루어
4	full	(f)풀 [ful]	(p)풀
5	folder	(f)포울더r [fóuldər]	(p)폴더
6	flight	(f)플라잍 [flait]	(p)플라이트
7	freeway	(f)ㅍ뤼이웨이 [fríːwèi]	(p)프리웨이
8	feminine	(f)페머닌 [fémənin]	(p)페미닌
9	facility	(f)퍼씰러리 [fəsílət̬i]	(p)퍼실리티
10	frustrated	(f)ㅍ뤄ㅅㄸ레이리ㄷ [frʌ́streit̬id]	(p)프러스트레이티드

1 파일 2 얼어붙은, 냉동의 3 마루, (건물의) 층 4 가득한, 완전한 5 폴더 6 항공편 7 고속도로
8 여성스러운 9 시설 10 낙담한, 좌절한

FAQ

phone의 ph-도 [f]로 발음해야 하지 않나요?
그렇습니다. phone의 ph-도 [f]로 발음됩니다. 그리스어와 라틴어의 ph-는 원래 [p+h]였지만, 시간이 지나며 [f]로 바뀌었고, 중세 무렵 지금처럼 발음하게 됐습니다. 프랑스어에서도 ph는 [f]로 발음되며, 베트남은 프랑스어 영향으로 ph를 [f]로 발음하죠. 다음은 ph가 [f]로 발음되는 단어들입니다.

photo[fóutou] 사진
phase[feiz] (변화, 발전의) 단계
philosophy[filɑ́səfi] 철학
Phoenix[fíːniks] 피닉스 (미국 아리조나 주 동부의 도시)
Philadelphia[filədélfjə] 필라델피아 (미국 펜실베이나 주의 도시)
physical[fízikəl] 육체적인, 신체의
phrase[freiz] 구절, 문구
Philip[fílip] 필립 (남자이름)

 **회화훈련 1**

바람을 내뿜는 [f] 발음을 실제 말하기에서 알아듣고 전달하는 연습을 할 차례입니다.
다음 문장과 대화를 듣고 따라 하면서 바람을 내뿜는 [f] 발음을 자연스럽게 익혀보세요.

1 We should establish a file naming procedure for each folder.
각 폴더에 파일 이름 지정 절차를 정해두는 게 좋겠어요.

2 Small airports do not have international flights.
작은 공항에는 국제 항공편이 없습니다.

3 You can take exit 25 to get to the freeway.
25번 출구로 나가면 고속도로로 갈 수 있습니다.

4 Why do you have F on the elevator button pad instead of the number 4 for the fourth floor?
엘리베이터 버튼 패드에 왜 4층이 숫자 4가 아닌 F로 되어 있나요?

5 Fruit is a great addition to your diet, whether fresh or frozen.
신선한 것이든 냉동된 것이든 과일을 식단에 추가하면 아주 좋아.

6 Frank seemed to be very frustrated after talking on the phone.
프랭크는 전화 통화를 하고 나서 매우 낙담하는 것 같았어.

7 Make sure to finish all your reports by the close of business this Friday. 이번 주 금요일 업무 마감 시간까지 반드시 모든 보고서를 마치세요.

8 This morning, the safety inspection team will walk around the facility. 오늘 아침, 안전 점검 팀이 시설을 둘러볼 예정입니다.

4 instead of ~ 대신, ~가 아닌   5 addition 추가   6 talk on the phone 전화 통화하다
7 Make sure to + 동사원형 반드시 ~하세요   8 safety inspection 안전 점검

 발음 포인트

1 file을 [p]로 발음하면 pile이 되니 [f] 발음에 주의하세요.
file – pile / fail – pale / full – pull / fair – pair / fast – past / suffer – supper
beef – beep / cough – cop (rough, tough, enough와 같이 -gh도 [f]로 발음)

6 Frank에서 F-를 발음할 때 '으'를 붙이지 마세요. 그냥 [f] 바람을 빼고 이어서 [r]을 발음해 줍니다. '옆구리'를 뜻하는 flank로 혼동하지 않게 [r] 발음에 신경 써야 하죠. fl- 같은 경우 'ㄹ' 발음이 겹쳐 들리는 것을 표현하기 위해 편의상 '으'를 넣어 flank[(f)플래앵크]와 같이 표기하긴 하지만 사실 이때도 역시 [f]에 모음 '으'는 넣지 않고 발음해야 합니다.

9　**A**　Did you see Fred this morning?　오늘 아침에 프레드 봤어?

　　B　No, I didn't. Is something going on with him?
　　　　아니, 못 봤어. 그에게 무슨 일 있어?

　　A　He came to work with a clean-shaven face, pink polo shirt, and white slacks on. He looked really feminine.　깔끔하게 면도한 얼굴에 분홍색 폴로 셔츠와 흰색 바지를 입고 출근했더라고. 되게 여성스러워 보였어.

　　B　That sounds like he's had a big makeover. In the past, he was always going for a more macho style with his facial hair, sideburns and leather jacket.
　　　　완전 변신했나 보네. 예전엔 항상 수염이랑 구레나룻, 가죽 재킷 입고 마초 스타일 쪽을 추구했잖아.

10　**A**　I'm trying to include fruit in my diet.
　　　　식단에 과일을 포함시키려고 노력하고 있어.

　　B　That's good!　그거 좋네!

　　A　I buy frozen fruit and make smoothies in the morning.
　　　　냉동 과일을 사서 아침에 스무디를 만들어 먹어.

　　B　Not a bad idea. But make sure you eat fresh seasonal fruit. That's the best source of vitamin C. You get the full benefit of the fruit when you eat fresh fruit.　나쁘지 않네. 근데 제철 생과일도 꼭 챙겨 먹어. 비타민 C는 생과일이 최고야. 신선한 과일로 먹어야 과일 효과를 제대로 볼 수 있어.

9 shaven 면도한 | slacks 바지 | makeover 변신, 새단장 | facial hair 얼굴에 난 수염 | sideburns 구레나룻
10 frozen fruit 냉동 과일 | fresh fruit 신선한 과일, 생과일 | seasonal fruit 제철 과일

발음
포인트

9　going for a more macho style에서는 going과 macho를 강조해 말하세요. for는 약하게 발음합니다. for를 강하게 말하면 four처럼 들릴 수 있어요.

10　frozen의 -o-는 이중모음 [ou]로 발음됩니다.
full benefit에서 full의 -u-는 단모음 [u]로 발음되지만 [f] 발음을 하려고 윗니를 아랫입술에 댔다가 떼는 데 어느 정도 시간이 걸리다 보니 생각했던 것보다는 조금 길게 발음되는 느낌이죠. 하지만 fool의 장모음 -oo- [u:] 발음과는 그 길이가 확연히 차이 납니다.

단어훈련 2

끝소리 [f]가 들어간 단어를 듣고 따라 말해봅니다.

		😊 미국식 발음	😞 잘못된 발음
1	gol**f**	갈f[galf]	골프
2	bee**f**	비이f[bi:f]	비프
3	cal**f**	캐애f[kæf]	캘프
4	chie**f**	취이f[tʃi:f]	치프
5	sti**ff**	ㅅ띠f[stif]	스티프
6	shel**f**	쉘f[ʃelf]	쉘프
7	relie**f**	륄리이f[rilí:f]	릴리프
8	behal**f**	비해애f[bihǽf]	비해프
9	hando**ff**	해앤도어f[hǽndɔ̀(:)f]	핸드오프
10	waterproo**f**	(우)오워러r프루우f[wɔ́:tərpru:f]	워러프루프

1 골프 **2** 소고기 **3** 송아지, 종아리 **4** 주요한 **5** 뻣뻣한 **6** 선반 **7** 안심, (고통의) 완화 **8** 이익
9 인수인계, 넘겨주기 **10** 방수의

FAQ

enough의 -gh도 [f]로 발음해야 하지 않나요?

단어 끝의 -gh는 [f]로 발음되는 경우와 소릿값이 없는 경우, 두 가지가 있습니다. enough의 -gh는 [f]로 발음되고, high의 -gh는 묵음인 것처럼 말이죠.

- **[f]로 발음되는 경우:** enough[inʌ́f] / laugh[læf] / rough[rʌf] / tough[tʌf] / cough[kɔ:f] 기침
- **묵음인 경우:** high[hai] / sigh[sai] 한숨을 쉬다 / thigh[θai] 허벅지
  dough[dou] 밀가루 반죽 / though [ðou] / weigh[wei] 무게를 재다
  breakthrough[breikθru:] 획기적인 발전

 **회화훈련 2** 끝소리 [f] 발음을 실제 말하기에서 알아듣고 전달하는 연습을 할 차례입니다.

1 The beef from Walmart doesn't taste good. We should try the one from Albertsons. 월마트의 소고기는 맛없어. 앨버트슨의 소고기를 먹어봐야겠어.

2 The chief complaint from customers is a long wait time before they get to their appointment.
고객의 가장 큰 불만은 예약 시간까지 기다리는 시간이 너무 길다는 것입니다.

3 I will make sure to do a clear handoff to you before I move on to my new job. 새 직장으로 이동하기 전에 여러분에게 인수인계 제대로 하겠습니다.

4 We have an 18-hole championship golf course in this city, and nice resort areas with gorgeous mountain views.
이 도시에는 18홀 챔피언십 골프 코스와 멋진 산이 보이는 멋진 리조트 지역이 있습니다.

5 Yesterday, I fell on the stairs and tore a calf muscle.
어제 계단에서 넘어져서 종아리 근육이 찢어졌어요.

6 This packaged meal has quite a long shelf life, like over a week.
이 포장 음식은 유통기한이 일주일이 넘을 정도로 꽤 길어요.

7 When she heard him saying "I'm ok," she breathed a sigh of relief.
그녀는 "괜찮아"라는 그의 말을 듣고 안도의 한숨을 내쉬었죠.

8 This coat is not waterproof; you will get wet when it rains.
이 코트는 방수가 안 돼서 비가 오면 젖을 거야.

5 tore tear[tɛər](찢다)의 과거형 **6** shelf life 유통기한 **7** breathe[briːð] a sigh of relief 안도의 한숨을 쉬다 **8** waterproof 방수의 (cf. rainproof 비가 스며들지 않는, 방수의 / ovenproof (용기 등이) 오븐에서 사용할 수 있는 / dustproof 방진의 / germproof 내균성의 / soundproof 방음의 / heatproof 내열의)

 발음 포인트

1 beef의 [f] 발음을 신경 쓰지 않으면 beep(삐 소리)로 잘못 들릴 수 있습니다. [f] 발음은 윗니로 아랫입술을 살짝 깨물고 '후욱' 하고 바람을 내뿜으면 된다고 했죠?

4, 5 golf의 -lf에서 -l-[l]은 발음을 해줍니다. 하지만 calf에서 -lf의 -l-은 묵음이죠. -lf의 -l-은 대부분의 경우 발음이 살아 있지만 calf, half, behalf처럼 -l-이 묵음인 단어들이 있습니다.

9 A What happened? You are all wet. Didn't you bring an umbrella with you? 무슨 일이야? 다 젖었네. 우산 안 가져왔어?

B No, I didn't. Instead, I wore a raincoat, which was supposed to be waterproof. 응, 안 가져왔어. 대신 비옷 입었어, 방수된대.

A But it's not waterproof. 하지만 방수가 안 됐는데.

B It was, but I didn't know there was a big, long cut on the back. 방수가 되긴 했는데, 뒤가 크고 길게 찢어져 있는지는 몰랐지 뭐.

10 A The Bible says, "Do not speak with a stiff neck." 성경에 따르면 "뻣뻣한 목으로 말하지 말라"고 하지.

B What does that mean? 그게 무슨 뜻인데?

A Don't be too prideful or boastful. It also means that you shouldn't be too stubborn to change when you're doing something wrong. 너무 교만하거나 자랑을 일삼지 말라는 거야. 또, 자기가 뭔가 잘못하고 있을 때 안 바꾸려고 고집 부려선 안 된다는 의미도 있지.

11 A On behalf of my wife, I'd like to thank you. 제 아내를 대신해서 감사하다는 말씀을 드립니다.

B My pleasure. I'm glad I was able to help her. 천만에요. 아내분을 도울 수 있어서 기쁩니다.

A It was a huge relief from her back pain. 아내의 허리 통증이 크게 완화되었어요.

---

9 be supposed to + 동사원형 ~라고 알려져 있다   **10** prideful 거만한, 교만한 | boastful 자랑을 일삼는 | stubborn 고집 센   **11** on behalf of ~를 대신해 | My pleasure. (감사인사에 대해) 천만에요. 별말씀을요.

발음 포인트

9 waterproof의 끝소리 [f]는 윗니로 아랫입술을 살짝 깨물어서 그저 바람만 내뿜어 주세요. 발음에도 없는 모음을 넣으면 안 됩니다. 또, -oo-는 [u:]로 길게 소리 나죠. 참고로, But it's not waterproof.에서는 not을 강조하고 다음 사람의 대사인 It was에서는 was를 강조해 말하세요. It was 뒤에는 waterproof가 생략되어 있는데, 이처럼 뒤에 생략된 말이 있을 때는 was를 가능하면 더 강조해 말합니다.

10 stiff neck에서 stiff의 ff[f] 발음에는 모음을 붙이지 않도록 주의하세요..

11 It was a huge relief에서 완화가 아주 크다는 것을 표현하기 위해 huge는 강조해 말하세요. relief의 -ie-는 [i:]로 길게 빼주고 -f는 모음을 붙이지 않고 [f] 발음의 입 모양에 충실히 따릅니다.

19 | g의 세 가지 발음 1: 'ㄱ'보다 걸쭉한 소리 g[g]

19.mp3

It's just my gut feeling.

그냥 내 직감이 그래.

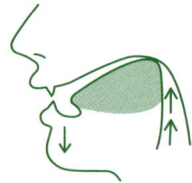

걸쭉한 소리 g[g] 발음

턱을 아래로 떨어뜨리고 목구멍 깊숙한 곳에서 끌어올리듯 힘주어 '(으)그' 하세요.

garlic   gossip   greedy   hug   flag   shrug

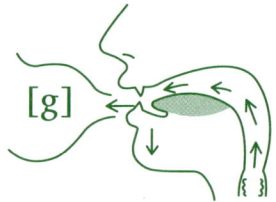

g[g]는 우리말 'ㄱ'보다 훨씬 걸쭉한 소리입니다. 알파벳을 사용하는 서구 민족들의 성대는 우리보다 목 안 깊숙이 자리 잡고 있어서, g[g] 소리는 r보다 더 깊은 위치에서 만들어집니다.

이해를 돕기 위한 설명이니 다소 생생한 비유에 양해 부탁드립니다. 예전 길거리에서 흔히 보이던, 목에 걸린 것을 '캬악' 하고 뱉는 소리를 떠올려 보세요. 그 소리에서 강도를 낮추고, 더 그윽하게—성대를 울리듯 내면, 바로 미국식 g sound에 가까운 소리가 됩니다. 턱을 아래로, 즉 목 쪽으로 툭 떨어뜨리고, 목구멍 깊은 곳을 넓게 열어 소리를 끌어올린다는 느낌으로 '(으)그' 하며 소리 내세요. 이렇게 하면 성대가 자연스럽게 울리며, 우리말 'ㄱ'보다 훨씬 깊고 묵직한 g[g] 소리가 납니다.

단어훈련 1
걸쭉한 소리 g [g]가 들어간 단어를 듣고 따라 말해봅니다.

		☺ 미국식 발음	☹ 잘못된 발음
1	garlic	(으)가아r릭 [gάːrlik]	갈릭
2	gamer	(으)게이머r [géimər]	게이머
3	gossip	(으)가썹 [gάsəp]	가십
4	gut	(으)겉 [gʌt]	거트
5	grateful	(으)그뤠잍(f)풜 [gréitfəl]	그레이트풀
6	grill	(으)그뤼일 [gril]	그릴
7	group	(으)그루웊 [gruːp]	그룹
8	greedy	(으)그뤼이디 [gríːdi]	그리디
9	goofy	(으)구우(f)퓌 [gúːfi]	구피
10	glamorous	(으)글래애머뤄ㅆ [glǽmərəs]	글래머러스

1 마늘 2 게이머 3 가십 4 용기, 배짱 5 감사하는 6 그릴, (고기, 생선 등을) 그릴에 굽다 7 그룹
8 탐욕스러운 9 멍청한, 바보 같은 10 매혹적인

FAQ

결국 영어의 [g] 는 우리말의 'ㄱ' 소리와는 다르다는 거죠?
영어를 처음 배울 때 접하는 쉬운 단어 girl, 하지만 정확한 발음을 아는 사람은 의외로 많지 않습니다. 바로 g 발음 때문이죠. 흔히 '도개걸윷모' 할 때처럼 '걸'과 같은 소리로 단정 짓습니다. 그래서 발음할 때 별주의를 기울이지 않는 거지요. 갈비뼈가 만나는 지점(횡격막)부터 목 안 깊숙이에서 소리를 끌어올려야 올바른 g sound로 걸쭉하게 들립니다. 우리말 '걸'이 아니라 목 안 깊숙이에서 [(으)거어-rl] 하고 발음해야 하죠(끝소리 r과 l을 둘 다 발음해야 해서 girl 발음은 더욱이 어렵습니다). 미국에서는 아예 여자 화장실을 Gal이라고 간략히 표기한 sign도 간혹 볼 수 있습니다(남자 화장실은 Guy). 마찬가지로, good을 습관대로 '굿'이라고 발음하면 '무당굿' 할 때의 '굿'으로 들립니다. '좋다'는 느낌을 한껏 담을 때는 [(으)그-우-웉] 하고 발음합니다.

 **회화훈련 1** 걸쭉한 소리 g [g] 발음을 실제 말하기에서 알아듣고 전달하는 연습을 할 차례입니다.

1. You have terrible garlic breath. Go ahead and wash your mouth.
마늘 입냄새가 너무 심해. 가서 입 좀 씻어.

2. No matter what, you shouldn't sit there and listen to gossip.
무슨 일이 있어도 가십 들으면서 거기 앉아 있지는 마라.

3. Greg looks goofy in this picture.
이 사진에서 그렉이 바보 같이 나왔네.

4. You can set a price, and purchase or sell to another gamer from inside the game.
가격을 설정하고 게임 내에서 다른 게이머에게 구매하거나 판매할 수 있습니다.

5. The TV commercial depicts drinking as glamourous and fun, but it actually is not.
TV 광고에서야 음주를 매혹적이고 재미있는 것으로 그리지만, 실제는 그렇지 않지.

6. I am so grateful to have this opportunity to serve the community.
지역사회에 봉사할 수 있는 기회를 갖게 되어 정말 감사합니다.

7. You already had two servings. Don't be too greedy. Consider others.
이미 2인분을 먹었잖아. 너무 욕심내지 마. 다른 사람도 배려 좀 해.

8. Baked chicken is not as greasy compared to fried chicken.
구운 치킨은 프라이드 치킨에 비해 기름지지 않지.

1 breath [breθ] 입냄새 **5** commercial (상업) 광고 방송 | depict [dipíkt] 묘사하다, 그리다
6 have an opportunity to + 동사원형 ~할 기회를 갖다 **7** serving (음식의) 1인분 **8** greasy 기름진

 발음 포인트

5 glamourous에서 g-[g] 뒤에 나오는 -l-[l] 발음은 혀끝을 윗니 뒤 볼록 튀어난 부분에 딱 대고 발음합니다. (p. 176 참조)

6-8 grateful, greedy, greasy처럼 gr-로 시작하는 단어는 [g]를 걸쭉하게 '(으)그'로 발음해 준 다음 재빨리 혀를 목구멍 쪽으로 말아 [r] 발음을 이어주세요. greasy는 앞의 -ea-[i:]에 강세를 주고 뒤의 -s-는 [s]로 발음해 [(으)그뤼이씨 grí:si]라고 말합니다.

다음 문장과 대화를 듣고 따라 하면서 걸쭉한 소리 g [g] 발음을 자연스럽게 익혀보세요.

9
A Fried chicken is really unhealthy. 프라이드 치킨은 건강에 정말 안 좋아.
B I know. It's breaded and deep fried with its skin still on. It just cannot be healthy. 그러게. 빵가루 입히고 껍질 채로 바싹 튀기잖아. 건강할 리가 없지.
A I tried air frying some chicken and it seems to be a good alternative. 치킨을 에어프라이어에 돌려봤는데, 괜찮은 대안인 것 같더라.
B I heard about air fryers. You need to use chicken that's skinless and boneless. And it's hard to get it done without ending up too dry. 에어프라이어 얘기 들었어. 뼈 없고 껍질 없는 닭을 써야 한다며. 근데 잘못하면 너무 퍽퍽해진다던데.

10
A I know garlic has great health benefits. But I can't stand its smell. 마늘이 건강에 아주 좋다는 건 알고 있는데. 냄새를 못 견디겠어.
B Some people take pills or use extract powders instead. 대신 알약을 먹거나 추출 분말을 사용하는 사람들도 있어.
A I think I will try that. I saw my sister using garlic powder when she cooks. 나도 그래봐야겠다. 언니가 마늘 가루를 요리에 사용하는 걸 봤어.

11
A I think she is lying about her previous career. 그녀가 이전 경력에 대해 거짓말을 하고 있는 것 같아요.
B How do you know? 어떻게 알아요?
A It's just my gut feeling. I can also see it in her work. It isn't that good. 그냥 제 직감이죠. 작업물을 봐도 알 수 있고요. 작업물이 그다지 좋지 않아요.

9 breaded 빵가루를 입힌 | alternative[ɔːltɚːrnətiv] 대안 | get it done 그것을 끝내다[해내다] (여기서는 에어프라이어에서 치킨 요리를 해내는 것을 의미) | 11 gut feeling 직감

발음
포인트

10 garlic은 -r-과 -l-이 연달아 나와 한국인에게 까다로운 발음입니다. [r]과 [l] 발음을 분명하게 구분해줘야 하는데요. 강세 모음 -a-를 충분히 길게 빼주면 혀를 목구멍 쪽으로 마는 [r] 발음을 잇기가 편합니다. [r] 소리를 내자마자 얼른 혀끝을 윗니 뒤 볼록한 부분에 갖다 대며 [l] 발음을 이어주세요. [(으)가아r릭 gάːrlik]처럼 말이죠.

11 턱을 아래로 떨어뜨리고 목구멍 깊숙이에서 소리를 끌어올려 gut의 g-[g]를 발음해 보세요. 뒤따라 나온 feeling의 -ee-는 [iː]로 길게 늘려 말해야 제대로입니다. gut feeling[(으)겉(f)퓌일링]을 한 묶음으로 통째 입과 귀에 익혀두세요.

단어훈련 2

끝소리 g [g]가 들어간 단어를 듣고 따라 말해봅니다.

		😊 미국식 발음	☹ 잘못된 발음
1	hug	허어ㄱ/허억[hʌg]	허그
2	bug	버어ㄱ/버억[bʌg]	버그
3	bag	배애ㄱ/배액[bæg]	백
4	flag	(f)플래애ㄱ/(f)플래액[flæg]	플래그
5	dog	도어ㄱ/도억[dɔːg]	도그
6	dig	디이ㄱ/디익[dig]	디그
7	leg	레에ㄱ/레엑[leg]	레그
8	mug	머어ㄱ/머억[mʌg]	머그
9	shrug	슈러어ㄱ/슈러억[ʃrʌg]	슈러그
10	thug	(θ)떠어ㄱ/(θ)떠억[θʌg]	떠그

1 포옹 2 벌레 3 가방 4 깃발 5 개 6 파다 7 다리 8 머그잔 (mug 안에 이미 '잔, 컵'의 의미가 포함되어 있으므로 따로 cup을 붙이지 말 것) 9 어깨를 으쓱하는 것 10 깡패

발음 포인트

g [g]가 단어 끝에 있으면 받침소리로 숨어버려 거의 들리지 않습니다. 하지만 목구멍 깊은 데서 성대를 울려 끌어올리는 [g] 특유의 여운은 남깁니다.

1 hug의 h-는 바람을 강하게 내뿜으며 발음하세요. -u-는 '어'에 가깝게, -g는 받침소리로 [헉] 또는 [허ㄱ] 정도로 발음됩니다. 우리말의 '허그'처럼 들릴진 모르지만 실제 말할 때 g sound에 '으' 모음은 붙이지 않습니다. 다른 단어들도 모두 마찬가지입니다. 주의하세요.

3 bag은 보통 [배액] 정도로 a[æ] 발음을 길게 빼서 강조해 줍니다. a[æ] 발음을 확실히 강하게 말할 때는 [애애애] 정도로 더 길게 말하기도 하죠.

10 thug의 th-는 [θ] 발음입니다. 혀를 윗니와 아랫니 사이에 살짝 넣었다 입안으로 당기면서 바람을 내뿜을 때 나는 소리죠. (p. 224 참조)

회화훈련 2 끝소리 g [g] 발음을 실제 말하기에서 알아듣고 전달하는 연습을 할 차례입니다.
다음 문장과 대화를 듣고 따라 하면서 끝소리 g [g] 발음을 자연스럽게 익혀보세요.

1 Would you like egg muffins for breakfast?
   아침에 에그머핀 드실래요?

2 When you enter the property, you will see a flagpole right in front of the building.
   그 안으로 들어서면 건물 바로 앞에 국기 게양대가 보일 거예요.

3 Dogtopia is a pet services franchise for dog daycare.
   도그토피아는 강아지 돌봄 서비스 프랜차이즈입니다.

4 I left a bag of groceries in the elevator.
   엘리베이터에 식료품 가방을 두고 내렸어.

5 I have a throbbing pain in my right knee and leg.
   오른쪽 무릎과 다리에 욱신거리는 통증이 있어요.

6 You look sad. Do you need a hug?
   슬퍼 보인다. 안아줄까?

7 Walgreens is a drugstore, probably the closest one you can find.
   월그린은 드러그스토어예요. 아마도 찾기 가장 가까울 겁니다.

8 He broke off from our conversation with a shrug.
   그 애가 어깨를 으쓱하며 우리 대화 중에 갑자기 말을 멈췄어.

2 property 소유지   3 daycare 데이케어 (낮 동안 돌봄)   5 throbbing [θrάbiŋ] 욱신거리는
8 break off (이야기 등을) 갑자기 그치다 | with a shrug 어깨를 으쓱하며

발음 포인트

1 [g] 발음까지 정복함으로써 egg의 발음이 완성되었네요. 모음 e-는 [e]로 강하게, -gg는 받침소리 [g]로 약하게, 합쳐서 [에그]로 발음해 보세요.

3 Utopia(이상향, 천국)를 차용해 '강아지의 천국'이라는 의미로 Dogtopia라는 브랜드명을 만들었네요. 여기서 Dog-의 -g- [g]도 받침소리로 발음하면 됩니다. 7번 drugstore의 -g- [g]도 마찬가지이고요. 모음 '으'를 붙이지 않도록 주의하세요.

4 a bag of는 연음해서 한 단어처럼 [어배애겁(v)]으로 발음하세요.

9 A Oh no. I left a bag of groceries in the elevator.
오, 안 돼. 엘리베이터에 식료품 가방을 두고 내렸어.

B What's in it? 안에 뭐가 들었어?

A Two dozen eggs and a bag of baby spinach.
달걀 24개와 시금치 한 봉지.

B Ok. Let me go and check. 알았어. 내가 가서 확인해볼게.

10 A What's your puppy's name? 강아지 이름이 뭐예요?

B Dragon. 드래곤이요.

A Hi, Dragon. You look sad. Do you need a hug?
안녕, 드래곤. 슬퍼 보이네. 안아줄까?

B He's experiencing some digestive issues. That's why his energy is low. 소화에 문제가 좀 있어요. 그래서 기운이 없어요.

11 A I have a throbbing pain in my right knee, coming down to my leg. 오른쪽 무릎에 욱신거리는 통증이 다리까지 내려오네.

B You've been complaining about that since last week. You should see a doctor. 너 그거 지난주부터 계속 아프다고 했잖아. 병원 가봐.

A I think so. I just don't like going to see the doctor.
나도 그렇게 생각하는데. 그냥 병원 가기가 싫어.

B I understand. But when the pain goes on for a week, you need to get it seen. 이해해. 하지만 통증이 일주일 동안 계속되면 진료를 받아야지.

9 spinach[spínitʃ] 시금치 | go and check 가서 확인하다　10 experience ~을 겪다 | digestive 소화의 | That's why S + V 그래서 ~하는 거다　11 You should ~ ~해봐 (부드럽게 권유하는 말) | see a doctor 병원에 가다 (= go to see the doctor) | go on 계속되다

발음
포인트

9 egg에 자음 -s가 붙어도 -gg[g]는 받침소리로 발음합니다. 모음 '으'를 붙이지 않고 eggs[에ㄱ씨]라고 소리 내세요. 참고로, 마지막 대사의 go and check은 [고우언첵]과 같이 하나로 연음됩니다.

10 dragon의 -g-는 [듀래애건 drǽgən]과 같이 전형적인 [g] 소리가 살아 있습니다. 하지만 hug의 -g[g]는 받침소리로 약하게 발음되죠. 참고로 digestive[daidʒéstiv]의 -g-는 [dʒ]로 발음합니다. 여기에 대해서는 다음 과에서 바로 다룹니다.

I didn't know you have a germ phobia!

너한테 세균 공포증이 있을 줄이야!

[d]에서 [ʒ]로 연결하는 g[dʒ] 발음

입천장 볼록한 부분(d 발음 위치)에 혀끝을 두고 [d]부터 시작해 [ʒ]로 연결하여 발음하세요.

gel　gene　gender　ginger　germ

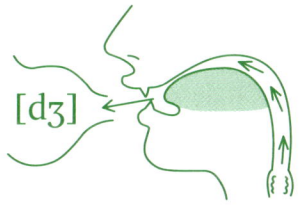

'보석'을 뜻하는 gem은 '겜'이 아닙니다. [dʒem]이라고 발음해야 하죠. 그런데 이 발음은 또한 '잼'도 '쨈'도 아닙니다. 영어의 [dʒ]는 [d]와 [ʒ]가 합쳐진 소리이죠. 정석 d를 발음할 때의 혀 위치를 찾아(혀끝을 입천장 볼록한 부분에 대고) 혀를 차내면서 '쥬' 하고 발음해 보세요. 자연스럽게 [(읏)쥬]에 가까운 소리가 납니다.

'ㅈ' 발음보다는 훨씬 힘이 많이 들어간 강한 소리라고 생각하면 됩니다. 주로 알파벳 j에서 흔히 나타나는 발음인데(p.164 참조), gem, gel, gene, ginger에서 보듯 g에서도 심심치 않게 발견할 수 있는 발음입니다.

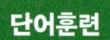 **단어훈련** [d]에서 [ʒ]로 연결하는 g[dʒ] 발음이 들어간 단어를 듣고 따라 말해봅니다.

		😊 미국식 발음	😞 잘못된 발음
1	gel	(웃)젤[dʒel]	젤
2	germ	(웃)줘어r엄[dʒəːrm]	점
3	generous	(웃)줴너뤄ㅆ[dʒénərəs]	제너러스
4	gene	(웃)쥐인[dʒiːn]	진
5	genetic	(웃)줘네릭[dʒənétik]	제네틱
6	gender	(웃)줴더r[dʒéndər]	젠더
7	ginseng	(웃)쥔쎙[dʒínsèŋ]	진셍
8	ginger	(웃)쥔줘r[dʒíndʒər]	진저
9	genuine	(웃)줴니유인[dʒénjuin]	제뉴인
10	generate	(웃)줴너뤠읻[dʒénərèit]	제너레이트

1 젤 2 세균 3 관대한, 후한 4 유전자 5 유전적인 6 성별 7 인삼 8 생강 9 진짜의, 순수한
10 생성하다

 FAQ

language처럼 단어 끝에 g[dʒ]가 오는 경우도 마찬가지 요령으로 발음하면 되겠죠?
bridge, college, language, judge, charge, large처럼 -ge/-dge/-rge로 끝나는 단어는 위에 연습한 단어들과 마찬가지로 대부분 '(웃)쥬'에 가까운 [dʒ] 발음으로 마무리됩니다. 하지만 프랑스어에서 유입된 외래어는 -ge가 [ʒ]로 발음되는 경우가 많은데요. [ʒ]는 입술을 동그랗게 모아 부드럽게 '쥬' 하고 발음합니다. '(웃)' 소리는 들어가지 않습니다. (p. 164 참조)
massage [머싸아쥬 məsάːʒ] 마사지
corsage [코어r싸아쥬 kɔːrsάːʒ] 코사지
beige [베이쥬 beiʒ] 베이지색
sabotage [쌔애버타아쥬 sǽbətὰːʒ] 사보타주, 방해하다

회화훈련 g[dʒ] 발음을 실제 말하기에서 알아듣고 전달하는 연습을 할 차례입니다.
다음 문장과 대화를 듣고 따라 하면서 g[dʒ] 발음을 자연스럽게 익혀보세요.

1. Use this gel, and it will give your hair a nice gloss.
   이 젤을 써보세요. 머리에 윤기가 날 것입니다.

2. Korean ginseng, also known as Panax ginseng, is the best of the best. Panax ginseng(인삼)이라고도 알려진 고려 인삼(Korean ginseng)은 최고 중의 최고입니다.

3. This ring is made of genuine gold, not plated gold.
   이 반지는 순금으로 만들었어. 도금 아냐.

4. Germ phobia is a fear of germs, bacteria, uncleanliness, and contamination. 세균 공포증이란 세균과 박테리아, 불결, 오염에 대한 두려움이죠.

5. He has been very generous with his time with me.
   그는 나와 함께 시간을 보내는 데 매우 후했어.

6. This little portable juicer is a genius invention.
   이 작은 휴대용 과즙기는 천재적인 발명품이야.

7. His lineage as part of a German royal family comes from ten generations back. 그는 10대에 걸쳐 내려오는 독일 왕실 가문의 혈통입니다.

1 gloss 윤기, 광택 **3** plated 도금된 **4** phobia[fóubiə] 공포증 | contamination[kəntæmənéiʃən] 오염
6 portable 휴대용의 | juicer 과즙기 **7** lineage 혈통

발음 포인트

1. gel[dʒel]은 '젤'이 아니죠. [dʒ] 발음(혀끝을 입천장 볼록한 부분에 댔다가 차내면서 '쥬'라고 소리 냄)에 충실하면 [(웃)쥌]에 가까운 소리가 납니다. 더불어, gloss[glas]의 모음 -o-는 [a]에 가까운 소리가 난다는 점에도 신경 써 주세요.

3. genuine[dʒénjuin]은 [(웃)쥐뉴인]에 가까운 소리가 납니다. g-[dʒ]뿐 아니라 -nu-[nju] 발음에도 신경써주세요. '니유'를 빨리 이어 발음해야 합니다. 바로 뒤에 나오는 단어 gold는 모음 -o-가 [ou]로 발음됩니다(4번 phobia의 -o-도 마찬가지).

4. germ[dʒəːrm]은 [dʒ] 발음뿐 아니라 자음 두 개(-rm)가 연달아 이어지며 소리가 끝나기 때문에 발음이 만만치 않습니다. '(웃)쥐어'라고 소리를 길게 빼줄 때 혀를 살짝 목구멍으로 말아 r sound를 살짝 얹고 거의 동시다발적으로 m을 붙이면 끝소리가 'r엄'처럼 들립니다. 즉 [(웃)쥐어r엄]에 가까운 소리가 나죠.

7. lineage [리니이(웃)쥬 líniːdʒ] / German [(웃)쥐어r먼 dʒə́ːrmən] / generations [(웃)쥐너뤠이션ㅈ dʒènəréiʃənz]

8 A My laptop generates heat whenever I stream TV shows or movies. TV 프로그램이나 영화를 스트리밍할 때마다 노트북에서 열이 발생합니다.

B That's normal. But make sure that the air vents are not covered. 그건 정상입니다. 하지만 통풍구가 막혀 있지 않은지는 꼭 확인하세요.

9 A Did you wash your hands after using the bathroom? 화장실 쓰고 나서 손 씻었어?

B I'm sorry. I forgot. 미안해. 깜빡했어.

A Can you go back and wash your hands before you come to the dinner table? 다시 가서 손 씻고 저녁 식탁에 올래?

B Oh my goodness, I didn't know you have a germ phobia. 아, 세상에, 네가 세균 공포증이 있는 줄은 몰랐네.

10 A I think I have a cold. I have a headache, runny nose, and fever, and I'm also feeling slightly nauseous. 감기 걸린 것 같아요. 두통에 콧물도 나고 열 나고 속도 약간 메스꺼워요.

B That definitely sounds like the flu. Not just a cold. Go home and get some rest. 단순한 감기가 아니라, 완전 독감 같은데요. 집에 가서 좀 쉬어요.

A I think I should. 그래야 할 것 같아요.

B Drink hot ginger tea with lemon juice and honey. That's good instant relief for any nasal symptoms. It also helps with nausea. 따뜻한 생강차에 레몬즙이랑 꿀 타서 마셔봐요. 콧물 증상에도 바로 효과 있고 메스꺼움에도 좋아요.

8 air vent 통풍구 **9** wash one's hands 손을 씻다 **10** have a cold 감기에 걸리다 | runny nose 콧물이 흐르는 상태 | nauseous[nɔ́ːʃəs] 메스꺼운, 구역질 나는 | nasal[néizəl] 코의 | nausea[nɔ́ːziə] 메스꺼움, 구역질

발음
포인트

8 generates[dʒénərèits]의 g-는 [dʒ]로 발음됩니다. 따라서 [(읏)췌너뤠잍ㅊ]에 가까운 소리가 나죠.

10 ginger[dʒíndʒər]는 [dʒ] 발음이 맨 앞과 중간, 두 번 나와서 [(읏)쥔쥘r]에 가깝니다. 눈치 챘겠지만, 발음 요령에 따라 [dʒ]를 소리 내면 자연스럽게 입술이 앞으로 쑥 튀어나오는데요, ginger는 [dʒ] 발음이 두 번이나 나오다 보니 입술을 계속 내밀고 있게 되죠.

21 | g의 세 가지 발음 3: -ng[ŋ] 발음

21.mp3

Learning new things is exciting.

새로운 걸 배운다는 건 설레는 일이야.

-ng[ŋ] 발음

혀 뒷부분으로 목구멍을 막는다고 생각하며 '엉' 하고 성대를 울려 소리 내 보세요.

going   packing   growing   building   nothing

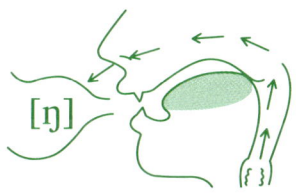

[ŋ]은 우리말의 'ㅇ' 받침소리와 비슷하지만, 코와 목을 동시에 울린다는 차이도 있어서 연습이 필요합니다. 목구멍을 막는다는 생각으로 혀 뒷부분을 입천장 안쪽에 대면 자연스레 입술이 벌어지게 되는데요. 그렇게 호흡을 잠시 막은 후 코로 공기를 내보내며 '엉' 소리를 내보세요.

혀를 계속 붙이고 있어서, 입을 통해 공기가 지나가지 않고 코로 지나가도록 해야 합니다. 그리고 공기를 내보낼 때는 반드시 성대를 울려줘야 합니다. 깊은 곳에서 공기를 내보내기 때문에 콧등에서 공기의 진동이 세게 느껴질 수 있습니다. [ŋ]을 발음할 때는 우리말 '응'보다 코맹맹이 소리를 조금 더 제대로 내줘야 합니다.

단어훈련 -ng [ŋ] 발음이 들어간 단어를 듣고 따라 말해봅니다.

		🙂 미국식 발음	☹ 잘못된 발음
1	pack**ing**	패애킹[pǽkiŋ]	패킹
2	smok**ing**	ㅅ모우킹[smóukiŋ]	스모킹
3	ongo**ing**	안고우잉[áŋgòuiŋ]	온고잉
4	park**ing**	파아r킹[pɑ́ːrkiŋ]	파킹
5	lodg**ing**	라아쥥[lɑ́dʒiŋ]	로찡
6	noth**ing**	넡(θ)띵[nʌ́θiŋ]	낫씽
7	excit**ing**	익싸이링[iksáitiŋ]	익싸이팅
8	floor**ing**	(f)플로어륑[flɔ́ːriŋ]	플루어링
9	head**ing**	헤링[hétiŋ]	헤딩
10	stunn**ing**	ㅅ떠닝[stʌ́niŋ]	스터닝

1 포장 **2** 흡연 **3** 계속하고 있는, 진행 중인 **4** 주차 **5** 숙박, 숙소 **6** 아무것도 아님 **7** 흥미진진한, 신나는, 설레는 **8** 바닥재 **9** 방향, (축구) 헤딩 **10** (입이 떡 벌어질 정도로) 놀랄 만큼 아름다운[멋진]

 FAQ

-ng가 [n]처럼 들리는 경우도 많던데요?
미국 드라마나 영화를 보면 이따금 doing을 [두우인]처럼, going을 [고우인]처럼 발음하는 걸 들을 수 있는데요. 구어체에서는 편하게 -ng의 g를 생략해 [n]으로 말하는 경우도 많습니다 (단어 표기는 doin', goin'과 같이 하죠). 하지만 연설을 하는 등의 공식적인 자리에서는 제대로 -ng[ŋ] 발음을 해줍니다. 이런 경우 [n]으로 말하면 남부 출신으로 생각하거나, 교육을 덜 받은 사람으로 인식될 수 있거든요. -ng 발음의 축약형은 권하고 싶지 않습니다. 하지만 실제 일상 대화에서 미국인들이 편하게 doin' nothin' / doin' somethin' / doin' anything 등과 같이 말하는 것을 알아들을 수는 있어야겠지요. 또 nothing과 something은 줄여 써도 anything은 거의 줄여 쓰지 않습니다. 한마디로 단어에 따라 케바케란 얘기이죠.

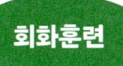 **회화훈련**

-ng[ŋ] 발음을 실제 말하기에서 알아듣고 전달하는 연습을 할 차례입니다.
다음 문장과 대화를 듣고 따라 하면서 -ng[ŋ] 발음을 자연스럽게 익혀보세요.

1   You look stunning in that dress tonight.
    오늘밤 그 드레스를 입으시니 정말 아름다우세요. (입이 떡 벌어질 정도로 깜짝 놀랄 만큼 아름답다는 어감)

2   Tile flooring in the kitchen makes it easier with cleaning and mopping.
    부엌 바닥이 타일이라 청소랑 걸레질이 더 수월해요.

3   Smoking is not allowed in the building, and not even in the parking lot.
    건물 안은 물론 주차장에서도 흡연 금지입니다.

4   Health is the great blessing of life, I think.
    건강은 인생의 큰 축복이라고 생각해.

5   Packing is easier and quicker than unpacking.
    포장하는 일이 포장을 푸는 일보다 더 수월하고 빨라요.

6   Nothing is impossible for God.
    하나님에게는 불가능한 것이 없습니다.

7   Learning new things is exciting.
    새로운 걸 배운다는 건 설레는 일이에요.

8   Healing is an ongoing process.
    치유는 지속적인 과정입니다.

2 tile flooring 타일 바닥재, 타일 바닥 | mop 대걸레로 닦다   3 be not allowed 허용되지 않다 | parking lot 주차장   4 blessing 축복   8 healing 치유

 발음 포인트

6   이 문장에서 Nothing은 문장의 핵심 메시지를 담고 있는 중요한 단어입니다. 이런 경우에는 nothin'으로 줄여 쓰지 않는다는 점, 기억하세요. 줄여 쓰기도 하는 단어라고 해서 아무 때나 막 줄여 쓰지는 않는다는 얘기이죠.

7   성대를 울려 소리 내는 유성음(voiced sound) 뒤의 -s는 [z]로 발음됩니다. 따라서 things의 -s는 [z]로 발음되죠. -ng[ŋ]가 성대를 울려 소리 내는 유성음이니까요.

8   ongoing은 마치 on과 going의 두 단어처럼 들립니다. 그래서 글을 쓸 때 on-going처럼 쓰는 실수를 저지르는 사람도 있는데요. 한 단어로 ongoing이라고 쓰는 게 맞습니다. 첫소리 o-에 강세를 넣어 [안고우잉]이라고 발음하세요.

151

9 A We're going to change the wooden flooring to tile flooring in the kitchen. 주방의 나무 바닥을 타일 바닥으로 바꾸려고 해.

B That sounds exciting. Easy to clean up any messes, right?
와, 좋겠다. 뭐든 지저분한 건 다 깔끔하게 청소하기 쉽겠네, 그지?

10 A How do you deal with change? 변화에 어떻게 대처하나요?

B I see it as an opportunity to learn new things. Then, it becomes exciting for me.
새로운 것을 배울 수 있는 기회라고 생각합니다. 그러면 제게 신나는 일이 되죠.

A That's a good way to look at it. 바라보는 시선이 아주 좋네요.

B When you don't learn new things, you stop growing. Not physically, but mentally and as a person. 새로운 것을 배우지 않으면 성장이 멈추죠. 신체적으로가 아니라 정신적으로, 그리고 한 사람으로서요.

11 A We're moving next week. Moving sucks.
우리, 다음주에 이사 가. 이사는 짜증나.

B Tell me about it. If you need help, let me know.
내 말이. 도움 필요하면 알려줘.

A Oh thanks. I will need your help when unpacking stuff.
아, 고마워. 짐 풀 때 네 도움이 필요할 것 같아.

B Sure. Text me a day or two before. 응. 하루나 이틀 전에 문자 보내줘.

9 clean up 깔끔하게[확실히] 닦다 10 deal with 다루다, 대처하다 11 Tell me about it. 내 말이. 말해 뭐해. (상대의 말에 강하게 동의할 때 씀) | text ~에게 문자를 보내다 (= send someone a text)

발음 포인트

9 <be going to + 동사원형(~할 것이다)>의 형태로 쓰이는 going to는 구어체에서 편하게 gonna[고우너]로 줄여 말하는 미국인들이 많죠. 하지만 강한 결의를 보여주고자 할 때는 이런 식으로 줄여 말하지 않습니다. 그리고 <going to + 목적지>와 같이 '~로 가고 있는' 상황을 말할 때도 줄여 쓰지 않습니다.

11 이 대화에서 moving은 중요한 말이기 때문에 줄여 쓰지 않습니다. 하지만 '딴 생각 말고 지금 하고 있는 일이나 계속 집중하자'는 의미로 Forget about it. We're moving on. Keep doing what you're doing.이라고 할 때는 movin' ON처럼 moving은 줄여 말하고 on을 강조해 말하는 미국인들도 있습니다. 방점을 on에 두기 때문이죠. 하지만 앞서도 얘기했든 어디까지나 구어체에서 통용되는 것이지 연설 같은 공식적인 자리에서는 -ng를 [ŋ]으로 정확하게 발음해야 하므로, 우리는 그냥 처음부터 끝까지 -ng 하면 [ŋ]으로 말하도록 합시다.

22 | 들리는 h와 안 들리는 h

22.mp3

Henry is handsome.
I like him!

헨리는 잘 생겼어. 난 그 사람이 좋아!

h

h[h] 발음

입천장에 혀를 대지 않고 세게 'ㅎ' 하는 바람을 내보냅니다.
h 발음이 생략되는 경우도 있습니다.

heart hair tell (h)er heir herb

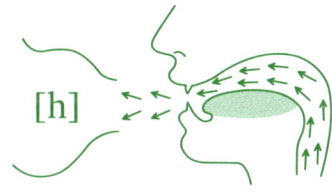

정석 h[h]는 입천장에 혀를 대지 않고 'ㅎ' 하는 바람을 내보내세요. 문제는 사라지는 h 발음입니다. 주로 말하는 사람의 의사를 전달하는 데 중요하지 않은 요소나 굳이 똑바로 발음하지 않아도 상대방이 이미 알 만한 내용이라 강조를 하지 않는 단어에서 발생하는 현상이죠.

일상 대화에서 반복되는 인칭대명사(he, him, her, his 등)나 has, have 같은 조동사 등의 첫소리 h sound가 힘을 빼고 빨리 발음하면서 자주 생략됩니다(예: like him[(으)라이킴/큄]). 물론, 말이 아무리 빨라져도 ❶ 조동사 have/has가 문장의 첫머리로 오거나 ❷ hair, ham 같은 일반명사 ❸ 다른 사람이 아닌 바로 '그'를 좋아한다(I don't like anybody else but "him".)고 him을 강조해야 할 때 등, h가 탈락하지 않는 경우도 있습니다.

단어훈련 1

정석 h[h]가 들어간 단어를 듣고 따라 말해봅니다.

		🙂 미국식 발음	🙁 잘못된 발음
1	behind	버하인(ㄷ)[bəháin(d)]	비하인드
2	heart	하아r트[ha:rt]	하트
3	huge	히유우쥬[hju:dʒ]	휴즈
4	humid	히유우미ㄷ[hjú:mid]	휴미드
5	hair	헤어r[hɛər]	헤어
6	hallway	호얼웨이[hɔ́:lwei]	홀웨이
7	handy	해앤디[hǽndi]	핸디
8	handout	해앤다웉[hǽndaut]	핸드아웃
9	harmony	하아r머니[hɑ́:rməni]	하모니
10	hangout	해앵아웉[hǽŋaut]	행아웃

1 ~뒤에 2 마음 3 거대한 4 습한 5 머리카락 6 복도 7 편리한 8 유인물 9 조화
10 (퇴근이나 방과 후 친구들끼리 틈만 나면 수다 떨고 음식도 먹으며 모여 노는) 아지트

TIP

미드 Friends의 Central Perk 같은 곳이 바로 친구들의 hangout!
명사 hangout은 퇴근이나 방과 후 친구들끼리 틈만 나면 수다 떨고 음식도 먹고 쉬고 노는 '아지트'를 뜻합니다. 일상생활에서는 동사구로 hang out이 많이 쓰이는데요(hang과 out을 띄어 씀). hang out은 '친구들과 음식도 먹고 쉬고 놀며 한가롭게 시간을 보낸다', 즉 친구들과 '어울려 한가롭게 놀다'라는 의미입니다. 친구, 지인, 동료들과는 hang out한다고 말하지만, 가족들과 hang out한다고 말하지는 않는다는 점, 유의하세요.
그나저나, 미드 Friends 속 친구들은 매일같이 그들만의 hangout에 모여 hang out하는데요. 이들이 틈만 나면 모여서 놀고 쉬는 커피점(coffeehouse), 센트럴 퍼크(Central Perk)와 모니카의 아파트, 챈들러와 조이의 아파트가 바로 이들의 hangout이죠.

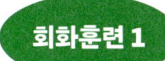 **회화훈련 1**   다음 문장을 듣고 따라 하면서 정석 h[h] 발음을 자연스럽게 익혀보세요.

---

1   He said this is the first time that he has lived in a real home.
그는 진짜 집(제대로 된 집)에서 살아보는 건 이번이 처음이라고 했어.

---

2   More information is on the handout, page 7.
자세한 정보는 유인물 7페이지에 있습니다.

---

3   I don't like hot and humid weather.
덥고 습한 날씨는 싫어.

---

4   She has long, dark, wavy hair, hanging down to her shoulders.
그녀는 길고 짙은 웨이브 머리카락을 어깨까지 늘어뜨렸어.

---

5   Henry says he has a good heart. But who said that about him?
헨리는 자신은 마음이 선하다고 말해. 하지만 그에 대해 그런 말을 한 사람이 있었나?

---

6   Keep walking down the hallway and turn right at the water fountain.   복도를 계속 걸어가다가 분수대에서 우회전하세요.

---

7   Are you staying at a hotel near here?
이 근처 호텔에 묵으시나요?

---

8   This is more like a hangout for college students.
여기는 대학생들의 아지트 같은 곳이에요.

---

5 have a good heart 마음이 선하다   6 keep -ing 계속 ~하다 | turn right/left 오른쪽/왼쪽으로 돌다 | water fountain 분수대

발음 포인트

4 long, dark, wavy는 각 단어가 아주 분명하게 들립니다. descriptive words(묘사하는 단어)는 키워드이므로 그 의미를 분명하게 전달해야 합니다.

5 Henry는 우리말로 '헨리'라고 쓰고 '헬리'라고 읽는 경우가 많은데요. 정확한 발음은 [헨(r)리 hénri]입니다. [n]과 [r] 발음을 정확히 살려주세요. 또한, about him은 him의 h sound를 생략하고 [어바우림] 또는 [어바우림/름] 정도로 연음해 발음하는 경우가 많지만, him을 강조해 정확히 짚어주고 싶을 때는 h sound를 살려 [어바웉 히임]이라고 말해줍니다.

7 at a hotel에서 at a는 연음되어 -t가 굴리는 소리 [t]로 발음되고 hotel의 -o-는 이중모음 [ou]로 발음되어 [애러호우텔] 정도로 들립니다.

단어훈련 2

h 발음이 사라지는 단어를 듣고 따라 말해봅니다.

		🙂 미국식 발음	🙁 잘못된 발음
1	tell her	텔러 r[telər]	텔허
2	give him	기(v)빔[givim]	기브힘
3	I have been to	아이(어)(v)브빈터[ai(ə)vbintə]	아이해브빈투
4	She has had	쉬이ㅈ해애ㄷ[ʃiː(hæ)zhǽd]	쉬해즈해드
5	hour	아우어 r[auər]	아워
6	heir	에어 r[ɛər]	헤어
7	honor	아너 r[ɑ́nər]	아너
8	herb	어어 rㅂ[əːrb]	허브
9	homage	아미쥬[(h)ɑ́midʒ]	오마주
10	honest	아니ㅅㅌ[ɑ́nist]	어니스트

1 그녀에게 말하다 2 그에게 주다 3 나는 ~에 가본 적이 있다 4 그녀는 ~해왔다 5 시간 6 후계자
7 명예 8 허브 9 오마주 10 정직한

FAQ

herb는 [허어 rㅂ həːrb] 라고 발음하는 거 아녔나요?
3인칭 대명사 he, him, his, her와 조동사 has, have는 빨리 말하는 문장 속에서 상대적으로 약화되어 발음되다 보니 h sound가 생략되거나 발음된다고 해도 그 소리가 아주 미미합니다. 그런데 5~10번에 제시된 단어들처럼 애초에 h에 소릿값이 없는 단어들도 있습니다. 특히 우리가 '허브'라고 말하는 herb의 미국식 발음은 [어어 rㅂ əːrb]이죠. [허브]라고 발음하면 미국인들은 hub(중심)라고 알아듣습니다. 또, 우리가 '오마주'라고 흔히 말하는 homage는 h sound를 살려 [하미쥬]라고 말하는 미국인들도 있고, h sound를 죽이고 [아미쥬]라고 말하는 미국인들도 있습니다. 참고로, herb와 homage는 프랑스어에서 유래된 단어들로, 프랑스어에서 h sound는 보통 묵음입니다.

회화훈련 2 다음 문장을 듣고 따라 하면서 h 발음이 사라지는 경우를 자연스럽게 익혀보세요.

1	I wouldn't tell her if I were you.	내가 너라면 그녀에게 말하지 않을 거야.
2	Give him what he wants.	그가 원하는 것을 줘.
3	Put him on the phone.	그 사람 전화 좀 바꿔줘요.
4	I have been to the White House.	나 백악관에 가본 적 있어요.
5	Did he tell her that he loves her?	그가 그녀에게 사랑 고백했어?
6	Hillary has enough ham for her sandwich.	
	힐러리는 자기 샌드위치에 햄을 충분히 넣었어.	
7	To be honest, I didn't understand what he was saying.	
	솔직히 저는 그가 무슨 말을 하는지 이해하지 못했습니다.	
8	She is their heir because she is their only child.	
	그녀는 그들의 유일한 자식이기 때문에 그녀가 상속인입니다.	
9	The herb ginkgo biloba is available in pills.	
	허브 징코빌로바는 알약으로 제공됩니다.	
10	It is better to take the subway during rush hour.	
	출퇴근 시간에는 지하철을 타는 것이 좋습니다.	

3 put someone on the phone 전화를 ~한테로 연결해주다[바꿔주다]
9 herb ginkgo biloba 허브(herb)와 은행나무(ginkgo biloba) 추출물이 포함된 건강보조제

발음 포인트

2, 3 what he에서 he의 h sound는 약화되고 what의 -t는 굴리는 소리로 변형되어 [(으)와리] 정도로 발음됩니다. Put him 역시 같은 현상이 발생해 [푸림] 정도로 연음됩니다.

4 house에서 h-는 묵음이 아닙니다. 하지만 White House를 말할 때 [(우)와잍다우ㅆ]처럼 House의 h sound를 생략하고 말하는 미국인들도 제법 있습니다. 이처럼 h sound 가 있는데도 개개인의 습관에 따라 생략하고 말하는 경우들도 있는데요. 여기 나온 White House 외에도 Make yourself at home.에서 at home[애로움], Two and a half.에 서 half[애애f] 등이 있죠. 또 childhood, neighborhood, manhood, womanhood 와 같은 단어에서 h sound를 발음하지 않곤 합니다.

회화훈련 3 이제 대화를 듣고 따라 하면서 들리는 h와 안 들리는 h를 자연스럽게 익혀보세요.

1
- A Holly looked so different today. 할리가 오늘 아주 달라 보였어.
- B What's so different about her? 뭐가 다른데?
- A She had her hair hanging down. 머리를 늘어뜨렸더라고.
- B Oh, really? She has beautiful, dark, wavy hair.
  오, 진짜? 그 애는 아름답고 짙은 웨이브 머리지.

2
- A Are they staying at a hotel around here?
  그 사람들, 이 근처 호텔에 묵고 있니?
- B No, I told them to stay at my house. 아니, 우리 집에 묵으라고 했어.
- A That's very nice of you. 어머 친절하기도 해라.

3
- A Where can I find the website and email?
  웹사이트와 이메일은 어디에서 찾을 수 있나요?
- B It's on the handout, on the last page. 유인물 마지막 페이지에 있습니다.
- A Oh, thanks. I'll check it out right now. 아, 고마워요. 지금 바로 확인해 볼게요.
- B Great. 네, 좋아요.

---

1 wavy (머리카락이) 웨이브가 있는 **2** tell someone to + 동사원형 ~에게 …하라고 (말)하다 | That's very nice of you. 친절하기도 하지. (상대의 호의에 칭찬하는 표현) **3** check out 확인하다

발음 포인트

1 Holly의 -o-는 [a]로 발음되어 [할리]입니다. about her는 연음되어 [어바우러r], She had her는 [쉬이해애러r] 또는 [쉬이애러r] 정도로 연음되어 발음되고, 이어지는 hair와 hanging의 h sound는 모두 살아 있습니다.
또, She has beautiful ~ hair.에서처럼 have/has 동사가 '가지다', '먹다' 등의 일반동사로 쓰일 땐 h sound를 살려 말합니다.

2 nice of you는 nice를 제일 강조해서 [나이써(v)비유]라고 발음합니다.

3 check it out은 [췌키라웉]이라고 한 단어처럼 발음해 주세요.

23 | '이'도 아니고 '에'도 아닌 중간 발음 i[i]

Please sit down.

앉으세요.

'이'와 '에'의 중간 발음 i[i]

턱을 아래로 툭 떨어뜨리면서 '이'라고 하면 '이'와 '에'의 중간 소리가 납니다.

issue ignore invest immediately minute

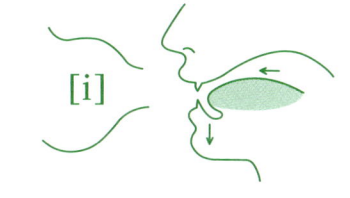

우리말의 '이'는 입을 조금 벌리고 편하게 발음하면 되지만 영어의 i[i] 발음은 소리 내는 입 모양이 좀 다릅니다. 턱을 아래로 툭 떨어뜨리면서 우리말보다 입을 크게 벌려 [이] 하고 소리 내죠. 서양인들은 발음할 때 우리보다 턱뼈를 많이 써서 턱의 움직임이 큽니다. [i] 소리를 낼 때도 우리말 '이'를 발음할 때보다 아래 턱을 많이 벌려서 발음하죠. 그렇게 '이' 하고 발음을 하면 자연스럽게 '이'와 '에'의 중간소리로 들립니다. 편의상 발음표기는 [이]로 하겠습니다.

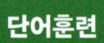 **단어훈련**   i [i]가 들어간 단어를 듣고 따라 말해봅니다.

		☺ 미국식 발음	☹ 잘못된 발음
1	**i**nk	잉ㅋ [iŋk]	잉크
2	**i**ssue	이슈우 [íʃu:]	이슈
3	**i**nternal	인터r늘 [intə́:rnl]	인터널
4	**i**gnore	익노어r [ignɔ́:r]	이그노어
5	**i**njury	인쥬어뤼 [índʒəri]	인줘리
6	**i**nvest	인/은(v)베ㅅㅌ [invést]	인베스트
7	**i**nstant	인ㅅ턴ㅌ [ínstənt]	인스턴트
8	**i**rritating	이뤄테이딩/링 [írətèitiŋ]	이리테이팅
9	**i**mmediately	이/으미이디어을리 [imí:diətli]	이미디어틀리
10	**i**tinerary	아이티너뤠뤼 [aitínərèri]	아이티네리

1 잉크 **2** 이슈 **3** 내부의 **4** 무시하다 **5** 부상 **6** 투자하다 **7** 즉각 **8** (상처 등이) 따가운, 얼얼한
9 즉각적인 **10** (구체적인) 여행 일정

TIP

강세 없는 [i]는 [어] 또는 [으]로 소리가 약화됩니다.
invest의 강세는 -e-[e]에 있습니다. 그러다 보니 첫 모음 i는 상대적으로 약하게 발음되죠. 그래서 i 발음이 [으] 정도로 들릴 때도 많습니다. irritating도 강세가 맨 처음의 i[i]에 있습니다. 따라서 그 다음에 오는 i는 소리가 약화되어 [어] 또는 [으] 정도로 들립니다. 또한 그 다음에 오는 마지막 i는 강세 없이 약하게 [i]로 발음되죠. immediately 역시 강세가 없는 첫 모음 i는 발음이 약화되어 [어] 또는 [으] 정도로 들릴 수 있습니다. 이밖에 April[에이쁘럴], tennis[테늣씨] 등의 단어도 강세가 없는 -i-는 발음이 약화되어 [어] 또는 [으] 정도로 소리가 나는 경우입니다.

회화훈련 i[i] 발음을 실제 말하기에서 알아듣고 전달하는 연습을 할 차례입니다.
다음 문장과 대화를 듣고 따라 하면서 i[i] 발음을 자연스럽게 익혀보세요.

1 What **is** the real **issue** here? 여기 진짜 문제가 뭐예요?

2 **Putting** on sunscreen **heavily is irritating** my eyes.
   자외선 차단제를 두껍게 바르면 눈이 따가워요.

3 People are used to **getting instant gratification** because of smartphones. 사람들은 스마트폰 때문에 즉각적인 만족을 얻는 데 익숙해져 있어요.

4 Don't **ignore issues** when you can do **something** about **it**.
   그 일에 대해 무언가를 할 수 있을 때 문제점들을 간과하지 마세요.

5 There are only blue **ink** pens. Do you have any black ones?
   파란색 잉크 펜만 있어요. 검은색 펜 있나요?

6 Watch your step. That's how you can **avoid possible injury**.
   발 조심하세요. 그래야 부상을 피할 수 있습니다.

7 You can **invest** your time and effort **into this** project.
   이 프로젝트에 시간과 노력을 투자하시면 됩니다.

8 You don't have to answer **immediately**. Take your time.
   바로 답해주지 않으셔도 됩니다. 충분히 시간을 갖고 생각해 보세요.

2 put on (화장품이나 연고 등을) 바르다 3 be used to -ing ~하는 데 익숙하다 | gratification 만족
6 watch 조심하다 | That's how S + V 그렇게 해서 ~하다 8 Take your time. (어떤 결정을 내리거나, 어떤 일을 하는 데) 충분히 시간을 가지고 하세요. 천천히 하세요.

**발음
포인트**

2 heavily는 강세가 -ea-[e]에 있습니다. 따라서 뒤의 모음 -i-는 약화되어 [어] 또는 [으] 정도로 발음되어 [헤벌리] 또는 [헤블리]로 발음됩니다. putting의 -tt-는 굴리는 [t] 소리로 변형되어 [푸링]으로 발음됩니다.

3 used to는 [유ㅅ터]라고 한 단어처럼 발음됩니다. 이때 used의 -s-는 [s] 발음입니다.

4 don't은 끝자음 -t 소리가 생략되다시피 해 [돈] 정도로 발음되지만 혀의 위치는 [t] 위치(윗니 뒤 볼록 튀어난 부분)에 두면서 발음을 마무리합니다.

8 time은 -i-가 [ai]로 발음됩니다. 모음 i가 [ai]로 발음되는 대표적인 경우는 바로 대명사 I이죠. 그 밖에 다음과 같은 단어들이 [ai]로 발음됩니다.
ice / iron / ideal(이상적인) / ideology(이상) / idol / iconic(상징적인) / ivory(상아) / island / identify(식별) / isolate(격리)

9 A **My grandmother fell on the steps the other day.**
얼마 전 할머니가 계단에서 넘어지셨어.

B **Sorry to hear that.** 아, 저런.

A **I told her to be careful on the steps. But she was in a hurry to answer the door.**
계단에서는 조심하시라고 말씀드렸는데 누가 와서 문 열러 너무 급히 가시다가 그만.

B **That happens. Good advice, though.**
그런 일도 있는 법이지. 그래도 좋은 조언이었어.

10 A **What's wrong? Are you okay?** 무슨 일이야? 괜찮아?

B **I'm fine. I put on sunscreen and rubbed my eyes.**
괜찮아. 선크림을 바르고 눈을 비볐어.

A **Oh no. That is irritating your eyes, right?** 아, 저런. 눈 따갑겠다, 그치?

B **Right. I need to go to the bathroom to wash it off.**
응. 화장실에 가서 씻어내야겠어.

11 A **Did you just run that red light?** 방금 빨간 불에 간 거지?

B **I think I did. But I stepped on the accelerator when it turned yellow.** 그런 것 같아. 하지만 노란 불로 바뀌었을 때 액셀을 밟았어.

A **That is not good. You're supposed to stop when it turns yellow.**
그건 좋지 않아. 노란 불로 바뀌면 멈춰야지.

B **It's a bad habit, I know.** 나쁜 습관이지, 맞아.

9 answer the door 누가 와서 문을 열다 | That happens. 그런 일도 생기는 법이다. 그럴 수도 있다.

발음
포인트

9 in a hurry는 연음되어 [이너허어뤼] 정도로 발음됩니다.
10 wash it off는 연음되어 [와아쉬이러f] 정도로 발음됩니다.
11 It's a는 하나의 단어처럼 연결해서 [잍쩌]로 발음합니다. habit은 강세가 -a-[æ]에 있다 보니 뒤의 모음 -i-는 약화되어 [해애벝/븥] 정도로 들립니다. 사실 이때 -i- 발음은 [이]/[어]/[으] 어느 쪽으로 하든 큰 문제가 없습니다. 중요한 것은 -a-[æ]에 강세를 넣어 말해야 한다는 것이죠. 그러다 보면 발음하기 쉬운 쪽으로 -i- 발음이 저절로 나오게 됩니다.

잠깐만요! 단모음 [i]와 장모음 [i:]를 구분해서 발음해 보세요.

1	is ~이다	이ㅈ [íz]	ease 완화하다	이이이ㅈ [i:z]
2	will ~일/할 것이다	(우)윌 [wíl]	wheel 바퀴	(우)위이열 [(h)wi:l]
3	chip 칩	칲 [tʃip]	cheap 저렴한	취이잎 [tʃi:p]
4	did do의 과거형	디ㄷ [did]	deed 행위	디이이ㄷ [di:d]
5	fill 채우다	(f)필 [fil]	feel 느끼다	(f)피이열 [fi:l]
6	fit 꼭 맞는, 적합한	(f)핕 [fit]	feet foot(발)의 복수형	(f)피이잍 [fi:t]
7	live 살다	리v [liv]	leave 떠나다	리이이v [li:v]
8	wit 재치, 위트	(우)윝 [wit]	wheat 밀	(우)위이잍 [wi:t]
9	lid 뚜껑	릳 [lid]	lead 리드	리리읻 [li:d]
10	sin 죄	씬 [sin]	scene 장면	씨이인 [si:n]

발음 포인트

강세가 들어가는 i는 보통 단모음 [i]로 발음됩니다. 강세가 들어가는 e/ee/ea 등은 장모음 [i:]로 발음됩니다. '단모음 = 짧은 발음, 장모음 = 긴 발음'이라는 설명은 모호하죠? 장모음은 모음이 두세 개쯤 되는 것처럼 생각하고 발음 연습을 해주면 서서히 말할 때도 들을 때도 구분이 가기 시작합니다. 즉, 단모음 [i]는 그냥 '이'로, 장모음 [i:]는 '이이-이-'하고 길게 끌어주면 된다는 얘기이죠.

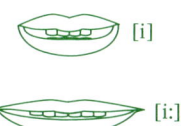

24 [dʒ]와 [ʒ] 구분하기

24.mp3

How could you laugh at that joke?

어떻게 그런 농담에 웃을 수가 있어?

j

[dʒ]와 [ʒ]의 발음 차이

[d]부터 시작해 [ʒ]로 연결해 발음하면 [(읏)쥬 dʒ] 소리가 납니다. 이때 [ʒ]는 입술을 동그랗게 모아 쭈욱 내밀고 부드럽게 '쥬' 하면 됩니다.

just   joke   juggle   gentle   could you

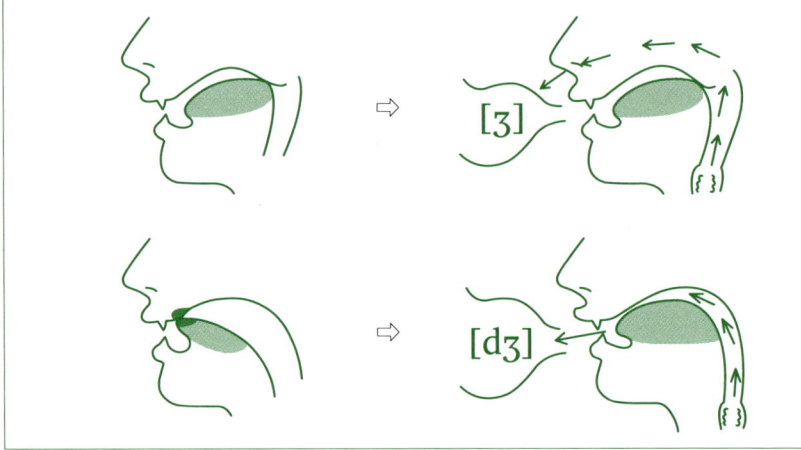

정석 [d]를 발음할 때의 혀 위치를 찾아(혀끝을 입천장 볼록한 부분에 대고) 혀를 차내면서 '쥬' 하고 발음하면 자연스럽게 [(읏)쥬]에 가까운 소리 [dʒ] 발음이 됩니다. 'ㅈ' 발음보다는 훨씬 힘이 많이 들어간 강한 소리이죠. 알파벳 j에서 흔히 나타나는 발음입니다. [ʒ]는 우리말 '쥬'에 가까운 소리입니다. 입 모양을 '우'할 때처럼 만든 상태에서 '쥬' 하고 부드럽게 소리를 내면 영어의 [ʒ]가 됩니다. [dʒ]보다는 훨씬 힘이 덜 들어가는 느낌이죠.

단어훈련 1

[dʒ] 발음이 들어간 단어를 듣고 따라 말해봅니다.

		😊 미국식 발음	😞 잘못된 발음
1	just	(읏)쥐ㅅㅌ [dʒʌst]	저스트
2	job	(읏)좌압 [dʒab]	잡
3	jug	(읏)줘ㄱ [dʒʌg]	저그
4	juice	(읏)쥬우ㅆ [dʒuːs]	주스
5	jumbo	(읏)쥠보우 [dʒʌ́mbou]	점보
6	juggle	(읏)줘글 [dʒʌ́gl]	저글
7	jam	(읏)줴앰 [dʒæm]	잼
8	gesture	(읏)줴ㅅ춰r [dʒéstʃər]	제스처
9	gentle	(읏)줸틀 [dʒéntl]	젠틀
10	generic	(읏)줘네뤽 [dʒənérik]	제네릭

Part 3 발음 f-k

1 그냥 2 일 3 주전자 4 주스 5 점보 (엄청나게 큰 것. 엄청나게 큰 음식을 말할 때 우리는 왕돈까쓰처럼 '왕'을 쓰는데 영어에서는 이때 jumbo를 씀) 6 저글링하다, (복수의 일이나 활동을) 병행하다 7 (교통 등이) 꽉 막혀 혼잡한 상태 8 제스처 9 부드러운 10 일반적인, 포괄적인

FAQ

could you도 [큰쥬우]처럼 들릴 때가 많던데요?
could you / would you / did you / send you 등과 같이 주로 -d로 끝나는 동사와 you가 연결될 때 이런 식으로 연음해서 말하는 것을 많이 들었을 텐데요. -d[d] 발음으로 끝나는 단어가 [ju] 발음으로 시작하는 단어를 만나 연음이 되면 [dju]가 [dʒu] 발음으로 바뀌는 경우입니다. 물론 사람에 따라 그냥 [큰 유우]로 말하기도 합니다.

could you 큰쥬우 [kədʒu]   would you (우)원쥬우 [wúdʒu]
send you 센쥬우 [sendʒu]   mind you 마인쥬우 [maindʒu]
find you (f)파인쥬우 [faindʒu]   and you 앤쥬우 [ændʒu]

 **회화훈련 1**   다음 문장을 듣고 따라 하면서 실제 말하기에서 [dʒ] 발음을 자연스럽게 익혀보세요.

---

1   They serve jumbo pancakes that fill up the whole plate.
그 식당에서는 접시 전체를 가득 채우는 점보 사이즈 팬케이크를 팔아.

---

2   Did you know fruit juices are not really healthy?
과일 주스가 그다지 건강에 좋지 않다는 것을 알고 있었니?

---

3   Just wait and see.
그냥 기다려 보세요.

---

4   A gentle breeze is quite refreshing.
부드러운 산들바람이 아주 상쾌합니다.

---

5   They are more generic, and I don't see anything different.
그것들은 더 일반적이라 뭔가 다른 점이 안 보여요.

---

6   I have to juggle marriage, school and work.
결혼생활과 학업, 일을 병행해야 해요.

---

7   Bringing a box of donuts to work is a nice gesture.
회사에 도넛 박스를 하나 가져오는 것도 괜찮은 방법이지.

---

1 fill up 가득 채우다   **4** breeze 산들바람   **7** work 일터, 직장

발음 포인트

2 fruit juices에서 fruit의 끝소리 -t는 받침소리로 분명하게 들리지 않고, juice의 복수형인 juices는 뒤에 -s가 붙으면서 앞의 모음 -e-[i] 발음이 살아나긴 하지만 그 소리가 워낙 약하기 때문에 [으] 정도로 들리거나 아예 소리가 나지 않을 수 있습니다. [(f)ㅍ(r)루웇 (웃)쥬우쓰ㅆ].

6 marriage의 -age도 [dʒ]로 발음되어 [매애뤼(웃)쥬 mǽridʒ] 정도로 소리 납니다.
school의 -ch-는 'ㄲ'에 가깝게 된소리화되어 [ㅅ꾸울] 정도로 소리 납니다.

단어훈련 2

[ʒ] 발음이 들어간 단어를 듣고 따라 말해봅니다.

		😊 미국식 발음	😟 잘못된 발음
1	lei**s**ure	리이쥬r [líːʒər]	레저
2	plea**s**ure	플레쥬r [pléʒər]	플레저
3	vi**s**ion	(v)비젼 [víʒən]	(b)비전
4	deci**s**ion	디씨이젼 [disíʒən]	디시전
5	A**s**ia	에이쥬 [éiʒə]	아시아
6	Per**s**ian	퍼어r젼 [páːrʒən]	페르시안
7	ca**s**ual	캐애쥬월 [kǽʒuəl]	캐주얼
8	u**s**ually	(이)유우쥬얼리 [júːʒuəli]	유즈얼리
9	massa**ge**	머싸아쥬 [məsáːʒ]	마사지
10	colla**ge**	컬라아쥬 [kəláːʒ]	콜라주

1 여가 **2** 기쁨, 즐거움 **3** 비전 **4** 결정 **5** 아시아 **6** 이란인 **7** 캐주얼(의) **8** 보통, 대개, 평소
9 마사지 **10** (미술) 콜라주

발음 포인트

1~8 s가 [ʒ]로 발음되는 경우들입니다. 입술을 동그랗게 모아 쭈욱 내밀고 부드럽게 '쥬' 한다고 생각하고 발음하세요.

9~10 -ge로 끝나는 단어는 [dʒ]로 발음되는 경우(bridge, college, language, judge, charge, large)도 있고, [ʒ]로 발음되는 경우도 있는데요. 여기 나온 massage와 collage는 편하게 [ʒ]로 발음하면 되는 단어들입니다. 둘 다 프랑스어에서 유입된 단어이죠. 다음의 단어들도 -ge가 [ʒ]로 발음되는 경우입니다.

bei**ge** [베이쥬 beiʒ] 베이지색
mira**ge** [미롸아쥬 miráːʒ] 신기루
entoura**ge** [안투롸아쥬 àːnturáːʒ] 측근
sabota**ge** [쌔애버타아쥬 sǽbətàːʒ] 사보타주, 방해하다
corsa**ge** [코어r싸아쥬 kɔːrsáːʒ] 코사지
monta**ge** [만타아쥬 mantáːʒ] 몽타주

 **회화훈련 2** 다음 문장을 듣고 따라 하면서 실제 말하기에서 [ʒ] 발음을 자연스럽게 익혀보세요.

1 Here's a promotional leaflet. Take it and read it at your leisure.
여기 홍보 전단지가 있으니 가져가서 여유롭게 읽어보세요.

2 20/20 vision means that you have normal vision, allowing you to read an eye chart from 20 feet away.
시력이 20/20이라는 건 20피트 떨어진 곳에서 시력 검사표를 읽을 수 있는 정상 시력을 의미합니다.

3 I would take off the necklace so that it doesn't look too busy with a beautiful corsage.   아름다운 코사지를 했을 때 어수선해 보이지 않도록 목걸이를 벗을 거야.

4 Gather more facts so that you can make an informed decision.
정보에 입각한 결정을 내릴 수 있도록 더 많은 사실을 수집하세요.

5 Eating chips and drinking soda will sabotage your goal of healthy eating.   감자칩을 먹고 탄산음료를 마시면 건강한 식습관이라는 목표에 방해가 될 거야.

6 Persian carpets are usually very expensive, but they are worth the money.   페르시아 카펫은 일반적으로 매우 비싸지만 돈값을 하죠.

7 We have a dress code, which is business casual, and jeans are allowed on Fridays.   복장 규정은 비즈니스 캐주얼인데, 금요일에는 청바지도 허용됩니다.

1 promotional leaflet 홍보 전단지 2 20/20 vision 20/20 시력 (우리의 1.0에 해당. 20/20는 twenty-twenty라고 읽음) | eye chart 시력 검사표 4 informed 정보에 근거한 7 on Fridays 매주 금요일에

 발음 포인트

1 leaflet은 [리이이(f)플릿 líːflit]으로 발음합니다. lea-가 [liː] 발음이죠. leisure[리이쥐r líːʒər]의 lea-도 [le]가 아니라 [liː]로 발음합니다.
3 corsage [코어r싸아쥬 kɔːrsɑ́ːʒ]
4 gather의 -th-는 [ð] 발음입니다. [ð]는 혀를 윗니와 아랫니 사이에 넣었다 빼면서 목청을 울려 소리 냅니다. (p. 232 참조)
5 sabotage [쌔애버타아쥬 sǽbətɑ̀ːʒ]
7 jeans의 j-는 [dʒ] 발음입니다. 따라서 jeans는 [(읏)쥐인ㅈ dʒiːnz] 정도로 발음되죠.

회화훈련 3 다음 대화를 듣고 따라 하면서 실제 말하기에서 [dʒ]와 [ʃ] 발음을 자연스럽게 익혀보세요.

1
A Could you hand me the water jug? 물통 좀 줄래?
B Sure. Here you go. 응, 여기.
A Thank you. This is heavier than I thought. 고마워. 생각보다 무겁네.
B Yup. It is full. I just filled it up. 응. 가득 차서 그래. 내가 방금 꽉 채웠거든.

2
A I'm returning this. 이거 반품할게요.
B How come? 왜요?
A I ordered large. I should have ordered one size down.
큰 사이즈로 주문했지 뭐예요. 한 사이즈 작은 걸로 주문했어야 했는데.
B Next time, check the size chart before placing an order.
다음번에는 주문하시기 전에 사이즈 차트를 확인하세요.

3
A I am looking for a sweater for myself. 제가 입을 스웨터를 찾고 있는데요.
B We have a large collection of sweaters in your size.
손님 사이즈에 맞는 스웨터 컬렉션이 많이 있습니다.
A Great. I prefer something in beige. Or light brown.
잘됐네요. 저는 베이지 계열을 좋아해요. 아니면 연한 브라운이나.
B Certainly. Let me show you the rack with beige and brown sweaters. 물론이죠. 베이지색과 갈색 스웨터가 있는 진열대를 보여드리죠.

2 How come? 왜요? 어째서요? | place an order 주문하다   3 rack 물건을 진열해 놓는 걸이나 선반

발음 포인트

1 just의 끝소리 -t는 생략될 때가 많긴 하지만 소리가 나든 안 나든 혀의 위치는 [t] 위치에서 맞춰주세요. filled it up은 연음되어 [(f)필디럽] 정도로 발음됩니다. it의 -t가 굴리는 소리로 변형되죠.
2 large의 -ge는 [dʒ]로 발음되어 [라아r(웃)쥬 laːrdʒ] 정도로 소리 납니다. ordered에서 or- 뒤의 -d- 발음은 굴리는 [t]로 바꿔 말하면 발음하기가 좀 편해집니다.
3 beige는 프랑스어에서 온 단어로, [베이쥬 beiʒ] 정도로 발음합니다. for a sweater에서 for a는 한 단어처럼 연음되고 sweater는 [ㅅ우웨러] 정도로 -t- 발음을 굴려 발음합니다. certainly는 [써어r은리]처럼 -t-가 콧바람 소리 [t]로 발음됩니다.

Now you know the key.

이제 핵심을 아는구나.

k

k[k] 발음

우리말의 'ㅋ'처럼 발음하되, 다음에 나오는 모음을 분명하게 발음하세요.

key kidding kick work

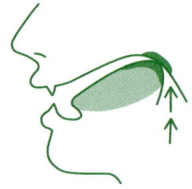
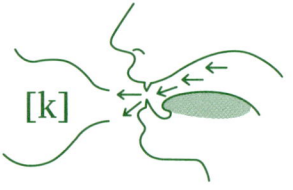

kick은 부담 없이 [킥]이라고 발음하세요. k sound는 우리말의 'ㅋ'처럼 발음하되, [k]가 첫소리인 경우 그 다음에 이어 나오는 모음을 분명하게 발음해주는 것이 단어 구사에 있어서 중요합니다. k가 끝소리로 오는 경우에는 우리말 'ㅋ'를 받침으로 넣는다고 생각하면 됩니다.

그런데 Now you know the key.에서 보듯 know[nou]의 k-는 소릿값이 없습니다. kn-으로 시작하는 단어들은 거의 대부분 k가 묵음입니다.

단어훈련

철자 k가 들어간 단어의 발음을 듣고 따라 말해봅니다.

		😊 미국식 발음	☹ 잘못된 발음
1	key	키이이[ki:]	키
2	keep	키이ㅍ/키잎[ki:p]	킵
3	kidding	키링[kítiŋ]	키딩
4	keypad	키이패ㄷ/키이팯[kí:pæd]	키패드
5	kudos	쿠우로우ㅆ[kú:tous]	쿠도스
6	kiosk	키이아아ㅅㅋ[ki:ásk]	키오스크
7	kitten	킽은[kítn]	키튼
8	knob	나아ㅂ/나압[nab]	손잡이
9	knock	나아ㅋ/나악[nak]	노크
10	knot	나아ㅌ/나앝[nat]	노트

Part 3
발음
f-k

1 열쇠 2 지키다, 유지하다 3 농담 4 키패드 5 (성취의 결과로 받는) 찬사, 칭찬, 명성 6 키오스크
7 새끼고양이 8 손잡이 9 노크 10 매듭

TIP

knight와 night는 발음이 같아요!
kn-으로 시작하는 단어들은 거의 대부분 k가 묵음이라고 했죠? 우리가 매일같이 쓰는 know 부터 시작해 위에 언급된 knob, knock, knot는 물론이고, knight[nait] / knife[naif] / knit[nit]도 마찬가지입니다. 그러다 보니 '기사'를 뜻하는 knight는 '밤'을 뜻하는 night와 발음이 같습니다. 때문에 문맥을 통해 둘을 구분해야 하죠. 또, '뜨개질하다, (의류) 니트' 등의 뜻으로 쓰이는 knit[니ㅌ nit]는 '단정한, 깔끔한'이란 뜻의 neat[니이이ㅌ ni:t]와 발음이 비슷해 헷갈릴 수 있습니다. 하지만 knit는 동사나 명사로 쓰이고, neat는 주로 형용사로 쓰이기 때문에 그 쓰임새가 달라서 문맥에서 구분하는 게 그리 어려운 일은 아닙니다.

회화훈련   철자 k가 들어간 단어의 발음을 실제 말하기에서 알아듣고 전달하는 연습을 할 차례입니다.

1   Thank you for the kudos that you emailed to my supervisor.
      제 상사에게 이메일로 보내주신 칭찬 감사합니다.

2   Be gentle with the doorknob. It's already loose.
      문 손잡이 조심하세요. 이미 느슨해져서요.

3   I like kimchi when it is freshly made.   저는 갓 담근 김치가 좋아요.

4   My son sneaked his kitten into school the other day.
      아들이 얼마 전에 고양이를 학교에 몰래 데려갔어요.

5   You're not kidding, are you?   농담 아니죠?

6   The issue is this keypad, which has collected so much dirt from you eating over it.
      당신이 키패드 위에서 음식을 먹어서 오물이 너무 많이 묻었다는 게 문제입니다.

7   The heat is killing me.   더워서 죽겠어요.

8   One of the keys to success is to work hard and work smart.
      성공의 열쇠 중 하나는 열심히 일하고 똑똑하게 일하는 것입니다.

1 supervisor 직속상사   2 loose 헐거운, 느슨한   4 sneak someone into somewhere ~가 …로 몰래 들어가다

 발음 포인트

1 Thank you는 -k와 you가 연음되어 [(θ)때앵키유우], kudos의 -d-는 굴리는 [t]로 소리가 변형되어 [쿠우로우ㅆ] 정도로 발음됩니다.

3 like에서 끝소리 -k는 받침소리로 [라잌]이라고 발음됩니다. 또, 우리의 '김치'는 전 세계적으로는 kimch[김취 kímtʃi]라고 알려져 있죠. 우리는 강세 없이 그냥 '김치'라고 말하지만 영미권 사람들은 kim-에 강세를 넣어 말합니다.

5 not kidding에서는 not에 강세를 줍니다. kidding의 -dd-는 굴리는 소리로 변형되어 [키링]에 가까운 소리가 나죠.

다음 문장과 대화를 듣고 따라 하면서 철자 k가 들어간 단어의 발음을 자연스럽게 익혀보세요.

9 A   Let's take a walk after dinner. It's very nice out.
저녁식사 하고 산책하러 가자. 날씨가 너무 좋아.

     B   I wish I could. I have some emails to work on tonight.
나도 그러고 싶은데. 오늘밤에 작업해야 할 이메일이 좀 있어.

     A   You should know how to balance work and life.
일과 삶의 균형을 맞추는 법을 알아야 해.

     B   I know. I'm working on it. Perhaps, tomorrow night.
그러게. 노력 중이야. 아마 내일 밤에는 갈 수 있을 듯.

10 A   I can't stand the neighbors' dog barking at night.
밤에 이웃집 개 짖는 소리 참을 수가 없어.

     B   Did you ask them to keep it quiet?   조용히 해달라고 부탁해봤어?

     A   Of course. Still barking. They even sent the dog to obedience school.
물론이지. 그래도 계속 짖어. 심지어 반려견 훈련소에 보내기도 했다는데 말야.

     B   That didn't work out so good, I guess.   효과가 별로 없었나 보네.

11 A   I need something to drink.   마실 게 좀 필요해.

     B   Let's stop by a kiosk in the subway station. They should have some water.   지하철 역에 있는 매점에 들르자. 거기 물도 있을 거야.

     A   That sounds like a plan.   좋은 생각이야.

---

9 nice out 완전 좋은, 너무 좋은 (out은 nice를 강조) | I'm working on it. (숙어 표현) 노력 중이야.
10 obedience school '반려견 훈련소'를 영어로는 이렇게 말함 (obedience 복종, 순종) | work out 해결되다
11 stop by (다른 데 가는 길에) 잠깐 들르다

발음 포인트

자음으로 끝나는 단어와 모음으로 시작하는 단어가 만나면 그 자음과 모음이 연결되어 보통 한 단어처럼 발음되는 경우가 많습니다. 그러니 k sound로 끝나는 단어의 경우도 마찬가지겠죠? k sound가 모음을 만나면 된소리 'ㄲ'에 가까운 소리가 납니다.

   9   take a walk [테이꺼오워ㅋ] (walk[wɔːk]의 -l-은 묵음) / nice out [나이싸아웉]
   10 keep it [키이핕] / work out [(우)워어r까웉] (work는 [(우)워어r ㅋ wəːrk])
   11 like a plan [라이꺼플래앤]

Practice Test 3 오디오를 잘 듣고 다음 질문에 답해보세요.

PT 3.mp3

| STEP 1 | 미국인이 말하고 있는 단어는 다음 중 무엇인가요?

1 (a) grandeur (b) grateful (c) grapefruit

2 (a) passenger (b) pressure (c) pleasure

3 (a) familiar (b) feminine (c) famine

4 (a) halfway (b) hallway (c) halftime

5 (a) inspection (b) inject (c) injury

| STEP 2 | 주어진 두 개의 단어 중 미국인이 말하고 있는 단어는 무엇인가요?

1 (instant / install) coffee

2 (jumbo / jumper) shrimp

3 airport (keypads / kiosks) for check-in and trip management

4 find alternative (fights / flights)

5 (huge / hug) reward

6 (herb / herd) medicine

7 (immense / immediate) response or action

8 (Knowledge / Knowing) is power.

9 (not / knot) in the stomach

10 (waterproof / wearproof) jackets

| STEP 3 | 미국인들의 대화를 잘 듣고 다음에 이어질 대사로 적절한 것을 고르세요.

1. (a) It means they are made by using natural materials and ingredients.
   (b) They are costly and more expensive than non-eco-friendly products.
   (c) In essence, they make a hefty profit from them.

2. (a) Do you want to join us?
   (b) James, George, and Justin will be here with us today.
   (c) Join the club!

3. (a) Oh, I just saw your mother walking down the street with your grandmother.
   (b) I have two grandsons and four granddaughters.
   (c) Good for you! My grandparents passed away before I was born.

4. (a) I know that she has a germ phobia.
   (b) Like father, like daughter.
   (c) Whether you like it or not, you'll have to suffer through it.

5. (a) The report does look good.
   (b) Would you like to ask him to extend the deadline?
   (c) My supervisor does not like any delays.

6. (a) You don't need to say that.
   (b) The place to sign is marked with a red tab.
   (c) Thank you. I may be able to sit down and chat with you next time.

→ 정답 p.342

26 두 가지 l 발음: 첫소리 [l]과 받침소리 [l]

He's the life and soul of the party.

그 사람은 분위기 메이커야.

*life (and soul) of the party 분위기 메이커

1

[l] 발음

첫소리 [l]은 혀끝을 윗니 뒤에 꽉 댔다가 밀어내며 소리 냅니다. 받침 소리 [l]은 혀끝을 윗니 뒤에 가볍게 댄 채로, 또는 닿는 순간 소리를 내세요.

lip   luck   locate   film   milk   file   Seoul

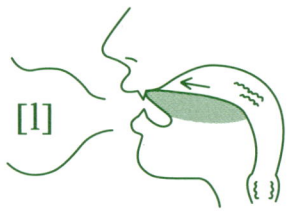

우리말 '르'은 혀 앞부분 전체가 입천장에 닿아 나는 소리죠. 하지만 영어의 [l]은 혀끝을 윗니 뒤에 대고 내는 소리입니다. like, light 할 때처럼 첫소리로 나오는 [l] 발음은 혀끝을 윗니 뒤에 꽉 댔다가 밀어내며 소리 냅니다. 바로 뒤의 모음과 결합되기 때문에 당연히 혀를 밀어내며 소리 낼 수밖에 없죠. 그래서 우리말 '르'보다 훨씬 맑고 투명한 느낌을 줍니다.

silk, milk, film, feel처럼 자음 앞이나 단어의 끝에 오는 [l]은 첫소리 [l]과는 소리가 좀 다릅니다. 이때는 [l]로 발음을 끝맺거나, 모음 없이 그 다음 자음을 발음해야 하기 때문에 혀끝을 윗니 뒤에 가볍게 댄 채로, 또는 닿는 순간에 바로 소리를 냅니다. 그래서 [l] 소리가 많이 약화됩니다. silk[씨얼크]처럼 [l]이 받침소리로 들어가는 경우, 앞의 모음이 길게 빠지면서 '어'라는 모음이 살짝 들어가기도 합니다.

단어훈련 1

첫소리 [l]이 들어간 단어를 듣고 따라 말해봅니다.

		☺ 미국식 발음	☹ 잘못된 발음
1	lip	(l)립 [lip]	립
2	low	(l)로우 [lou]	로우
3	luck	(l)럭 [lʌk]	럭
4	leak	(l)리잌 [liːk]	리크
5	labor	(l)레이버r [léibər]	레이버
6	least	(l)리이ㅅㅌ [liːst]	리스트
7	linked	(l)링ㅋㅌ [liŋkt]	링크트
8	locate	(l)로우케잍 [lóukeit]	로케이트
9	leftover	(l)레f ㅌ오우(v)버r [léftouvər]	레프트오버
10	plastic	플래애ㅅ틱 [plǽstik]	플라스틱

1 입술 2 낮은 3 운 4 누출, 새다 5 노동 6 최소의 7 연계된 8 위치시키다, ~의 위치를 알아내다
9 남은, 남은 것 10 플라스틱

FAQ

plastic[플래애ㅅ틱]은 [l] 발음이 두 번 들어가는데요?
우선, 다시 말하지만, [l] 발음은 우리말 'ㄹ'로 표기한다고 해서 우리말 'ㄹ'처럼 발음하면 안 됩니다. 혀의 위치가 다르다는 얘기이죠. 첫소리 [l]은 혀끝을 윗니 뒤에 댔다가 밀어내면서 발음해야 합니다. 10번의 plastic처럼 l 앞에 다른 자음이 와도 l 뒤에 모음이 이어지는 경우, 같은 방식으로 발음합니다. 다만 자음 [p]에서 [l] 발음으로 이어지는 과정에서 혀를 [l] 위치로 구부렸다가 입천장에 대는 순간 소리가 한 번 약하게 울리고 밀어내는 과정에서 선명하게 한 번 더 울려 [l]이 마치 두 번 이어지는 것처럼 [플래애ㅅ틱] 같은 소리가 납니다. 원리가 그렇다는 얘기이지 복잡하게 생각할 필요는 없습니다. 혀끝을 윗니 뒤에 댔다가 밀어내면서 소리를 내면 저절로 이렇게 소리가 나니까요. slump[슬럼ㅍ], blessing[블레씽] 등도 모두 같은 경우입니다.

 **회화훈련 1** 첫소리 [l] 발음을 실제 말하기에서 알아듣고 전달하는 연습을 할 차례입니다.

1 I can eat leftovers from last night for lunch today.
어젯밤에 먹다 남은 음식을 오늘 점심으로 먹으면 돼.

2 When you do a poor job with the packaging, the contents will leak out. 포장을 잘못하면 내용물이 새어 나오게 됩니다.

3 What people call good luck is simply a blessing from God.
그저 신이 내린 축복을 사람들은 행운이라고 부르지.

4 The installation fee on the quote includes labor charges.
그 견적서의 설치비에는 인건비가 포함되어 있습니다.

5 I don't want any lip service from any one of you.
여러분 중 누구의 립 서비스도 원치 않습니다.

6 Headquarters decided to locate us in the south part of the town.
본사에서 우리를 마을의 남쪽 지역에 배치하기로 결정했습니다.

7 I don't like her talking to me like that.
그녀가 저런 식으로 나한테 말하는 게 싫어요.

1 leftover 남은 음식 | last night 어젯밤   2 do a poor job with ~ 일을 잘 못하다 | leak out 새어 나오다
4 installation fee 설치비 | quote 견적서 | labor charge 인건비   5 lip service 빈말, 인사치레
6 headquarters 본사

발음 포인트

1 last night은 [래애ㅅ나잍]으로 한 단어처럼 발음됩니다. 이때 last의 -t는 발음이 생략되죠.
2 leak out은 한 단어로 연결해서 [리이카웉] 또는 [리이까웉] 정도로 발음됩니다.
3 simply[씸플리 símpli]에서 -ly의 [l]도 혀를 윗니 뒤에 댔다가 밀어내면서 내는 소리입니다. 다만, 강세가 sim-에 있기 때문에 혀를 윗니 뒤에 '살짝' 댔다가 밀어내므로 [l]은 상대적으로 소리가 약화되죠.
4 installation [인ㅅ떨레이션 ìnstəléiʃən] / include [인클루우ㄷ inklú:d]
7 like her는 h- 발음이 생략되어 [라이꺼r] 정도로 발음하고, like that은 내용상 that을 강조해 [라익(ð)대앹] 정도로 발음합니다. talk[토억 tɔːk]의 -l-은 묵음입니다.

다음 문장과 대화를 듣고 따라 하면서 첫소리 [l] 발음을 자연스럽게 익혀보세요.

8
A I saw her bite her lower lip when I was talking to her.
그 여자애랑 얘기할 때 그 여자애, 아랫입술을 깨물더라고.

B She might be thinking that she was in trouble.
자신이 곤경에 처했다고 생각했을지도 모르지.

A Oh no. I didn't mean that.   아, 이런. 난 그런 뜻이 아녔는데.

9
A Lydia is Larry's daughter.   리디아는 래리의 딸이야.

B I know. I saw them at the mall. From a distance, they looked like a couple.   알아. 쇼핑몰에서 봤는데, 멀리서 보면 둘이 커플 같더라고.

A They are pretty close.   꽤 가까운 부녀지간이지.

B I can tell that she is a daddy's girl.   딱 보니까, '대디 걸'이두만.

10
A The Mercedes dealership charged me double. It was a simple maintenance job.
메르세데스 대리점에서 요금을 두 배나 청구했어요. 간단한 정비 작업이었는데 말이죠.

B Well, the dealerships usually charge more. Especially luxury car dealerships.
그니까, 대리점에서는 보통 비용을 더 많이 청구해요. 특히 고급 차 대리점들이 그렇죠.

A Where do you go to get your car fixed?   차를 고치러 어디로 가시는데요?

B I usually go to Jiffy Lube. They are reasonable. I have had no problem with them.
보통 지피 루브에 가요. 거긴 가격이 합리적이에요. 지금까지 아무 문제가 없었어요.

---

8 see someone do 누가 ~하는 것을 보다   9 I can tell that S + V 딱 보니까 ~라는 것을 알겠다 (tell 구분해서 알다, 분간하다) | daddy's girl 대디 걸 (*cf.* mama's boy 마마 보이)   10 get something p.p. ~를 …하게 시키다/맡기다 | Jiffy Lube 미국 전역에 있는 자동차 정비 체인점 | reasonable 가격이 합당한, 비싸지 않은

발음
포인트

10 maintenance [메인은넌ㅆ méintənəns] / luxury [러ㄱ쥬뤼 lʌ́gʒəri] / with them [윋(ð)뎀/덤]

double, simple, reasonable의 끝 -e는 소릿값이 없습니다. 따라서 l sound로 소리가 끝나기 때문에 혀끝을 윗니 뒤에 댄 채로 소리가 마무리되죠.

단어훈련 2

받침소리 [l]이 들어간 단어를 듣고 따라 말해봅니다.

		☺ 미국식 발음	☹ 잘못된 발음
1	film	(f)필음/피염 [film]	필름
2	silk	씨얼ㅋ [silk]	실크
3	wheel	위이얼 [wi:l]	휠
4	detail	디이테이얼 [dí:teil]	디테일
5	oil	오어이열 [ɔil]	오일
6	style	스따아이얼 [stail]	스타일
7	civil	씨(v)벌 [sívəl]	시빌
8	soul	쏘울 [soul]	소울
9	trouble	츄러블/벌 [trʌbl]	트러블
10	couple	커쁠/뻘 [kʌpl]	커플

1 필름 2 실크 3 바퀴 4 세부사항 5 석유, 기름 6 스타일 7 시민의 8 영혼 9 말썽, 곤란
10 커플, 두 개 한 쌍

발음 포인트

1. -lm은 혀를 윗니 뒤에 닿는 순간 [l] 발음을 하고 곧바로 입술을 말아 넣어 '음' 하듯 [m]을 이어주세요. 그러면 [(f)필음] 같기도 [(f)피염] 같기도 한 소리가 납니다.

2. silk, milk처럼 -ilk로 끝나는 발음은 [-이얼ㅋ]에 가까운 소리가 납니다. 1, 2번에서 보듯 영어에서는 서로 다른 두 자음이 받침이 되는 경우, 두 자음 모두 충실히 발음해 줍니다.

3~6. [l]이 끝소리로 오는 경우입니다. 특히 바로 앞에 [i:] 또는 [i]가 오는 경우, [-i:l]은 '이이얼', [-il]은 '이얼' 정도로 소리 납니다. 혀를 윗니 뒤에 댄 채 [l]로 마무리합니다.

9, 10. 마지막 -e는 소릿값이 없고, -bl, -pl은 서로 다른 두 자음이 이어진 구조입니다. 이때 두 자음을 모두 정확히 발음하면 [bl]은 '블' 같기도, '볼' 같기도, '벌' 같기도 한 소리가 나고, [pl]은 '쁠', '뽈', '뻘'처럼 들립니다(p는 된소리화됩니다). 하지만 이때 자음 사이에 우리말 '으'처럼 모음을 넣어선 안 됩니다. [b] 또는 [p] 뒤에 곧바로 [l]을 이어주면 자연스럽게 이와 같은 소리가 납니다.

회화훈련 2

받침소리 [l] 발음을 실제 말하기에서 알아듣고 전달하는 연습을 할 차례입니다.
다음 문장과 대화를 듣고 따라 하면서 받침소리 [l] 발음을 자연스럽게 익혀보세요.

---

1   Recently, we received a few email notifications of a system outage.
최근에 시스템 중단에 대한 이메일 알림을 몇 차례 받았습니다.

---

2   Please wait for a few minutes. I will be with you shortly.
잠시만 기다려주세요. 금방 가겠습니다.

---

3   She was just patiently waiting for me until I got out of bed.
내가 침대에서 일어날 때까지 그녀는 참을성 있게 그저 기다리고 있었어요.

---

4   Give me a couple of minutes. I will be right with you.
몇 분만 기다려주세요. 금방 갈게요.

---

5   Could you tell me more about it in detail?
더 자세히 설명해 주시겠어요?

---

6   Don't be bothered by trouble until it troubles you.
문제가 생길 때까지 괴로워하지 마세요. (문제가 생기면 그때 괴로워하면 된다는 의미)

---

7   What you just told her is like pouring oil on fire.
방금 네가 그 여자한테 한 말은 불에 기름을 끼얹은 것과 같아.

---

1 notification 알림, 통지 | outage 정전, 동력 정지   3 get out of bed 일어나서 침대 밖으로 나오다
5 in detail 상세하게, 자세히

발음 포인트

1 email은 e[i:]에 강세를 넣어 [이이메일 í:meil]이라고 발음합니다.
2 will의 끝소리 [l]은 혀끝을 윗니 뒤에 댄 채 마무리하면 됩니다. for a few minutes에서 for a는 연음되어 한 단어처럼 들리고, minutes의 끝소리 -tes[ts]는 'ㅉ'로 발음합니다.
4 couple of는 연음되어 [커쁠러v]처럼 들립니다.
5 in detail에서 detail은 명사로, de-[di:]에 강세를 넣어 발음하세요.
7 pouring은 [포어륑 pɔ́:riŋ], oil은 [오어이열 ɔil]이라고 발음합니다. [ə], [r], [l] 발음에 신경 쓰세요.

8 A I checked Amazon, and they recently raised the price. 아마존을 확인했는데 최근에 가격을 올렸더라.

B Just keep checking. You will be lucky when it comes up as 'Deal.' 그냥 계속 확인해봐. 운이 좋으면 '거래'라고 뜨는 경우도 생겨.

A Really? How often do they offer a good deal? 정말? 괜찮은 거래는 얼마나 자주 나오는데?

B You can put it on automatic email notification. That way you'll know when. 자동 이메일 알림 설정으로 해두면 되지. 그러면 거래 뜰 때 바로 알게 될 거야.

9 A I want to make these training slides interesting. Any suggestions? 이 교육 슬라이드를 재미있게 만들고 싶어요. 뭐 제안할 거 있으세요?

B Well, it depends on who your audience is. At the very least, consider their age group and knowledge level of your training topic. 글쎄요, 청중이 누구인지에 따라 다르죠. 최소한, 연령대와 교육 주제에 대한 지식 수준 정도는 고려해야죠.

A About 80% are in their twenties. Most of them are not familiar with this field. 약 80%가 20대예요. 대부분이 이 분야에 익숙하지 않죠.

10 A Do you still have that Word document that you sent me Tuesday? 화요일에 나한테 보내준 그 워드 문서 아직 가지고 있어?

B I do. I'm adding some more details. Once I'm done, I will convert it to a PDF file and submit it. 응. 세부사항을 좀 더 추가하고 있어. 완료되면 PDF 파일로 변환해 제출할 거야.

---

9 depend on ~에 따라 다르다 | at the very least 최소한, 하다못해 | in one's twenties 20대인
10 add 추가하다 | convert A to B A를 B로 전환하다, 변환하다

발음
포인트

8 deal의 끝소리 l[l]은 혀를 윗니 뒤에 댄 채 마무리합니다. [디이얼 diːl]로 발음되죠.
9 level은 '레(b)벨'이 아니라 [레(v)벌 lévəl]이라고 발음해야 합니다. [l] 발음뿐 아니라 모음과 [v] 발음에도 신경 쓰세요. [v]는 [f] 발음과 같은 입 모양에서 성대를 울려 소리냅니다 (p. 246 참조). 또, field는 [(f)피이얼ㄷ fiːld]에 가깝게 발음합니다.
10 still[ㅅ띠일 stil]과 file[(f)파아이얼 fail]은 둘 다 혀를 윗니 뒤에 댄 채 마무리합니다. 그러면 저절로 '-이일/이얼'처럼 소리가 조그맣게 메아리칩니다.

27 | 콧소리로 발음하는 [m]과 [n]

Nice to meet you!

만나서 반갑습니다!

콧등을 울리는 소리 [m] / [n]

[m]은 입술을 약간 말아 넣어 '음-' 하면서 콧등을 울려 발음하세요.
[n]은 혀를 입천장에 댄 채로 '은-' 하면서 콧등을 울려 발음하세요.

mask   manual   Monica   new

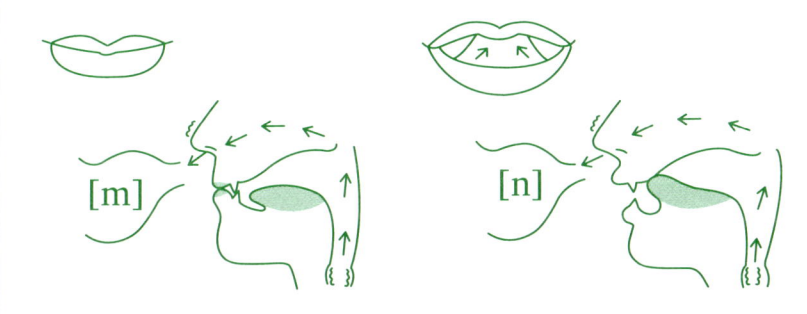

영어의 m sound와 n sound는 우리말의 'ㅁ'이나 'ㄴ'보다는 콧등의 울림이 많은 것이 특징입니다. 콧등에 울림이 많은 까닭은 발음할 때 '음-', '은-' 하면서 입안에서 소리를 머금고 있는 시간이 길기 때문입니다. 그러면 입안에서 소리의 진동이 콧등까지 전달되면서 비음(nasal sound)이 구사됩니다.

[m]은 입술을 약간 말아 넣고 [음- mmm] 하면서 소리를 냅니다. [n]은 혀 앞부분 (1/4 가량)을 입천장에 댄 채로 [은- nnnn] 하면서 여운이 역시 콧등까지 전달되도록 발음합니다. 참고로, 영어에서는 [m], [n], [ŋ]만을 비음으로 분류하고 있습니다.

 **단어훈련** [m]/[n]이 들어간 단어를 듣고 따라 말해봅니다.

		😊 미국식 발음	☹ 잘못된 발음
1	mask	(음)매애ㅅㅋ[mæsk]	마스크
2	mayo	(음)메이요우[méiou]	마요
3	muted	(음)미유우틷[mjú:tid]	뮤티드
4	modern	(음)마아러rn[mátərn]	모던
5	monitor	(음)마아니럴[mánətər]	모니터
6	normal	(은)노어r멀[nɔ́:rməl]	노멀
7	niece	(은)니이이ㅆ[ni:s]	니스
8	network	(은)넽우워rㅋ[nétwə̀:rk]	네트워크
9	nondairy	(은)난데어뤼[nàndéəri]	논데어리
10	nutrition	(은)뉘유우츄뤼션[nju:tríʃən]	뉴트리션

1 마스크 **2** 마요네즈 **3** 음소거된 **4** 현대의 **5** 모니터, 모니터링하다 **6** 정상(의), 보통의 일상
7 조카딸 (cf. nephew[(은)네(f)피어우 néfju:] 조카아들) **8** 네트워크 **9** 비유제품 **10** 영양

 FAQ

콧등을 울리는 게 잘 안 되는데요?
[m]/[n]으로 시작하는 단어를 발음할 때 콧등을 찡하게 울리면서 비음을 구사하는 요령! 예를 들어, man 할 때는 그냥 '매앤'이 아니라 '음-' 하고 먼저 콧등을 울린다는 느낌으로 '(음)매앤'이 라고 해보고, new 할 때는 '은-' 하고 먼저 콧등을 울린다는 느낌으로 '(은)뉴우' 하고 발음해 보세요. 실제로 '음'이나 '은' 소리가 붙는다는 게 아니라 이 느낌으로 발음을 할 때 비음이 살아난다는 이야기입니다. 비음에 익숙해지기 위해 이번 과에서만 특별히 우리말 발음에 (음)/(은)을 표기했습니다.

회화훈련

[m]/[n] 발음을 실제 말하기에서 알아듣고 전달하는 연습을 할 차례입니다.
다음 문장과 대화를 듣고 따라 [m]/[n] 발음을 자연스럽게 익혀보세요.

---

1 Please closely monitor the progress for a couple of weeks.
두어 주 동안 진행 상황을 면밀히 모니터링해 주세요.

---

2 Since the pandemic in 2020, we have a new normal in every way.
2020년 팬데믹 이후, 우리는 모든 면에서 새로운 일상을 맞이하고 있습니다.

---

3 I drink only nondairy milk, like almond milk or soy milk.
저는 아몬드 우유나 두유와 같은 비유제품 우유만 마십니다.

---

4 You need to notarize it first before you submit it.
제출하기 전에 먼저 공증을 해야 합니다.

---

5 I asked you to have your phone ring muted.
전화 벨소리를 무음으로 해달라고 요청드렸는데요.

---

6 Check the labels to see the nutrition facts.
라벨을 보고 영양 성분을 확인하세요.

---

7 I'm expecting my nieces to come over to my house today.
오늘 조카딸들이 우리 집에 올 거라고 기대하고 있어요.

---

1 closely 면밀히 3 soy milk 두유 4 notarize 공증하다 5 I asked you to + 동사원형 (상대에게) ~해 달라고 요청[부탁]했다 6 check 살펴보다, 확인하다 7 I'm expecting someone to + 동사원형 누가 ~할 것으로 기대하고[예상하고] 있다

발음 포인트

1 monitor에서 앞에 나오는 강세 모음 -o-는 [a] 발음이고, -t-는 굴리는 소리로 변형됩니다. 콧등을 울려 '음' 하는 느낌으로 [(음)마아니럴] 정도로 발음하세요.

3 only [오운리 óunli] / milk [(음)미이얼ㅋ milk] / almond [아아먼ㄷ ɑ́:mənd] (l은 묵음)

4 notarize [(은)노우러롸이ㅈ nóuṭəràiz]

8 A I replaced mayo with mustard on my sandwiches.
샌드위치에 마요네즈 대신 머스터드를 넣었어.

B Good choice! 잘했네!

A I think so. I need to eat clean and stay healthy.
나도 그렇게 생각해. 깔끔하게 먹고 건강 챙겨야지.

B Mayo has a bad rep as a condiment.
마요네즈는 소스로 평이 안 좋잖아.

9 A I told you to have your phone muted before the class started.
수업 시작 전에 휴대폰을 무음으로 해놓으라고 했잖아요.

B I thought I did. I'm sorry. 무음으로 해놓은 줄 알았는데. 죄송합니다.

A Always make sure to do that. 항상 확실하게 무음으로 해두세요.

B I will. 그럴게요.

10 A I need to notarize this document. Where should I go?
이 문서를 공증해야 하는데. 어디로 가야 해?

B You can go to any notary service place near you. You can even go to UPS to get it done.
가까운 공증 서비스 센터에 가면 돼. UPS에 가서 공증을 받을 수도 있어.

A Really? I didn't know that. 정말? 그건 몰랐네.

B And your bank may have that service, too. Go ahead and check. 그리고 은행에서도 그 서비스를 해줄지도 몰라. 어서 가서 확인해봐.

---

8 have a bad rep 평판이 나쁘다 (여기서 rep은 reputation의 비격식 표현) | condiment (케첩, 마요네즈, 머스터드 등의) 소스 **10** notary 공증인 | UPS (United Parcel Service) 국제 발송 및 특송 서비스를 하는 미국의 운송회사

발음
포인트

8 mustard [머스떠r드 mʌ́stərd] / sandwiches [새앤(ㄷ)우위치ㅈ sǽn(d)witʃz] (-d-는 생략하고 발음하는 경우도 많음) / condiment [카안더먼트 kάndəmənt]

9 phone의 ph-는 [f], -o-는 [ou]로 발음되어 [(f)포운]이라고 하세요. 휴대폰을 항상 무음으로 해두라고 강조하고 있으므로 Always make sure to do that.에서는 Always를 강조해 말하세요.

10 notarize와 notary의 -t-는 굴리는 소리 [t]로 변형됩니다. get it done의 get 역시 연음되면서 -t가 굴리는 소리로 발음되죠.

28 | '오우'로 발음하는 o[ou]

Oh, no. Just go home!

아, 안 돼. 그냥 집에 가!

o [ou] 발음

하나의 연결된 음으로 '오우-' 하면서 턱을 부드럽게 움직이며 '우' 할 때 입을 앞으로 주욱 내밀며 발음하세요.

g**o** s**o** h**o**me h**o**pe gl**o**be

우리가 매일같이 '홈'이라고 말하는 home은 사실 [호움]이라고 발음해야 정확합니다. 영어에는 o[오]라는 홑소리 발음은 없습니다. [ou]라고 발음해야 하죠. o를 '오우'라고 발음할 때는 '오'와 '우'를 분절시켜 발음하면 안 됩니다. 우리에게는 두 개의 sound이지만, 영어의 o로 표현되는 경우에는 두 sound가 자연스럽게 이어져 하나의 연결된 음으로 표현되어야 합니다. 그러기 위해 턱에 힘을 주어 부드럽게 움직여 주면서 '오우-' 하고 소리를 내야 하죠.

단어훈련 o [ou]가 들어간 단어를 듣고 따라 말해봅니다.

		😊 미국식 발음	☹ 잘못된 발음
1	so	쏘우[sou]	쏘
2	open	오우쁜[óupən]	오픈
3	old	오울ㄷ[ould]	올드
4	ocean	오우션[óuʃən]	오션
5	hope	호우ㅍ[houp]	호프
6	hotel	호우텔[houtél]	호텔
7	note	노우ㅌ[nout]	노트
8	fold	(f)포울ㄷ[fould]	폴드
9	gold	고울ㄷ[gould]	골드
10	global	글로우벌[glóubəl]	글로벌

1 그래서 2 열린, 열다 3 오래된, 나이 많은 4 바다 5 바라다, 희망하다 6 호텔 7 주의하다, 메모
8 접다 9 금 10 세계적인

발음 포인트

2 open은 맨 앞의 o-[ou]에 강세가 들어가면서 뒤의 -e-는 발음이 [ə]로 약화됩니다. [ə]로 표기된 발음기호는 편의상 우리말 '어'로 표기할 때가 많긴 하지만 사실 '으' 또는 '어'에 가까운 소리가 나고, 때로는 소리가 사라지기도 하니까, 우리말 한 쪽 표기에만 너무 집착하지 않으셔도 됩니다. 중요한 것은 강세가 맨 앞의 o-에 들어간다는 사실입니다. 이때 open은 [오우쁜]으로 -p-를 된소리로 말하는 미국인들도 많습니다.

5 hope의 -o- 도 이중모음 [ou]로 정성껏 발음해 주세요.

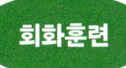 **회화훈련**

o [ou] 발음을 실제 말하기에서 알아듣고 전달하는 연습을 할 차례입니다.
다음 문장과 대화를 듣고 따라 하면서 o [ou] 발음을 자연스럽게 익혀보세요.

1   Go ahead and go home before the road closes.
    도로가 폐쇄되기 전에 어서 귀가하세요.

2   You can fold them nicely and put them in the dresser drawers.
    잘 개서 서랍장에 넣어두면 돼.

3   I stayed in a nice room with an ocean view at a hotel near the beach.
    해변 근처 호텔에서 바다가 보이는 좋은 방에 묵었어요.

4   Having rice with fresh kimchi never gets old.
    싱싱한 김치에 밥을 먹으면 질리지가 않아.

5   Please note that it will expire next Thursday.
    다음주 목요일에 만료되니 주의하세요.

6   We need to raise awareness about global warming.
    지구 온난화에 대한 인식을 높여야 합니다.

7   He is open to any questions or suggestions.
    그는 어떤 질문이나 제안에도 열려 있습니다.

1 Go ahead and + 동사원형 ~ 어서 ~ 하세요   2 dresser drawers 서랍장[옷장] 서랍
4 ~ never gets old ~는 질리지를 않는다   5 expire 만료되다   6 awareness 인식 | global warming 지구 온난화

 발음 포인트

1 go는 '고'가 아니라 [고우]로 발음합니다. close의 -o-도 [오우]로 발음하는데, close가 동사로 쓰일 경우 -se는 [z]로 발음합니다. 따라서 이 문장의 closes는 [클로우지ㅈ]로 발음되죠. 또, road의 -oa-도 [오우]로 발음합니다.
3 beach의 -ea-[i:]는 [이이이] 정도로 길게 발음합니다. 짧게 발음하면 bitch로, 쌍욕이 되어버리거든요.
5 next Thursday에서 next의 끝소리 -t는 생략됩니다.
6 need to는 한 단어처럼 연결해 [니이터 niːtə] 정도로 발음합니다.

189

8
- A: We have a weather warning today. We will have a thunder storm all day. 오늘 기상 특보가 발령되었어요. 하루 종일 천둥 번개가 칠 거래요.
- B: I know. We have a flood warning, too. 알아요. 홍수 경보도 있어요.
- A: There might be road closures. 도로가 폐쇄될 수도 있어요.
- B: In that case, let's go ahead and go home. 그렇다면(그런 경우라면), 어서 집에 가자고 해야겠는 걸요.

9
- A: You know what? Owen has been so overbearing lately. 있잖아, 오웬 요즘 너무 거만하고 고압적으로 굴어.
- B: I know. He got a promotion to supervisor. He's changed. 그러게 말이다. 관리자로 승진하고 나더니 사람이 변했어.
- A: I was so close to saying to him, "You think you're better than everybody!" "네가 남들보다 더 잘난 줄 아냐!"라고 말할 뻔했다니까.
- B: Better just to walk away. 그냥 신경 쓰지 말고 피해.

10
- A: A room with a view is usually more expensive. 전망 좋은 방이 보통 더 비싸.
- B: I prefer a room with an ocean view. I think it's worth the money. 난 바다가 보이는 방이 좋아. 돈값을 하는 것 같아.
- A: I like a city view. I like to see all those lights at night moving along the road. 난 도시 뷰가 좋아. 도로를 따라 움직이는 밤의 불빛들을 보는 게 좋아.
- B: That would be nice, too. 그것도 괜찮겠네.

---

8 weather warning 기상 특보 9 You know what? 있잖아 | overbearing 거만하고 고압적인 | get a promotion 승진하다 | walk away 관여하지 않고 피하다

발음
포인트

8 closure는 [클로우줘r klóuʒər]로 발음합니다. 또, 앞서 road의 -oa-도 [ou]로 발음된다고 했는데요. 이와 같은 부류의 단어에는 boat / bloat(부풀다) / goat(염소) / goal / load / oak / oat / soap 등이 있습니다.

9 Owen (남자이름) [오우인 óuin] / overbearing [오우(v)버r베어링 ouvərbériŋ] / promotion [프뤼모우션 prəmóuʃən] / close (형용사로 쓰인 경우) [클로우ㅆ klous]

10 with an ocean view에서 with an은 한 단어처럼 연결해 [위(ð)던 wíðən]으로 발음합니다. those의 -o-도 [ou]로 발음합니다. 하지만 along의 -o-는 [ɔː]로 발음해 [어로엉]에 가까운 소리가 납니다. [ɔː] 발음은 다음 과에서 자세히 다룹니다.

29 '오'도 '아'도 아닌 o[ɔː]

Orange juice, please.

오렌지 주스, 부탁합니다.

[ɔː] 발음

우리말의 '아' 할 때보다 턱을 아래로 더 떨어뜨린 상태에서 '오' 소리를 길게 내세요.

al**o**ng b**o**ss c**o**st **o**ffice p**o**rt str**o**ng

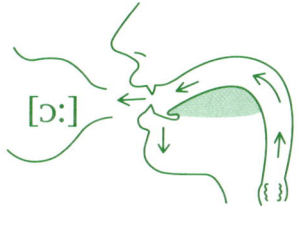
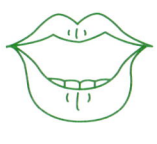

orange의 o-는 [ɔː] 발음입니다. 알파벳은 o이지만 '오'도 '오우'도, '아'도 아닙니다. [ɔː]는 우리말에는 없는 발음으로, 우리말의 '아' 할 때보다 턱을 아래로 더 떨어뜨린 상태에서 '오' 소리를 길게 낸다고 생각하고 말해보세요. 그러면 우리말에서는 생전 들어보지 못한 모음 소리가 나옵니다. 굳이 우리말로 표기하자면 '오'와 '어'가 부드럽게 연결되어 합쳐진 듯한 소리가 나는데요, 이 책에서는 편의상 [오어]로 표기하고 있습니다. 특히 이번 과에서는 장음 연습에 집중한다는 차원에서 [오어어]로 길게 표기하겠습니다.

191

단어훈련 o[ɔː] 발음이 들어간 단어를 듣고 따라 말해봅니다.

		😊 미국식 발음	☹ 잘못된 발음
1	boss	보어ㅆ [bɔːs]	보스
2	dog	도어억 [dɔːg]	도그
3	log	로어억 [lɔ(ː)g]	로그
4	orange	오어어륀쥬 [ɔ́ːrindʒ]	오렌지
5	office	오어어(f)피ㅆ [ɔ́ːfis]	오피스
6	port	포어어r트 [pɔːrt]	포트
7	sports	ㅅ뽀어어r츠 [spɔːrts]	스포츠
8	strong	ㅅㄸ(r)로어엉 [strɔːŋ]	스트롱
9	long	로어엉 [lɔːŋ]	롱
10	cost	코어어ㅅ트 [kɔːst]	코스트

1 부장, 사장 2 개 3 통나무 4 오렌지 5 사무실 6 항구 7 스포츠 8 강한, 힘센 9 (길이가) 긴 10 비용이 들다

TIP

알파벳 a도 [ɔː]로 발음되는 경우들이 있어요!

ball, call, dawn, law 등과 같은 단어의 -a-도 우리말에는 없는 [ɔː] 발음으로 소리 납니다. 뿐만 아니라 daughter의 -au-나 bought의 -ou-도 [ɔː] 발음으로 소리 나는 경우들을 심심찮게 접할 수 있습니다. 우리말 '아' 할 때보다 턱을 아래도 더 떨어뜨린 상태에서 '오'를 소리 낸다는 생각으로 발음한다는 점, 잊지 마세요.

ball [보어얼 bɔːl]   call [코어얼 kɔːl]
dawn [도어언 dɔːn]   law [로어어 lɔː]
caught [코어얻 kɔːt]   taught [토어얻 tɔːt]   daughter [도어러r dɔ́ːtər]
thought [(θ)또어얻 θɔːt] bought [보어얻 bɔːt] cough [코어어f kɔːf]

 **회화훈련** o[ɔː] 발음을 실제 말하기에서 알아듣고 전달하는 연습을 할 차례입니다.
다음 문장과 대화를 듣고 따라 하면서 o[ɔː] 발음을 자연스럽게 익혀보세요.

1   What are the office hours on Fridays?
    금요일 근무 시간은 어떻게 되나요?

2   Kind words are worth so much but cost little.
    친절한 말은 가치가 크지만 비용은 거의 들지 않습니다.

3   I forgot the password to log on to this website.
    이 웹사이트에 로그인하기 위한 비밀번호를 잊어버렸어요.

4   You can't teach an old dog new tricks.
    늙은 개에게 새로운 재주는/기술은 못 가르치지. (이미 특정 방식에 익숙해져 습관이 된 사람에게 새로운 것을 가르치기는 힘들다는 의미의 비유적 표현)

5   This is designed to be easy to use and cost-effective in the long term.   이것은 사용하기 쉽고 장기적으로 비용 효율적이도록 설계되었습니다.

6   Peer pressure is strong among young people.
    젊은이들 사이에서는 또래집단으로부터 받는 압박감이 강합니다.

7   I have found a long-lost friend from high school on Facebook.
    페이스북에서 오랫동안 연락이 끊겼던 고등학교 친구를 찾았어.

> 2 worth 가치 있는   3 log on 로그인하다   5 be designed to + **동사원형** ~하도록 설계되다 |
> cost-effective 비용 효율적인 | in the long term 장기적으로   6 peer pressure 또래집단으로부터 받는 압박감   7 long-lost 오랫동안 연락이 끊긴

발음 포인트

3   log[로어억 lɔ(ː)g]와 마찬가지로 on의 o도 [ɔː] 발음입니다. 우리말의 '아' 할 때보다 턱을 아래로 더 떨어뜨린 상태에서 '오' 소리를 길게 내며 [오언]이라고 발음해 보세요. '오언'을 부드럽고 빠르게 연결시켜 하나의 모음으로 소리 내야 합니다.

4   old의 o-는 [ou] 발음이고, dog의 -o-는 [ɔː] 발음입니다. 구분해 발음하세요. old dog은 [오우울도어억]으로 한 단어처럼 발음합니다.

6   strong[ㅅ뜨(r)로어엉 strɔːŋ]의 -o-는 [ɔː], among[어멍 əmʌ́ŋ]의 -o-는 [ʌ] 발음입니다. [ʌ]는 '아' 할 때처럼 턱을 아래로 확 내리면서 '어' 하고 발음하세요(p. 242 참조).

7   long[로어엉 lɔːŋ]의 -o-도, lost[로어어ㅅ트 lɔːst]의 -o-도 모두 [ɔː] 발음입니다.

193

8   A Why don't you say something nice to your subordinates?
부하직원에게 좋은 말을 해보는 건 어떨까요?

B You think I haven't?   안 해 본 것 같아요?

A I think you should try more. Kind words are worth much but cost little.   더 노력하셔야 할 것 같아요. 친절한 말은 가치가 크지만 비용은 거의 안 들잖아요.

B Okay. I will try.   알았어요. 노력해 볼게요.

9   A You can use this new feature. It's faster that way.
이 새로운 기능을 사용하시면 됩니다. 그게 더 빨라요.

B I know, but I've been doing this for so long.
알아요, 하지만 너무 오랫동안 이렇게 하고 있어서 말이죠.

A Whatever works for you!   당신한테 맞는 걸로 하세요!

B You can't teach an old dog new tricks, you know.
늙은 개에게 새 기술은 못 가르치는 법이잖아요.

10   A Young people face pressure from social media.
젊은 사람들은 소셜 미디어의 압박에 부딪치고 있어.

B Social media probably has a stronger impact on their decision-making process than anything else.
소셜 미디어가 그들의 의사결정 과정에 미치는 영향이 아마 어떤 것보다 클 거야.

A True. They mimic certain behavior to be socially acceptable and desirable.   맞아. 사회적으로 인정받고 호감을 얻으려고 특정 행동을 따라 하기도 하지.

B When they get more 'likes,' they interpret those likes as socially 'desirable.'   '좋아요'를 많이 받으면 그걸 사회적으로 '인정받고 있다'는 신호로 받아들이는 거지.

---

8 subordinate 부하직원   **9** feature 기능   **10** social media 소셜미디어, SNS (SNS는 콩글리시) | decision-making 의사결정의 | desirable 매력적이고 호감이 가며 (사람들로부터) 인정을 받는

발음
포인트

8   subordinates, more, cost의 -o-는 모두 [ɔː] 발음입니다. 반면, don't과 Okay의 o는 [ou] 발음이며, worth의 -o-는 [ʌ] 발음입니다. 구분해 발음하세요.
subordinates [썹오어어r더넡츠 səbɔ́ːrdənəts] / more [(음)모어어r mɔːr]

10   social의 -o-는 [ou] 발음이고, media의 -d-는 [d]로 발음하는 사람도, [t]로 굴려서 발음하는 사람도 있습니다. 굴려서 발음하면 social media는 [쏘우셜 미이리아 sóuʃəl míːt iə]처럼 들립니다.

Got any plans tomorrow, Peter?

내일 무슨 계획[일정]이라도 있어, 피터?

[p] 발음

윗입술과 아랫입술을 약간 말아 넣고 성대를 울리지 않으면서 바람소리를 내세요.

public　ho**p**e　**p**ur**p**le　gri**p**　cam**p**

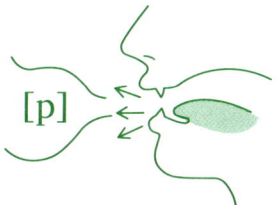

p는 우리말 'ㅍ'과는 좀 다른 음입니다. 우리말 'ㅍ'보다 입술을 안으로 더 말아 넣고 소리를 내기 때문에 'ㅍ'뿐 아니라 'ㅃ'에 가까운 소리로 나는 경우도 있습니다. 윗입술과 아랫입술을 말아 넣고 발음한다는 점은 b sound와 같죠. 이때 성대를 울리면 b sound가 되고, 성대를 울리지 않으면 p sound가 됩니다.

p sound는 윗입술과 아랫입술을 약간 말아 넣고 성대를 울리지 않으면서 바람소리로 내세요. 잘 안 되면 여자들이 립스틱을 입술에 골고루 펼 때처럼 해보세요. grip, camp처럼 끝소리 p는 받침소리로, 입 모양은 만들되, 소리는 내지 않습니다.

단어훈련

[p] 발음이 들어간 단어를 듣고 따라 말해봅니다.

		😊 미국식 발음	☹ 잘못된 발음
1	**p**lug	플러ㄱ/플럭 [plʌg]	플러그
2	**p**ass	패애ㅆ [pæs]	패스
3	**p**aste	페이ㅅㅌ [peist]	페이스트
4	**p**urple	퍼어r쁠 [pə́:rpl]	퍼플
5	**p**rompt	ㅍ롸암ㅍㅌ [prɑːmpt]	프람프트
6	blee**p**	블리이잎 [bliːp]	블립
7	chea**p**	취이잎 [tʃiːp]	칩
8	backu**p**	배애컾 [bǽkəp]	백업
9	gossi**p**	가아썹 [gɑ́səp]	가십
10	gri**p**	ㄱ륖 [grip]	그립

1 플러그 **2** 통과, 출입증, 지나가다 **3** 반죽, 붙이다 **4** 보라색의 **5** 신속한, 즉각적인 **6** (방송에서 욕설이나 부적절한 말을) 삐 소리로 가리다 **7** 값싼, (사람이) 쪼잔한 **8** 백업 **9** 가십, 뒷담화 **10** 이해(력), 파악(력), 잡다

🔊 발음 포인트

1~3 p sound가 첫소리로 오는 경우 우리말의 'ㅍ'에 가까운 소리가 납니다. 입술을 말아 넣었다 벌리면서 바람을 내보내세요. 이때 성대는 울리지 않습니다.

4 첫소리 p sound는 'ㅍ', 단어 중간의 p는 'ㅃ'에 가까운 소리가 납니다. 단어 중간에 p가 오는데, 그 p가 받침소리가 아닐 때는 이처럼 된소리화되는 경우가 많습니다.

5 -mpt로 연이어 자음 3개가 나오며 발음이 마무리됩니다. 그냥 각 자음의 발음 요령에 따라 재빠르게 발음해주면 됩니다. m, p, t 모두 받침소리이며, [p]는 입술을 말아 넣되 소리는 내지 않으며 바로 [t] 발음으로 혀를 이동시켜 소리 냅니다.

6~10 p sound가 끝소리로 오면 받침소리로 납니다. 사실 한 단어만 달랑 발음할 때는 입술을 말아 넣었다 다시 벌리게 되므로 그때 받침소리 'ㅍ'가 살짝 나지만, 문장 속에 여러 단어 사이에 끼어 있을 때는 입술만 말아 넣었다 바로 다음 단어를 발음하게 되므로 소리가 나지 않는 경우가 많습니다.

회화훈련

[p] 발음을 실제 말하기에서 알아듣고 전달하는 연습을 할 차례입니다.
다음 문장과 대화를 듣고 따라 하면서 [p] 발음을 자연스럽게 익혀보세요.

1 I appreciate your prompt response.
신속한 답변에 감사드립니다.

2 Don't be a part of gossip even by listening.
뒷담화하는 자리에는 듣기만 하는 자리라도 있지 마세요.

3 We will need an extra battery for a backup.
백업을 위해 여분의 배터리가 필요합니다.

4 They had to bleep out several words during the live broadcast.
생방송 중에 몇몇 단어는 삐 소리로 처리해야 했어.

5 Paul is so cheap, so don't expect him to pay for your drink.
폴은 아주 쪼잔하니까 걔가 네 술값을 내줄 거라는 기대는 하지 마.

6 We can issue you a visitor's pass for parking.
저희는 방문자 주차권을 발급해 드릴 수 있습니다.

7 This booklet will give you a good grip on the new program.
이 책자를 통해 새로운 프로그램에 대해 잘 파악하실 수 있습니다.

6 visitor's pass for parking 방문자 주차권 (*cf.* parking pass 허가된 장소에 단기간(하루 또는 5일 정도) 주차 가능한 주차권 | parking permit 거주자/근무자에게 지정 구역에 장기 발급되는 주차증 | parking ticket 주차 위반 딱지)　7 give someone a good grip on 누구에게 ~에 대해 잘 이해할 수 있게 해주다

발음 포인트

1 response의 중간에 나온 -p-는 'ㅃ'에 가까운 소리가 납니다.
3 extra의 -t-는 train / true / trouble / extreme(극한의) / extract(추출하다) / extrovert(외향적인)에서와 같이 [tʃ]에 까까운 소리로 들릴 수도 있습니다.
6 parking의 -ng[ŋ]은 우리말 'ㅇ' 받침과 비슷하지만 콧소리가 더 들어가고 성대가 울려야 합니다.
7 a good grip on에서는 good을 특별히 강조해 말합니다.

8 A We **appreciate** your **prompt response**.
신속한 답변에 감사드립니다.

B No **problem**. That booklet will **help** you understand the new **program**. 별말씀을요. 그 책자가 새 프로그램을 이해하는 데 도움이 될 거예요.

A I believe so. All my guys really love that.
그런 것 같습니다. 팀원들이 전부 너무 좋아합니다.

B Glad to know that. 다행입니다.

9 A How did he get in here without an escort?
그 사람, 어떻게 안내 없이 여기 들어왔지?

B Somebody buzzed him in. I think it was **Pat**, one of the security guards. 누가 들여보냈어. 경비원 중 한 명이 팻이었던 것 같아.

A I was **expecting** him to call me first. 나한테 먼저 전화할 줄 알았는데.

B Well, he's here now. Let's go to meet him.
어쨌든 지금 와 있으니까, 가서 만나자.

10 A **Please** order an extra battery for this. We will need it for a **backup**. 여분의 배터리를 주문해 주세요. 백업용으로 필요해요.

B I already did. It will be here by tomorrow.
이미 주문했습니다. 내일까지는 도착할 거예요.

A Oh, that's good! I like it when you think ahead like that.
오, 잘됐네요! 그렇게 미리 생각해주니 정말 좋네요.

B Thank you! 고마워요!

---

8 all my guys 여기서는 '팀원 전부(all my team members)'를 의미 **9 buzz someone in** (초인종을 누른 사람을) 버튼을 눌러 문을 열어주다 | **Pat** 사람 이름 (남자이름으로는 Patrick, 여자이름으로는 Patricia의 줄임말) **10 think ahead** 미리[앞서] 생각하다

발음 포인트

8 Glad to(~해서 기쁘다)는 한 단어처럼 연결해 [글래애-트] 정도로 발음합니다. Glad의 -d 소리는 생략되죠.
9 Pat의 -a-는 [æ] 발음입니다.
10 battery의 -tt-는 굴리는 t sound로 변형되어 [배애러뤼 bǽtəri] 정도로 발음됩니다. 또, think ahead는 한 단어처럼 [(θ)띵커헫]로 연음됩니다.

잠깐만요!

[p]와 [f]를 구분해서 발음해 보세요.

1	pan 냄비	패앤[pæn]	fan (연예인 등의) 팬, 선풍기	(f)패앤[fæn]
2	pace 속도	페이스[peis]	face 얼굴	(f)페이스[feis]
3	pale 창백한	페이얼[peil]	fail 실패하다	(f)페이얼[feil]
4	pat 토닥토닥하다	패애ㅌ[pæt]	fat 살찐, 뚱뚱한, 기름기가 많은, 지방	(f)패애ㅌ[fæt]
5	pig 돼지	피이ㄱ[pig]	fig 무화과	(f)피이ㄱ[fig]
6	pee 오줌 누다	피이이[piː]	fee 요금, 수수료	(f)피이이[fiː]
7	peel 껍질을 벗기다	피이이얼/피이열[piːl]	feel 느끼다	(f)피이이얼/피이열[fiːl]
8	palm 손바닥	파아암[paːm]	farm 농장	(f)파아아rm[faːrm]
9	pine 소나무	파인[pain]	fine 좋은	(f)파인[fain]
10	pout 뿌루퉁하다	파우ㅌ[paut]	fought fight(싸우다)의 과거, 과거분사형	(f)포어ㅌ[fɔːt]

발음 포인트

[b]와 [p]는 입술을 말아 넣었다 벌리면서 나오는 바람소리인데, 이때 성대를 울리면 [b] 발음이 되고 성대를 울리지 않으면 [p] 발음이 됩니다. 같은 입 모양으로 나는 소리이기는 하나 우리말의 'ㅂ'와 'ㅍ'에 가까운 소리로 확연히 구분되어 말하거나 듣는 데 큰 어려움은 없습니다. 오히려 둘 다 우리말의 'ㅍ'에 가까운 소리로 나는 [p]와 [f] 발음이 많이 듣고 많이 말해보지 않으면 구분이 어렵습니다. [p]는 입술을 말아 넣었다 벌리면서 바람소리를 냅니다. [f]는 윗니로 아랫입술을 살짝 깨물고 '후욱' 하고 바람을 내뿜을 때 나는 소리죠. 둘 다 성대는 울리지 않습니다.

31 두 모음을 순차적으로 발음하는 qu-

31.mp3

The quicker, the better.

빠를수록 더 좋아.

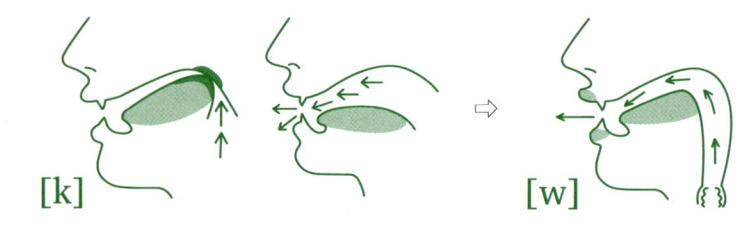

[kw] + 모음 발음

[k]를 발음하고 자연스럽게 '[w]+모음' 발음을 이어 줍니다. 이때 '[w] + [i]'는 '으/우 → 위', '[w]+[e]' 는 '으/우 → 웨' 등과 같이 모음을 늘였다 합치듯 순차 적으로 발음해 주세요.

queen   quit   question   request

[k]   [w]

q는 [k]로 우리말 'ㅋ'와 같은 소리이기 때문에 발음하는 데 어려울 것이 없습니다. 그리고 q는 반드시 u와 함께 쓰이기 때문에 qu는 하나의 소리 단위로 보아도 무방 합니다. 이때 qu- 다음에 모음이 이어지면 u-는 [w] 발음이 됩니다([w]는 반모음 으로 늘 뒤에 모음을 동반해 발음을 완성하죠. p. 251 참조).

문제는 '[w]와 모음'이 이어지는 경우입니다. 우리는 queen[kwi:n]을 '퀸', question[kwéstʃən]을 '퀘스천'이라고 발음하는 것이 어렵지 않죠. 하지만 미국인 들은 '위'는 '으/우→위', '웨'는 '으/우→웨'와 같이 복모음을 순차적으로 발음합니 다. 따라서 queen은 [크위인]/[쿠위인], question은 [크웨ㅅ천]/[쿠웨ㅅ천]이라고 발음하죠.

단어훈련

qu 철자가 들어간 단어를 듣고 따라 말해봅니다.

		😊 미국식 발음	😞 잘못된 발음
1	quit	크윝[kwit]	큇
2	quite	크와잍[kwait]	콰이트
3	quiet	크와이엍[kwáiət]	콰이어트
4	quote	크워욷[kwout]	쿼트
5	quickly	크위이클리[kwíkli]	퀵클리
6	qualify	크왈러(f)파이[kwάləfài]	퀄러파이
7	quarantine	크오어뤈티인[kwɔ́:rəntìːn]	쿼런틴
8	antique	앤티이잌[æntíːk]	앤티크
9	unique	이유우니이잌[juːníːk]	유니크
10	barbeque	바아r비키유우[báːrbikjùː]	바베큐

1 그만두다 2 꽤 3 조용한 4 인용하다 5 빨리 6 자격을 얻다 7 격리, 격리하다 8 앤티크 9 독특하다
10 바비큐

발음 포인트

2, 3 quite(꽤)와 quiet(조용한)는 철자와 발음을 헷갈리지 않도록 주의하세요.

8~9 -que가 [k]로 발음을 맺습니다. -u-와 -e의 소릿값이 모두 사라졌죠.

10 -que가 [kjuː]로 발음을 맺습니다. -e의 소릿값은 사라졌고, 끝소리 -qu가 [kjuː]로 발음되는 경우입니다. 이 경우, 우리는 복모음 '큐'로 한 번에 발음이 가능하지만, 미국인들은 '키[kj]+유우[uː]'와 같이 모음을 늘였다 합치듯 순차적으로 발음해 줍니다(p. 237 참조).

회화훈련   qu 철자가 들어간 발음을 실제 말하기에서 알아듣고 전달하는 연습을 할 차례입니다.

---

1   You have to stay in quarantine for two weeks.
      2주간 격리 상태로 계셔야 합니다.

---

2   You will qualify for a 5% cashback bonus.
      5% 캐시백 보너스를 받으실 수 있습니다. (그럴 자격을 갖추게 됐다는 의미)

---

3   The test results will come out quickly.
      테스트 결과는 빨리 나올 것입니다.

---

4   I'm not quite sure about the exact amount he spent.
      그가 쓴 정확한 금액은 잘 모르겠습니다.

---

5   Monique has a few nice pieces of antique furniture.
      모니크는 멋진 골동품 가구를 몇 점 가지고 있습니다.

---

6   Can I put a barbeque grill on the balcony?
      발코니에 바비큐 그릴을 설치해도 될까요?

---

7   This is a unique challenge for all of us.
      이것은 우리 모두에게 특별한 도전입니다.

---

1 stay in quarantine 격리 상태로 지내다   **2** qualify for ~에 대한 자격을 갖추다

발음 포인트

1. quarantine은 강세가 qua-[kwɔ́:]에 있다는 점과 qua-의 발음 요령에 신경 써 주세요.
2. cashback [캐애쉬배액 kǽʃbæk]
3. test results에서 test의 끝소리 -t는 소리기 묻혀 들리지 않습니다.
5. Monique [모우니익 mouník]

다음 문장과 대화를 듣고 따라 하면서 qu 철자가 들어간 발음을 자연스럽게 익혀보세요.

8 A Where have you been? 그동안 어디 계셨어요?

B I was in quarantine at home for two weeks.
2주 동안 집에서 격리되어 있었어요.

A What for? 왜요?

B I tested positive for Covid. I didn't have any serious symptoms, but I stayed isolated.
코로나 양성 판정을 받았어요. 심각한 증상은 없었지만 격리된 채로 지냈어요.

9 A Nice dress. Where did you find it? 드레스 예쁘네요. 어디서 찾았어요?

B A boutique at Samsung Plaza, called *Fashion Fusion*.
삼성플라자에 있는 '패션 퓨전'이라는 부티크에서요.

A Do they have a nice collection? 거기 컬렉션이 괜찮은가요?

B Oh yes. They have very unique styles of dresses, tops, bottoms, shoes, and purses. 그럼요. 드레스, 상의, 하의, 신발, 지갑 등의 스타일이 매우 독특하죠.

10 A I have a quick question for you. 간단한 질문이 있습니다.

B Shoot. 네, 하세요.

A Do I need to submit three comparable quotes for the purchase of a shredder? 분쇄기를 구입하려면 비교 견적을 3개 제출해야 하나요?

B Correct. Usually, the quote from the lowest bidder will be selected. 맞아요. 일반적으로 최저 입찰자의 견적이 선택되죠.

---

8 symptom 증상 | isolated 격리된, 고립된   **9** purse 여성용 손가방이나 지갑 (handbag은 콩글리시이며, 신용카드나 돈을 넣는 일반적인 지갑은 wallet이라고 함)   **10** Shoot. 그렇게 하세요. 어서 하세요. (긍정적으로 답할 때 쓰는 슬랭으로 Sure. / Of course. / Go ahead.와 같은 용도)

발음
포인트

8 Where have you been?은 Where와 been을 강조해 말합니다.

9 find it은 [(f)파인팉]으로 연음됩니다. boutique의 끝소리 -que는 받침소리 [k]로 발음됩니다. 강세를 -ti-에 넣어 [부우티이잌 buːtíːk]라고 발음해 주세요.

10 quick은 단순히 '퀵'이 아니라 [크위읔], question은 '퀘스천'이 아니라 [크웨스쳔], quote는 '쿼트'가 아니라 [크워웉]이라고 발음합니다. quote의 복수형 quotes는 [크워웉ㅊ]로 발음하고요. 모음을 순차적으로 하나씩 부드럽게 연결해 복모음을 완성하세요.

Here we go.
Let's rock & roll!

자, 신나게 놀아보자!

[r] 발음

첫소리 [r]은 입천장에 닿지 않게 구부린 혀를 펴면서 '(으)r-', 끝소리 [r]은 '어r' 하면서 혀를 구부려 소리 냅니다.

race   reason   reward   recover

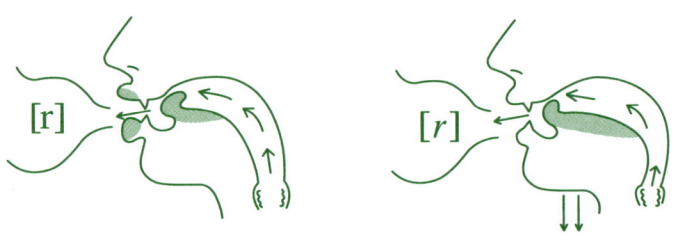

첫소리 r을 발음하려면 우선 혀를 입천장에 닿지 않게 한껏 구부립니다. 입천장에 닿지 않게 혀를 구부리려면 입술이 앞으로 쑥 나오며 자연스럽게 모아진 상태가 되죠. 그 상태에서 혀끝을 입천장에 닿지 않게 하면서 힘주어 확 펴보세요. 이때 r-은 잘 들어보면 '(으)뤄-'로 들립니다. race는 '레이스'가 아니라 제대로 굴려 [(으)뤠이씨라고 발음해야 lace와 정확히 구분됩니다.

doctor, skirt 같은 끝소리 r은 [r]로 표기합니다. 이 '쓰러진 r' sound는 dog sound라는 별명을 가지고 있습니다. 개들이 '으rrr' 하고 화났을 때 내는 소리와 비슷하다고 언어학자들이 붙인 별명입니다. 끝소리 [r]은 혀를 입천장에 닿지 않게 목구멍 쪽으로 구부리며 '어r' 하고 발음합니다. 이때 입술은 튀어나오지 않습니다.

단어훈련 1

첫소리 [r]이 들어간 단어를 듣고 따라 말해봅니다.

		☺ 미국식 발음	☹ 잘못된 발음
1	real	(으)뤼얼 [ríːəl]	리얼
2	role	(으)로울 [roul]	롤
3	rank	(으)뤠앵ㅋ [ræŋk]	랭크
4	robot	(으)로우벝 [róubət]	로봇
5	reward	(으)뤼워오ɾㄷ [riwɔ́ːrd]	리워드
6	radio	(으)뤠이리오우 [réiɾiòu]	레디오
7	return	(으)뤼터어ɾㄴ [ritə́ːrn]	리턴
8	rather	(으)뤠애(ð)더ɾ [rǽðər]	래더
9	roasted	(으)로우ㅅ틷 [róustid]	로스티드
10	remodel	(으)뤼마를 [rimɑ́ɾəl]	리모델

1 진짜의, 실제의 2 역할 3 계급, 지위, 직책 4 로봇 5 보상 6 라디오 7 돌아오[가]다, 반납(하다)
8 오히려, 차라리 9 구운 10 고치다, 개조하다

FAQ

carry도 [캐애뤼]처럼 -rr-이 첫소리 r처럼 깊게 들리는데요?

끝소리 [r]은 첫소리 [r]에 비해 소리가 깊지 않고 분명 [r] 발음이 있긴 하나 그 존재감이 약합니다. reward와 return, rather의 끝부분에 나오는 -r(-)이 바로 그렇죠. 존재하긴 하나 첫소리 [r]에 비해 존재감을 그리 뽐내진 않습니다. '나 여기 있어요' 정도의 티만 내죠. 하지만 carry, marriage, narrow처럼 단어 중간 소리로 오면서 바로 뒤의 모음과 결합하는 -r-은 첫소리 [r]과 마찬가지 방식으로 존재감을 드러냅니다.

carry [캐애뤼 kǽri]   marriage [매애륃쥬 mǽridʒ]   narrow [내애로우 nǽrou]

 **단어훈련 2** 끝소리 [r]이 들어간 단어를 듣고 따라 말해봅니다.

		😊 미국식 발음	☹ 잘못된 발음
1	card	카아r ㄷ [ka:rd]	카드
2	hard	하아r ㄷ [ha:rd]	하드
3	mark	마아r ㅋ [ma:rk]	마크
4	heart	하아r ㅌ [ha:rt]	하트
5	skirt	ㅅ꺼어r ㅌ [skə:rt]	스커트
6	turn	터어r ㄴ [tə:rn]	턴
7	master	매애스떠r [mǽstər]	마스터
8	Oscar	아ㅅ꺼r [ɑ́skər]	오스카
9	reporter	뤼포어r러r [rikɔ́:rtər]	리포터
10	escalator	에ㅅ껄레이러r [éskəlèitər]	에스컬레이터

1 카드 **2** 힘든, 어려운, 열심히 **3** 표시, 표시하다 **4** 심장, 마음 **5** 치마 **6** 되다, 돌다, 돌리다 **7** 주인, 지배자, (어떤 분야의) 대가 **8** 남자이름 **9** 기자, 리포터 **10** 에스컬레이터

 FAQ

영국식 영어에서 무시한다는 발음이 바로 '끝소리 r'인 거죠?
그렇습니다. 미국식 영어에서는 끝소리로 나온 *r* sound를 혀를 목구멍 쪽으로 구부려 확실하게 발음해 줍니다. 우리말의 받침소리 정도로 들릴 때가 많죠. 반면 영국식 영어에서는 끝소리 *r* sound를 발음하지 않습니다. 그래서 card는 미국식 영어에서는 [카알(r)ㄷ](받침소리 'ㄹ'처럼 들리지만 혀를 구부려 발음해줘야 하므로 발음기호에 *r*을 병기하거나 아예 *r*로 표기함)처럼 소리 나지만 영국식 영어에서는 [카아드]로 발음합니다. car(미국식 영어 [카알(r)] / 영국식 영어 [카아])도 마찬가지이죠. 미국식 영어가 영국식 영어에 비해 전반적으로 부드러운 인상을 주는 이유가 끝소리 *r* sound에 있다 해도 과언이 아닙니다.

단어훈련 3

정석 [rl] 발음이 들어간 단어를 듣고 따라 말해봅니다.

		😊 미국식 발음	😞 잘못된 발음
1	curl	커얼(r)ㄹ [kə:rl]	컬
2	girl	거얼(r)ㄹ [gə:rl]	걸
3	pearl	퍼얼(r)ㄹ [pə:rl]	펄
4	swirl	ㅅ워얼(r)ㄹ [swə:rl]	스얼
5	whirl	(우)워얼(r)ㄹ [(h)wə:rl]	월
6	world	(우)워얼(r)ㄹㄷ [wə:rld]	월드
7	curly	커얼(r)리 [ká:rli]	컬리
8	hourly	아우얼(r)리 [áuərli]	아우어리
9	poorly	푸얼(r)리 [púərli]	푸어리
10	elderly	엘덜(r)리 [éldərli]	엘더리

1 곱슬머리 2 여자아이 3 진주 4 소용돌이치다 5 빙글빙글 돌리다 6 세계, 세상 7 (머리칼이) 곱슬곱슬한 8 한 시간마다(의) 9 형편없게 10 시대에 뒤진, 구식의, (the elderly의 형태로) 노인층

발음 포인트

우리말에는 자음이 연달아 나오지 않지만, 영어에는 그런 경우가 흔합니다. 끝소리 r은 보통 뒤에 다른 자음이 연달아 나오는 경우가 많습니다. 그 중에서도 특히 우리말로 하면 꼭 같은 발음처럼 느껴지는 l sound가 연달아 올 때 우리 입장에서는 발음이 어렵습니다. r sound와 l sound가 연달아 나오는 [rl]은 [r]과 [l]을 모두 발음해야 합니다.

1~5 딱 -rl로 끝나는 단어들입니다. 혀를 구부려 [어r]을 발음해주고 이어서 바로 혀끝을 윗니 뒤에 대고 [l] 발음으로 마무리해 주세요.

6 -rld로 끝나는 단어입니다. [r], [l], [d] 각각의 발음을 모두 원칙에 따라 차례대로 해야 합니다.

7~10 -rly로 끝나는 단어들입니다. -l-이 뒤의 모음 -y[i]와 결합하므로 앞 음절의 받침으로 들어가는 [r]에 이어 [리] 발음이 이어집니다.

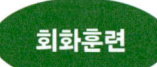 **회화훈련** [r] 발음을 실제 말하기에서 알아듣고 전달하는 연습을 할 차례입니다.

1. I'm looking for mixed nuts, roasted and unsalted.
   볶은 것과 소금에 절이지 않은 혼합 견과류를 찾고 있어요.

2. Within 10 years, robots will take more than 30% of jobs from us.
   10년 안에 로봇이 우리 일자리를 30% 넘게 빼앗을 거예요.

3. I'd rather eat food with real sugar than with artificial sweetener.
   나는 인공 감미료를 넣은 음식보다 진짜 설탕을 넣은 음식을 먹고 싶어.

4. He held the rank of Inspector in charge of operations for five years.
   그는 5년 동안 직업 과정을 책임지는 '감독관' 직책을 맡았습니다.

5. My car radio picks up only a few FM stations.
   내 자동차 라디오는 FM 방송국 몇 개만 나와.

6. Rodney will play a key role in this project.
   로드니는 이 프로젝트에서 핵심적인 역할을 할 것입니다.

7. I bought a set of pearl earrings for my wife's birthday.
   아내의 생일 선물로 진주 귀걸이 세트를 샀어요.

---

1 unsalted 소금을 넣지 않은 3 rather A than B (어느 쪽인가 하면) B보다는 오히려 A쪽이다 | artificial 인공의 | sweetener 감미료

 발음 포인트

1. mixed만 있으면 -ed가 [t]로 발음되지만, nuts와 연결되면 [t] 소리가 사라집니다. 대신 mix의 끝소리 [s]가 길어지죠.

3. sugar [슈거r ʃúgər] / artificial [아어r러(f)피셜 ὰːrtəfíʃəl] / sweetner [스위읕은너r swíːtnər]

4. held the는 연음되면서 held의 -d 소리가 먹혀 [헬(ð)더]로 들립니다. 참고로, th- sound가 [d]/[t] 바로 뒤에 올 때 아주 빠르게 발음하면 [r]에 가깝게 들릴 수도 있습니다. 정확히는 [r] 발음이 아니고 [r] 발음과 비슷한 원리로 소리가 나서 그에 가깝게 들린다는 얘기입니다. 즉 [r]은 혀를 말았다 펴면서 나오는 소리입니다. [d]/[t]를 발음하기 위해 입천장 볼록한 부분에 혀를 댔다가 th- sound를 발음하기 위해 혀를 펴 이 사이로 빼는 경우도 이에 해당됩니다(혀가 펄럭인다고 해서 flap 현상이라고도 함).

다음 문장과 대화를 듣고 따라 하면서 [r] 발음을 자연스럽게 익혀보세요.

8 A What's the advantage of enrolling in this reward program?
이 리워드 프로그램에 가입하면 어떤 혜택이 있나요?

B You will get free samples, cashback for every 10,000 won spent, and discounts.
무료 샘플과 1만 원당 캐시백, 그리고 할인 혜택을 받으실 수 있습니다.

A What percent cashback do I get?   캐시백은 몇 퍼센트 받을 수 있나요?

B We offer a 7% cashback reward. Also, we send you a birthday surprise special.
7%의 캐시백 리워드가 제공됩니다. 또한 생일 서프라이즈 스페셜을 보내 드립니다.

9 A Koreans address people at work by their rank.
한국인은 직장에서 직급에 따라 사람을 부릅니다.

B Really? I didn't know that.   정말요? 그건 몰랐네요.

A We never call our bosses by their first name.
우리는 상사를 절대 이름으로 부르지 않아요.

10 A Did you talk to security about that strange man?
그 수상한 남자에 대해 경비원에게 말했나요?

B Yes, I did. I heard him radio to his team to check the security camera.   네, 그랬어요. 그가 보안 카메라를 확인하라고 팀에게 무전하는 것을 들었어요.

A Good. They should do something about it.
잘됐네요. (보안팀에서) 뭔가 조치를 취해야 할 거예요.

---

8 enroll in ~에 등록하다   9 address (누구를 어떤 식으로) 부르다   10 radio 무전하다, 무선으로 요청하다

발음 포인트

8 enroll [인로울 inróul] / program [프로우ㄱ뤠앰 próugræm] / free [(f)프리 fri:] / every [에(v)브뤼 évri] / offer [오어(f)펄(r) ɔ́:fər] / birthday [버어r뜨(θ)데이 bə́:rθdèi] / surprise [써r프롸이ㅈ sərpráiz]

9 address가 동사로 쓰일 때는 강세가 뒤에 가서 [얼뤠ㅆ ədrés]로 발음합니다. 참고로, 미국에서는 의사들이 보통 Dr. Anderson, Dr. Lee, Dr. Walters와 같이 Dr.를 성 앞에 붙여 부르는 것을 선호합니다.

10 security [씨키우(어)뤄디 sikjúərədi], [씨키우(어)뤄리 sikjúərəti] / camera [캐애머뤄 kǽmərə]

잠깐만요 1   명사냐 동사냐에 따라 강세가 달라지는 단어를 구분해 발음해 보세요.

---

1   address   명 [ǽdres] 주소   동 [ədrés] 주소를 쓰다, 연설하다, 부르다, 다루다, 해결하다

What's your mailing address?   우편 주소가 어떻게 되나요?

How can I address this issue without making him feel offended?
그 사람을 기분 나쁘게 하지 않으면서 이 문제를 어떻게 해결할 수 있을까?

---

2   record   명 [rékərd] 기록   동 [rikɔ́:rd] 기록하다, 녹음하다

Off the record, I didn't vote for him.   비밀인데, 저는 그에게 투표하지 않았어요.

All the communication concerning this project, like emails, texts, and phone conversations, should be recorded.
이메일, 문자, 전화 대화 등, 이 프로젝트와 관련된 모든 커뮤니케이션은 기록해둬야 합니다.

---

3   refund   명 [rí:fʌnd] 환불   동 [rifʌ́nd] 환불하다

Can I get a refund if I return it?   반품하면 환불받을 수 있나요?

Only 75% will be refunded after 30 days from the purchase.
구매 후 30일이 지나면 75%만 환불됩니다.

---

4   refill   명 [rí:fil] 리필   동 [ri:fíl] 다시 채우다, 리필하다

Excuse me. Can I get a refill for my drink?   저기요. 음료수 리필 좀 해주실래요?

I'm going to get my cholesterol medicine refilled.
콜레스테롤 약을 리필 받으려고 합니다.

---

5   reject   명 [rí:dʒekt] 거부(된 것), 불합격품   동 [ridʒékt] 거부하다

One of the factory's rejects turned out to be safe.
공장에서 불량품으로 분류된 것 중 하나가 안전한 것으로 밝혀졌어요.

Before you reject any of the ideas presented in this proposal, please take some time to review it thoroughly.
이 제안서에 제시된 아이디어를 거부하기 전에 시간을 내어 꼼꼼히 검토해 주세요.

발음 포인트

동사와 명사일 때 강세가 달라지는 단어들이 있습니다. 명사는 첫 음절에, 동사는 마지막 음절에 강세가 오죠. 강세가 있는 음절의 모음은 더 또렷하게, 없는 음절은 약하게 발음됩니다.

미국인들은 자라면서 익힌 말의 패턴 덕분에 이를 자연스럽게 구분하지만, 이따금 혼용해 쓰기도 합니다.

1 address는 일상생활에서는 혼용해서 쓰는 경우가 많습니다만, 공식적인 자리에서는 구분해 주는 게 좋습니다.

5 reject는 동사형이 훨씬 자주 쓰여서 뒤 강세를 더 익숙하게 느끼는 경향이 있습니다.

잠깐만요 2

[r]과 [l]을 구분해서 발음해 보세요.

1	right 옳은, 오른쪽의, 권리	(으)롸잍 [rait]	light 밝은, 가벼운, 빛	라잍 [lait]
2	read 읽다	(으)뤼이읻 [riːd]	lead 이끌다	리이읻 [liːd]
3	rap (음악) 랩	(으)뤠앺 [ræp]	lap 무릎	래앺 [læp]
4	road 도로, 길	(으)로욷 [roud]	load 짐, 짐을 싣다	로욷 [loud]
5	wrong 잘못된, 틀린	(으)로엉 [rɔ́ːŋ]	long 긴	로엉 [lɔːŋ]
6	rather 오히려, 차라리	(으)뤠애(ð)더r [rǽðər]	leather 가죽	레(ð)더r [léðər]
7	fry 튀김	(f)ㅍ롸이 [frai]	fly 날다, 비행기를 타다	(f)플라이 [flai]
8	fresh 신선한	(f)ㅍ뤠쉬 [freʃ]	flesh 살	(f)플레쉬 [fleʃ]
9	fright 놀람, 두려움, 공포	(f)ㅍ롸잍 [frait]	flight 비행, 비행기, 항공편	(f)플라잍 [flait]
10	grass 풀, 목초	ㄱ뤠애ㅆ [græs]	glass 유리, 유리잔 (glasses는 '안경')	글래애ㅆ [glæs]

발음 포인트

[r] 발음은 혀를 굴려 내는 소리이고, [l] 발음은 혀끝을 윗니 뒤에 대고 내는 소리라고 했죠. [r] 발음과 [l] 발음을 구분하지 않고 쓰거나 [r] 발음을 제대로 굴려 발음하는 것을 창피해하는 사람이 있습니다. 패스트푸드점에서 French Fries를 주문할 때 French Flies[flaiz]라고 발음하면 cashier들에게는 '프랑스산 파리들'을 주문하는 것으로 들릴 수 있습니다. 원활한 의사소통을 위해 정확히 발음하는 습관을 들이세요.

33 'ㅅ' 또는 'ㅆ'로 소리 나는 s[s]

33.mp3

What a nice dress!

이야, 드레스 정말 이쁘다!

S

s[s] 발음

혀끝이 입천장과 닿을 듯 말 듯한 위치에서 바람만 내보내세요.

seat   sad   basic   dress   switch

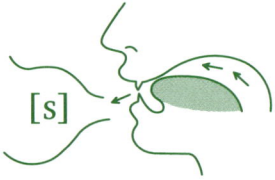

본래 s sound는 혀끝이 입천장과 닿을 듯 말 듯한 위치에서 바람만 내보내는 소리입니다. 실제로 s는 거의 바람소리에 가깝습니다.

sister의 첫소리 s-와 중간소리 -s-는 발음이 조금 다릅니다. 첫소리 s-는 우리말 'ㅆ'에 가깝고, 중간소리 -s-는 우리말의 'ㅅ' 발음에 가깝습니다. 즉 s sound가 바로 뒤의 모음과 결합하면 굳이 애쓰지 않아도 자연스럽게 'ㅆ'에 가까운 소리가 납니다. 또 dress처럼 단어 끝에 오는 s sound도 보통 'ㅆ'에 가깝게 발음됩니다. 하지만 s sound 뒤에 자음이 따라오면 자연스럽게 'ㅅ'에 가까운 소리가 나죠. 혀끝을 입천장에 닿을 듯 말 듯한 위치에 두고 바람만 내보내면 이와 같은 원리에 따라 때로는 'ㅆ'로, 때로는 'ㅅ'로 자연스럽게 소리 나기 때문에 사전상에서는 [s] 발음을 굳이 구분하고 있지 않습니다.

단어훈련 s[s] 발음이 들어간 단어를 듣고 따라 말해봅니다.

		😊 미국식 발음	☹ 잘못된 발음
1	**s**ack	쌔액[sæk]	색
2	**s**eat	씨이잍[siːt]	시트
3	**s**auce	쏘어ㅆ[sɔːs]	소스
4	**s**en**s**e	쎈ㅆ[sens]	센스
5	ba**s**ic	베이씩[béisik]	베이직
6	be**s**ide	비싸아읻[bisáid]	비사이드
7	bonu**s**	보우너ㅆ[bóunəs]	보너스
8	ma**ss**	매애ㅆ[mæs]	매스
9	**s**timulu**s**	ㅅ띠이미율러ㅆ[stímjuləs]	스티뮬러스
10	**s**witch	ㅅ(우)윝츄[switʃ]	스위치

1 자루 2 좌석 3 소스 4 감각 5 기본적인, 기초적인 6 ~옆에 7 보너스 8 질량, 덩어리
9 자극, (경기 등의) 부양책 10 스위치, 바꾸다, 교환하다

발음 포인트

3 sauce에서 모음 au[ɔː]와 결합하는 첫소리 s-는 'ㅆ'에 가까운 소리가 납니다. 끝의 -ce도 [s]로 발음되어 'ㅆ'에 가까운 소리가 나죠(단어 끝의 모음 e는 소릿값이 없음).

4 sense에서 모음 e[e]와 결합하는 첫소리 s-는 'ㅆ'에 가까운 소리가 납니다. 끝의 -se에서 e는 소릿값이 없어 [s]로 발음을 맺는데, 이때의 [s] 발음도 'ㅆ'에 가깝게 소리 납니다.

5 우리나라에서 '베이직'으로 통하는 basic은 사실 [베이씩]이라고 발음합니다.

9 s sound 뒤에 자음이 오는 경우 [s]는 우리말의 'ㅅ'에 가깝게 소리 납니다. 따라서 stimulus의 첫소리 s-는 'ㅅ'에 가깝게, 끝소리 -s는 'ㅆ'에 가깝게 소리 납니다.

10 switch에서 w sound는 i sound와 결합해 '(우)위'로 발음됩니다. (p. 251 참조)

회화훈련　s[s] 발음을 실제 말하기에서 알아듣고 전달하는 연습을 할 차례입니다.

1　It's very important to **floss** every day.
　　매일 치실을 사용하는 것이 매우 중요합니다.

2　Chop a little lettuce and **sprinkle some** nuts and fruit over it.
　　작은 양상추를 자르고 그 위에 견과류와 과일을 뿌려주세요.

3　I didn't lose an ounce of weight after **fasting** for three days.
　　3일 단식 후에도 체중이 1온스도 줄지 않았어.

4　We received two **stimulus** checks during Covid lockdown.
　　코로나 봉쇄 기간 동안 우린 두 번의 재난지원금을 받았어.

5　Please meet my niece, **Denise**.
　　제 조카 데니스를 소개합니다.

6　Please clean off that **sticky** gunk on top of your **desk**.
　　당신 책상 위에 있는 끈적한 덩어리 좀 치워주세요.

7　I got the 8 hours' time-off **bonus** for good performance.
　　성과가 좋아서 8시간의 휴가 보너스를 받았어.

---

1 floss 치실　**2** chop (음식 재료를) 자르다　**3** fasting 단식　**4** stimulus check (코로나 시국에 경제적 타격을 입은 이들에게 미국 정부에서 세 차례에 걸쳐 수표로 발행해준) 재난지원금　**6** sticky 끈적끈적한 | gunk (끈적끈적한) 오물 덩어리　**7** time-off bonus 휴가 보너스 (현금 보너스 외에 휴가를 주는 형태의 보너스)

발음 포인트

1　floss[(f)플로어ㅆ flɔːs]의 끝소리 -ss[s]는 'ㅆ'에 가깝게 소리 납니다.
2　lettuce[레리ㅆ léṱis]에서 끝소리 -ce도 [s]로 발음됩니다. 3번의 ounce[아운ㅆ auns] 도 마찬가지죠.
　　chop의 o[a], some의 o[ʌ], over의 o[ou]는 소리가 다 다릅니다.
5　Denise[더니ㅆ dəníːs]의 끝소리 -se 'ㅆ'에 가깝게 소리 납니다. 참고로, Denise는 보통 여자 이름이고, 남자 이름은 Dennis[데니ㅆ dénis]입니다.
6　sticky의 -t-와 -k-는 된소리화되어 [ㅅ띠끼 stíki] 정도로 발음됩니다.

다음 문장과 대화를 듣고 따라 하면서 s[s] 발음을 자연스럽게 익혀보세요.

8 A What is that sticky gunk on your desk?
책상 위에 있는 끈적끈적한 덩어리는 뭐예요?

B Oh, it's the hot sauce from my lunch. 아, 점심에 먹은 핫소스예요.

A Please clean that up. And keep your desk clean.
깨끗하게 좀 닦아요. 그리고 책상 좀 깨끗하게 유지해 주세요.

B Will do! 그럴게요!

9 A I just finished fasting for three days. 방금 3일간의 단식을 끝냈어.

B Oh wow. Impressive! Did you lose any weight?
오, 와우. 놀랍네! 살 좀 빠졌어?

A Not, not even an ounce. I did the fast for religious reasons, not for weight loss.
아니, 1온스도 안 빠졌어. 난 종교적인 이유로 단식을 했어. 체중 감량을 위해서가 아니라.

B I see. 그렇구나.

10 A Caesar Salad is my all-time favorite.
시저 샐러드는 제가 제일 좋아하는 음식이에요.

B It is my favorite, too. I love the crunchy bites of lettuce.
저도 제일 좋아해요. 저는 아삭아삭한 양상추가 너무 맛있더라고요.

A Right. I add a few drops of balsamic vinegar and sprinkle some nuts as well. 맞아요. 저는 발사믹 식초를 몇 방울 떨어뜨리고 견과류도 뿌려요.

---

9 lose weight 살이 빠지다, 체중이 줄다 (*cf.* gain weight 살이 찌다, 체중이 늘다 | drop a few pounds 몇 파운드 빼다 | pick up a few pounds 몇 파운드 찌다) | weight loss 체중 감량 **10** all-time 시대를 불문한 [초월한], 불변의 | as well ~도

발음 포인트

8 clean that up에서 that up은 하나로 연결해 [(ð)대덮]처럼 발음합니다.

9 loss[로어ㅆ lɔːs]의 -ss는 [s]로 발음됩니다. 하지만 lose[루우ㅈ luːz]의 -se에서 -e는 소릿값이 없으며 -s-는 [z]로 발음됩니다. 이처럼 끝소리 -s(e)가 [z]로 발음되는 경우도 있습니다.
hers [허어r ㅈ həːrz] / ours [아우어r ㅈ auərz] / vibes [(v)바입ㅈ vaibz] / skies [ㅅ까이ㅈ skaiz] / taxes [태액씨ㅈ tǽksiz]

10 Caesar Salad [씨이(z)저r 쌔앨럳 síːzər sǽləd] /
balsamic vinegar [보얼쌔애믹 (v)비니거r bɔːlsǽmik vínəgər]

What is a stress in speech?

말하기에서 강세란 무엇인가?

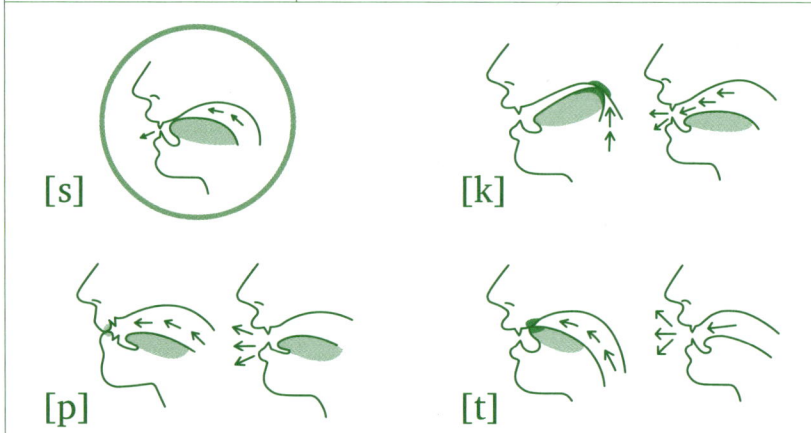

[sk], [sp], [st] 발음

[s] 다음에 [k], [p], [t]가 오면 발음하기 쉽게 된소리 'ㄲ', 'ㅃ', 'ㄸ'로 발음이 됩니다.

skirt   **sc**an   **squ**are   **sp**eaker   **st**ress

s sound는 성대를 올리지 않고 'sss-' 하고 바람을 내보내면서 표현합니다.

[k], [p], [t]도 바람만 내보내고 성대를 울리지 않는 소리라서 [sk], [sp], [st]는 바람소리 조합이죠. 첫소리로 나오는 경우 말하기도 힘들고 알아듣기엔 더 힘듭니다. 이런 현상을 막기 위해 [s] 다음에 오는 [k], [p], [t]는 된소리 'ㄲ', 'ㅃ', 'ㄸ'로 발음합니다. 첫소리에서 바람이 새어나가도, 바로 뒤에 된소리로 바람을 막아주면 단어 전달력이 좋아집니다. 사전에서는 이 된 발음에 대한 기호를 통일된 형태로 제시하고 있지 않지만, 여기서는 'sㄲ-', 'sㅃ-', 'sㄸ-'를 [sk], [sp], [st]로 표기합니다.

단어훈련 1

[sk] 발음이 들어간 단어를 듣고 따라 말해봅니다.

		☺ 미국식 발음	☹ 잘못된 발음
1	**sk**in	ㅅ끼인[skin]	스킨
2	**sk**ip	ㅅ끼잎[skip]	스킵
3	**sk**i	ㅅ끼이이[ski:]	스키
4	**sc**an	ㅅ깨앤[skæn]	스캔
5	**sc**reen	ㅅㄲ뤼이인[skri:n]	스크린
6	**sc**ript	ㅅㄲ륍트[skript]	스크립트
7	**sc**roll	ㅅㄲ(r)로울[skroul]	스크롤
8	**squ**are	ㅅㄲ우웨어r[skwɛər]	스퀘어
9	**squ**eeze	ㅅㄲ우위이이ㅈ[skwi:z]	스퀴즈
10	**squ**irrel	ㅅㄲ우워어뤌[skwə́:rəl]	스쿼럴

1 피부 **2** 건너뛰다 **3** 스키 **4** 스캔하다, 훑어보다 **5** 스크린, 모니터 **6** 대본 **7** (컴퓨터) 스크롤, 스크롤하다 **8** 광장, 사각형 **9** 짜다, 압착하다 **10** 청설모 (우리가 일반적으로 말하는 줄무늬 '다람쥐'는 chipmunk)

발음 포인트

1~3 철자 sk-에서 k sound는 된소리화되어 [sk]로 발음됩니다.
4~7 sc-로 시작하는 단어에서 -c-도 [k]로 발음되는데 이때 [k]는 된소리화되어 [ㄲk]에 가깝게 발음됩니다. 위에 언급된 단어 외에 다음 단어들도 -c-가 된소리 'ㄲ'로 표현됩니다.
scandal [ㅅ깨앤들 skǽndl]
scrape [ㅅㄲ뤠잎 skreip] 긁다, 문지르다
scream [ㅅㄲ뤼임 skri:m]
8~10 squ-로 시작하는 단어에서 -q-도 [k]로 발음되는데 이때 역시 된소리 [ㄲk]에 가깝게 발음됩니다.

 **단어훈련 2**   [sp] 발음이 들어간 단어를 듣고 따라 말해봅니다.

		☺ 미국식 발음	☹ 잘못된 발음
1	spin	ㅅ삔 [spin]	스핀
2	spec	ㅅ쁙 [spek]	스펙
3	spray	ㅅ쁘뤠이 [sprei]	스프레이
4	speak	ㅅ삐이잌 [spi:k]	스피크
5	spoon	ㅅ뿌운 [spu:n]	스푼
6	special	ㅅ뻬셜 [spéʃəl]	스페셜
7	spring	ㅅ쁘륑 [spriŋ]	스프링
8	spread	ㅅ쁘뤧 [spred]	스프레드
9	spooky	ㅅ뿌우키 [spú:ki]	스푸키
10	spine	ㅅ빠인 [spain]	스파인

1 회전, 돌다   2 사양(specification의 줄임), 추측(speculation의 줄임말)   3 스프레이, 분사하다   4 말하다
5 숟가락   6 특별한   7 봄, 용수철   8 퍼지다, 확산되다   9 유령 같은, 무시무시한   10 척추

 FAQ

apple의 -pp- [p]도 'ㅃ'로 발음된다면서요?
s 뒤에 p가 오는 경우 외에도 p가 된소리 'ㅃ'에 가깝게 발음되는 경우들이 있습니다. 바로 apple[애애쁠 ǽpl], people[피이쁠 pí:pl], open[오우쁜 óupən], happy[해애삐 hǽpi] 같은 경우들이죠. 주로 끝소리가 [pl] 발음이거나, p sound가 모음과 모음 사이에 있는 경우인데, 이 경우 p가 포함된 음절에 강세가 없을 때 된소리 'ㅃ'에 가깝게 발음됩니다.

apple [애애쁠 ǽpl] / people [피이쁠 pí:pl] / chapel [채애쁠 tʃǽpəl] /
temple [템쁠 témpl] / example [익(z)재앰쁠 igzǽmpl] / simple [씨임쁠 símpl] /
open [오우쁜 óupən] / happy [해애삐 hǽpi] / opera [아아쁘라 ápərə] /
rapid [(r)래애삗 rǽpid] / super [쑤우뻐r sú:pər] / upper [(ʌ)어어뻐r ʌ́pər] /
operation [아아쁘뤠이션 àpəréiʃən] / proper [프롸아뻐r prápər]

단어훈련 3

[st] 발음이 들어간 단어를 듣고 따라 말해봅니다.

		😊 미국식 발음	☹️ 잘못된 발음
1	step	ㅅ떼옆[step]	스텝
2	stop	ㅅ따앞[stap]	스톱
3	stay	ㅅ떼이[stei]	스테이
4	start	ㅅ따아rㅌ[staːrt]	스타트
5	stubborn	ㅅ떠버rㄴ[stʌ́bərn]	스터번
6	stuff	ㅅ떠f[stʌf]	스터프
7	steak	ㅅ떼잌[steik]	스테이크
8	steep	ㅅ띠이잎[stiːp]	스티프
9	statue	ㅅ때애츄우[stǽtʃuː]	스테튜
10	steel	ㅅ띠이얼[stiːl]	스틸

1 걸음, 단계 2 멈추다 3 머무름, 머무르다 4 시작하다 5 고집 센 6 것, 물건 7 스테이크 8 가파른
9 조각상 10 강철

TIP

ex- [iks] 뒤에 오는 [k], [p], [t]도 된소리로 발음됩니다.

ex-는 [iks] 또는 [igz]로 발음됩니다(p. 259 참조). 따라서 [iks]로 발음되는 단어의 경우 [iks] 뒤에 오는 [k], [p], [t]도 'ㄲ', 'ㅃ', 'ㄸ'의 된소리에 가깝게 발음되기도 하죠. [s] 뒤에 [k], [p], [t] 발음이 이어지는 거니까요.

excuse [잌ㅅ끼유우ㅈ ikskjúːz] / exquisite [잌ㅅ꾸위짙 ikskwízit]
expert [엑ㅅ뻐어rㅌ ékspəːrt] / express [잌ㅅ쁘뤠ㅆ iksprés]
extend [잌ㅅ뗀ㄷ iksténd]

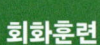 **회화훈련**   [sk], [sp], [st] 발음을 실제 말하기에서 알아듣고 전달하는 연습을 할 차례입니다.

---

1 I can't deal with Stacy; she is so stubborn.
스테이시는 너무 고집이 세서 상대할 수가 없어.

2 I use cooking sprays, instead of cooking oils.
저는 식용유 대신 오일 스프레이를 사용합니다.

3 Can you scan and send me this document by email?
이 문서를 스캔해서 이메일로 보내주실 수 있나요?

4 Scroll down all the way to the bottom of the screen.
화면 하단까지 아래로 죽 스크롤합니다.

5 The standard specs include stainless steel handles.
표준 사양에는 스테인리스 스틸 손잡이가 포함됩니다.

6 The system is so slow, and it's been spinning for over 5 minutes now.
시스템이 너무 느려서 지금 5분 넘게 돌아가고 있어요.

7 I try not to skip breakfast.
저는 아침을 거르지 않으려고 노력해요.

---

1 deal with 상대하다, 다루다 2 cooking spray 오일 스프레이 | cooking oil 식용유
4 scroll down 아래로 스크롤하다 | all the way to A A까지 죽   7 try not to + 동사원형 ~하지 않으려고 노력하다 | skip breakfast 아침을 거르다

 발음 포인트

1 여자이름인 Stacy는 [ㅅ떼이씨] 정도로 발음됩니다.
2 instead의 -t-는 앞의 s sound의 영향을 받아 된소리 'ㄸ'에 가깝게 발음됩니다.
5 standard [ㅅ때앤덜(r)ㄷ sténdərd] / stainless [ㅅ떼인리ㅆ stéinlis]
7 breakfast[브렉(f)퍼ㅅㅌ brékfəst]에서 끝소리 -st[ㅅㅌ]는 [s]와 [t] 모두 각각의 혀의 위치만 제대로 맞춰서 바람만 내보내면 되는 소리입니다. 마지막의 -t sound는 아주 약화되죠. -st로 끝나는 단어에는 fast / just / best / must / past / least / twist / adjust / insist / thrust(밀어붙이다) 등이 있습니다.

다음 문장과 대화를 듣고 따라 하면서 [sk], [sp], [st] 발음을 자연스럽게 익혀보세요.

8   A   Hi, I'm here to check in.   안녕하세요, 체크인을 하러 왔습니다.
      B   Certainly. May I have your full name?   아, 네. 성함이 어떻게 되세요?
      A   Lisa M. Baker.   리사 M 베이커입니다.
      B   Perfect. You're all set. Here's your room key. Enjoy your stay.
          네. 다 됐습니다. 여기 객실 열쇠 받으시고요. 즐거운 숙박 되세요.

9   A   Let me show you how to enroll through the website.
          웹사이트에서 등록하는 방법을 알려드리겠습니다.
      B   Thanks.   감사합니다.
      A   Go to the homepage. Click on the first tab, where it says 'Register.' Then, scroll down and click on the button marked 'HERE.'   홈페이지로 이동합니다. 첫 번째 탭을 클릭하면 '등록'이라고 표시됩니다. 그런 다음 아래로 스크롤해서 '여기'라고 적혀 있는 버튼을 클릭하세요.

10   A   Ms. Skinner has just stepped out of the office.
          스키너 씨는 막 사무실을 나가셨는데요.
      B   Can I leave a message for her, then?   그럼 메시지를 좀 남겨주시겠어요?
      A   Sure.   그럼요.
      B   My name is Stella Moon. Please ask her to email me the specs of the kitchen cabinet.   제 이름은 스텔라 문입니다. 주방 캐비닛 사양을 이메일로 보내 달라고 해주세요.

8 I'm here to + 동사원형 (여기) ~하러 왔다   9 Let me show you how to + 동사원형 (직접 보여주면서) ~하는 방법을 알려드리겠습니다   10 step out of the office 사무실을 나가다

발음 포인트

8   certainly의 -tain-은 콧바람 소리 [은 tn]으로, certain[sə́ːrtn] / uncertain[ənsə́ːrtn] / curtain[kə́ːrtn] / fountain[fáuntən] / mountain[máuntən] / button[bʌ́tən]에서도 볼 수 있는 미국식 발음입니다.

9   register[뤠지ㅅ떨(r) rédʒistər]에서 -t-도 된소리 'ㄸ'에 가깝게 발음됩니다.

10   just와 stepped의 st가 겹치면서 just의 -st는 생략되어 [저ㅅ뗍ㅌ]처럼 들립니다. out of는 연음되면서 out의 -t가 굴리는 소리로 바뀌어 [아우럽(v)]처럼 들립니다. just stepped out of를 빠르게 연결해 말하면 [저ㅅ뗍다우럽(v)]처럼 들리고, 이때 stepped의 -ed[t]와 out의 [a]가 자연스럽게 섞입니다.

 **Practice Test 4** 오디오를 잘 듣고 다음 질문에 답해보세요.

PT 4.mp3

| STEP 1 | 미국인이 말하고 있는 단어는 다음 중 무엇인가요?

1 (a) paved   (b) past   (c) paste

2 (a) ocean   (b) oval   (c) occur

3 (a) quietly   (b) quite   (c) quickly

4 (a) lender   (b) labor   (c) ladder

5 (a) switch   (b) swap   (c) swear

| STEP 2 | 주어진 두 개의 단어 중 미국인이 말하고 있는 단어는 무엇인가요?

1 (skipping / sculpting) meals

2 (plus / plastic) surgeon

3 (nondairy / laundry) protein powder

4 (live-long / lifelong) commitment

5 global (netizens / network)

6 (long-lasting / long-time) friendship

7 pull the plug and (plug it back in / pull it back in)

8 (unique / uniting) features of this model

9 a (rank / lamp)-conscious society

10 (pearl / Paul's) necklace

| STEP 3 | 미국인들의 대화를 잘 듣고 다음에 이어질 대사로 적절한 것을 고르세요.

1. (a) Go to their website and check the special category for part-time workers under the 'We Hire' section.
   (b) They will ask your permission to run a background check.
   (c) Part-time jobs are taken pretty fast.

2. (a) The goofy look on his face and how he says things make me laugh.
   (b) I'm not laughing at you. I'm laughing with you.
   (c) He's not just funny. He is hilarious!

3. (a) His office suite is on the twelfth floor.
   (b) Oh, he's a journalist.
   (c) I already had an interview.

4. (a) That sounds good. Bring it on, my dear.
   (b) Steak and rice for dinner, please.
   (c) T-bone steak and California rolls is the best.

5. (a) Is that Tuesday or Thursday?
   (b) That works for me. I will bring you some recommendations.
   (c) Two weeks is a long time to wait.

→ 정답 p.345

35 | th 발음 1: 혀를 물고 바람을 내보내는 무성음 th [θ]

35.mp3

Is he **thirty** or dirty?

그 사람, 서른이라고? 아니 지저분하다고?

[θ] 발음

혀끝을 윗니와 아랫니 사이에 살짝 물고 바람을 세게 내보내세요.

thirty   **th**ick   bo**th**   grow**th**

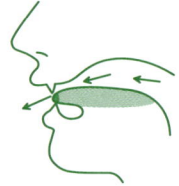   

[θ]는 혀끝을 윗니와 아랫니 사이로 살짝 내밀어 가볍게 물고 바람을 세게 내보내는 소리입니다. 입안에 혀를 두고 바람을 세게 내보내는 우리말 'ㅆ'와는 다르다는 점에 주의하세요. 특히 thirty를 우리말로 '써리', thin을 '씬'으로 말하는 경우가 많은데, th[θ]가 단어의 첫소리로 오는 경우는 사실 'ㅆ'보다는 'ㄸ'에 가까운 소리가 납니다. 즉, 첫소리 th[θ]를 발음할 때는 혀끝을 윗니와 아랫니 사이에 살짝 물고 바람을 세게 내보냄과 동시에 문 혀를 재빨리 입안으로 뺍니다. 그러면 바람 새는 소리 'ㅆ'가 미묘하게 곁들여진 'ㄸ'에 가까운 소리가 납니다.

하지만 month, both, growth처럼 th[θ]가 단어의 끝소리로 오는 경우엔 혀끝을 윗니와 아랫니 사이에 살짝 물고 그저 바람만 세게 내보내세요. 우리말의 'ㅆ'에 가까운 소리로 들리지만 발음법이 다르기 때문에 [θ]와 'ㅆ'는 분명 다른 소리입니다.

단어훈련 1

첫소리 [θ]가 들어간 단어를 듣고 따라 말해봅니다.

		😊 미국식 발음	☹ 잘못된 발음
1	thin	(θ)띠인 [θin]	씬
2	three	(θ)뜨뤼이 [θri:]	쓰리
3	thigh	(θ)따이 [θai]	싸이
4	thumb	(θ)떠엄 [θʌm]	썸
5	theft	(θ)떼(f)ㅍㅌ [θeft]	떼프트
6	thief	(θ)띠이f [θi:f]	띠프
7	throw	(θ)뜨(r)로우 [θrou]	쓰로
8	thrilled	(θ)뜨뤼일ㄷ [θrild]	스릴
9	thousand	(θ)따우전ㄷ [θáuzənd]	싸우전드
10	theory	(θ)띠이어뤼 [θí:əri]	띠어리

1 얇은 2 (숫자) 3 3 허벅지 4 엄지 5 도둑질 6 도둑 7 던지다 8 (짜릿할 정도로) 아주 기쁜, (너무 좋아서) 황홀한 9 (숫자) 1000 10 이론

TIP

thin과 sin은 발음이 달라요!

thin을 우리말로 '씬'이라고 발음하는 경우가 많은데, 그렇게 발음하면 미국인들은 sin(죄)으로 잘못 알아들을 수 있습니다. thin의 첫소리 th-는 [θ]로 발음됩니다. 혀끝을 윗니와 아랫니 사이에 살짝 물고 바람을 내보내며 소리 낸다는 원칙을 꼭 지켜 발음해 주세요. th[θ]의 발음법을 제대로 지키지 않으면 thumb[θʌm]은 sum[sʌm] / dumb[dʌm] / them[ðəm] 등으로 잘못 알아들을 수 있습니다. thigh[θai]도 sigh[sai] / die[dai] 등으로 잘못 알아들을 수 있죠. 중요한 것은 '혀끝을 윗니와 아랫니 사이에 살짝 물고 바람은 내보내'는 것입니다.

 **회화훈련 1**　첫소리 [θ] 발음을 실제 말하기에서 알아듣고 전달하는 연습을 할 차례입니다.

1　When you get older, your hair gets thinner.
나이가 들면 머리카락이 가늘어져/머리숱이 줄어들어.

2　His mother has a green thumb, and she can grow anything.
그의 어머니는 식물 키우는 데 재주가 있어서 무엇이든 잘 키우셔.

3　The Bible says "Don't throw pearls to swine."
성경은 "돼지에게 진주를 던지지 말라"고 합니다.

4　This song has three thousand hits as of Thursday.
이 노래는 목요일 현재 조회수가 3천 회입니다.

5　Let's meet at three thirty on Friday at Samsung Plaza.
금요일 3시 반 삼성플라자에서 만나요.

6　Please don't throw any serious project at me without any notice.
아무 예고도 없이 중요한 프로젝트를 툭 맡기지 마세요.

7　He was thrilled by the invitation to be a guest speaker at the conference.
그는 컨퍼런스의 초청 연사로 초대를 받아 (너무 좋아서) 흥분했어요.

---

1 thinner thin(가느다란, 두께가 얇은, 몸매가 홀쭉한)의 비교급. '시너'라고 하는 희석제의 의미로도 쓰임
2 have a green thumb 원예에 재능이 있다　**3** swine 돼지　**4** as of + **날짜/요일** ~날 부로, ~날 현재 기준으로　**6** throw (던지듯) 툭 맡기다, 할당하다　**7** be thrilled by ~로 인해 기분이 너무 좋아서 들뜨다 | guest speaker 초청 연사

발음 포인트

1 thinner에서는 th[θ] 발음에 주의해야겠죠? 혀를 윗니와 아랫니 사이에 살짝 물고 'ㄸ' 하고 바람을 내보내며 [(θ)띠너r]라고 발음하세요. '씨너' 혹은 '신나'라고 하지 않도록 합니다.
4 three thousand는 첫소리 th[θ] 단어가 연달아 오지만 두 단어 모두 [θ] 발음을 배운 대로 제대로 해주어야 합니다. Thursday(목요일)의 Th-도 [θ]로 발음됩니다.
5 three thirty 역시 첫소리 th[θ] 단어가 연달아 오지만 두 단어 모두 [θ] 발음을 정확히 해주세요. thirty는 '써리'가 아니라 [(θ)떠어r리], -ty의 -t-는 굴리는 [t]로 변형됩니다.

다음 문장과 대화를 듣고 따라 하면서 첫소리 [θ] 발음을 자연스럽게 익혀보세요.

8　A　I like chicken **thighs**.　난 닭다리살을 좋아해.

　　B　To me, they have too much fat. Chicken breasts are the best protein source without any fat on them.
나한텐 닭다리살은 지방이 너무 많아. 닭가슴살은 지방이 없는 최고의 단백질 공급원이지.

　　A　That's true. **Thighs** do have some more fat compared to chicken breast. But they have a chewier texture.
맞아. 닭가슴살에 비해 다리살에는 지방이 더 많긴 하지. 하지만 씹는 식감이 더 쫄깃하잖아.

9　A　My mother has a green **thumb**. She can grow anything green.
우리 어머니는 식물 키우는 데 재주가 있으셔. 초록색인 건 뭐든 잘 키우셔.

　　B　That's great. Now I know why her garden is always flourishing with life. 멋지다. 어머니의 정원에 항상 생기가 넘치는 이유를 이제 알겠네.

　　A　I wish I had a green **thumb**. I've tried but killed so many plants.
나도 식물 키우는 데 재주가 있으면 좋으련만. 시도해봤는데, 식물을 너무 많이 죽였어.

　　B　You can ask her to teach you. Did you ever ask?
어머니에게 가르쳐 달라고 부탁해봐. 부탁해본 적 있어?

10　A　How much is this cream?　이 크림은 얼마예요?

　　B　It is **thirty-five thousand** won. We have a sale going on now.
3만 5천원인데, 지금 세일 중이에요.

　　A　Can you check the sale price?　세일 가격을 확인할 수 있나요?

　　B　Certainly. The sale price comes out as **thirty-three thousand five hundred won**.　물론이죠. 세일 가격이 3만 3천 5백 원으로 나옵니다.

8 compared to ~와 비교해 | chewy (씹는 식감이) 쫄깃쫄깃한　**9** Now I know why ~ 왜 ~인지 이제(야) 알겠다 | flourish [fləˈːrɪʃ] (식물이) 잘 자라다, 무성하다　**10** going on (계속해서) 진행 중인

발음 포인트

8 thighs의 첫소리 th-는 [θ], 끝소리 -s는 [z]로 발음합니다.

9 thumb의 첫소리 th-는 [θ]로 발음합니다. 또 마지막 -b는 묵음이어서 -m으로 소리가 마무리되죠. [m]은 입을 다물고 성대를 울려 코로 내는 소리입니다. 따라서 과장되게 말하면 thumb은 [θʌmmm]처럼 끝소리가 메아리처럼 콧속을 타고 울립니다.

단어훈련 2
끝소리 [θ]가 들어간 단어를 듣고 따라 말해봅니다.

		😊 미국식 발음	☹ 잘못된 발음
1	both	보우θ[bouθ]	보쓰
2	bath	배애θ[bæθ]	배쓰
3	birth	버어r θ[bə:rθ]	버쓰
4	fourth	(f)포어r θ[fɔ:rθ]	폴쓰
5	math	매애θ[mæθ]	매쓰
6	myth	미θ[miθ]	미쓰
7	north	노어r θ[nɔ:rθ]	노쓰
8	south	싸우θ[sauθ]	싸우쓰
9	growth	그(r)로우θ[grouθ]	그로쓰
10	path	패애θ[pæθ]	패쓰

1 양쪽의, 둘 다 **2** 목욕 **3** 출생 **4** 넷째 **5** 수학 **6** 신화, 근거 없는 믿음 **7** 북쪽 **8** 남쪽 **9** 성장 **10** 길

TIP

-th[θ]를 -ss[s]로 발음해서는 안 됩니다!
말 그대로입니다. -th[θ]를 -ss[s]로 발음해서는 안 됩니다! 잘못 발음하면 both를 boss로, math를 mass로, growth를 gross로, path를 pass로 알아들을 수 있습니다. -th[θ]는 우리 귀에 설사 'ㅆ'처럼 들릴지라도 '혀끝을 윗니와 아랫니 사이에 살짝 물고 바람을 세게 내보낸다'는 발음 원칙을 꼭 지켜주세요. 그래야 우리 귀엔 'ㅆ'처럼 들릴지 몰라도 미국인들 귀에는 제대로 [θ]로 들리니까요. 그리고 자꾸 이렇게 발음하는 훈련을 하다 보면 우리 귀에도 자연스럽게 [θ] 소리가 [s]와는 다르게 들리는 때가 옵니다.

회화훈련 2

끝소리 [θ] 발음을 실제 말하기에서 알아듣고 전달하는 연습을 할 차례입니다. 다음 문장과 대화를 듣고 따라 하면서 끝소리 [θ] 발음을 자연스럽게 익혀보세요.

1   There is a saying that health is wealth.
    '건강이 재산이다'라는 말이 있습니다.

2   Math is not my cup of tea.
    수학은 내 취향이 아냐.

3   This road runs north and south.
    이 도로는 북쪽과 남쪽으로 이어집니다.

4   The biggest growth in population in Korea happened between 1945 and 1950.
    한국은 1945년과 1950년 사이에 인구가 제일 많이 증가했어요.

5   The fourth generation of iPhone may come out in 2025.
    4세대 아이폰은 2025년에 출시될 수도 있습니다.

6   Christmas is about the birth of Jesus Christ, but not about Santa Clause.
    크리스마스는 예수 그리스도의 탄생과 관련이 있지 산타 클로스와 관련 있는 게 아닙니다.

7   Korean bath towels are sometimes called 'Italy towels.'
    한국 목욕 타월은 이따금 '이태리 타월'이라고도 부르죠.

2 my cup of tea (숙어표현) 내 취향

발음 포인트

1   health와 wealth의 끝소리 -th는 모두 [θ] 발음입니다.
4   영어에 단모음 [o]는 없다고 했던 거 기억나죠? growth의 -o-도 단모음 [o]가 아니라 이중모음 [ou]로 발음되죠. 우리 귀에 '오'로 들리는 발음은 [오우]로 발음하면 대부분 맞습니다.
5   fourth의 경우, 미국인은 -r- 발음을 분명히 넣어 [(f)포어rθ fɔːrθ]라고 합니다. 하지만 영국인은 -r-을 생략하고 [(f)포어θ]라고 발음하죠. 6번의 birth도 마찬가지로 미국인은 [버어rθ bəːrθ], 영국인은 [버어θ]라고 발음합니다.
7   bath의 a[æ]는 '애애' 정도로 길게 빼주세요. -th는 [θ] 발음입니다. 참고로, bath의 동사형인 bathe(목욕하다)는 발음이 [beið]가 됩니다. -th-가 [ð]로 발음되죠. [ð]는 [θ] 발음에서 성대를 울린다는 게 두드러지게 다른 점입니다.

8 **A** There is a myth that all athletes are stupid. As you know, that is not true.
운동선수는 모두 멍청하다는 근거 없는 통념이 있어. 알다시피 그건 사실이 아니지.

B Oh, I know. I see some sports stars are now billionaires.
그러게 말야. 몇몇 스포츠 스타들은 억만장자가 된 걸로 아는데.

A That myth got busted by people like Michael Jordan, Magic Johnson, and Tiger Woods.
마이클 조던, 매직 존슨, 타이거 우즈 같은 사람들로 인해 그런 통념이 깨졌지.

9 **A** I like this bath towel you have in your bathroom.
네 욕실에 있는 이 목욕 타월 마음에 들어.

B It works great for exfoliating. It's called a 'Korean Italy bath towel.' 각질 제거에 아주 효과적이야. "한국 이태리 목욕 타월"이라고 하지.

10 **A** They used to say health is wealth. But nowadays, wealth is health. 예전에는 건강이 재산이라고 했어요. 하지만 요즘은 부가 곧 건강이에요.

B What does that mean? 그게 무슨 뜻이에요?

A When you have money, you will eat properly, and spend more time and money on your health.
돈이 있으면 제대로 먹고, 건강에 더 많은 시간과 돈을 쓰게 되죠.

B I see. So, that means when you have more money, you will stay healthier. 알겠어요. 그러니까 돈이 많으면 더 건강하게 지낼 수 있다는 뜻이네요.

---

8 billionaire 억만장자 | **get busted by** (어떤 통념 등이) ~에 의해 깨지다 **9** work 효과가 있다 | exfoliating [eksfóulièitiŋ] 각질 제거 **10** **They used to say** ~ 예전에는 ~라고 말했다

발음
포인트

9 Italy는 [이럴리 ítəli]로 발음됩니다. 첫소리 [이]에 강세를 넣어 발음하세요.
10 healthy[hélθi]의 비교급인 healthier의 -th-도 [θ]로 발음합니다.

잠깐만요! [θ]와 [d]/[s]를 구분해서 발음해 보세요.

1	thigh (θ)따이[θai] 허벅지	dye 다이[dai] 염료, 염색하다	sigh 싸이[sai] 한숨, 한숨 쉬다
2	thinner (θ)띠널(r)[θínər] 더 얇은, 더 가느다란, 시너	dinner 디널(r)[dínər] 저녁식사	sinner 씨널(r)[sínər] (도덕, 종교상의) 죄인
3	thorn (θ)또어r ㄴ[θɔːrn] 가시	dawn 도언[dɔːn] 새벽, 동틀 녘	sawn 쏘언[sɔːn] saw(톱질하다)의 과거분사형
4	thrill (θ)뜨뤼일[θril] 전율, 스릴, 가슴 떨리게 하다	drill 쥬뤼일[dril] 드릴, 훈련, (구멍을) 뚫다, 훈련하다	
5	through (θ)뜨루우[θruː] ~을 통과하여	drew 쥬루우[druː] draw(그리다, 끌어당기다)의 과거형	
6	thump (θ)떰ㅍ[θʌmp] 쿵 하는 소리, 쿵 치다	dump 덤ㅍ[dʌmp] 쓰레기 더미, 버리다	
7	thrive (θ)뜨롸이ㅍ[θraiv] 번성하다	drive 쥬롸이ㅍ[draiv] 운전하다	
8	both 보우θ[bouθ] 둘 다	boss 보어ㅆ[bɔːs] 보스, 상사	
9	myth 미θ[miθ] 신화, 근거 없는 믿음	miss 미ㅆ[mis] 그리워하다, 놓치다	
10	path 패애θ[pæθ] 길	pass 패애ㅆ[pæs] 통과하다, 지나가다	

Part 3 발음 th-z

발음 포인트

[θ]는 혀끝을 윗니와 아랫니 사이에 살짝 물고 바람을 세게 내보내는 소리이고, [d]는 혀끝을 입천장 볼록한 부분에 대고 목청 깊숙이에서 성대를 울려 내는 소리입니다. 또, [s]는 혀끝이 입천장과 닿을 듯 말 듯한 위치에서 바람만 내보내는 소리죠. 이 원칙만 잘 지켜 발음하다 보면 어느새 헷갈리지 않고 자연스럽게 구분할 수 있게 됩니다.

1 dye는 die(죽다)와 발음이 똑같지만, 문맥을 통해 쉽게 구분할 수 있습니다.
8 both와 boss는 모음 -o-의 발음도 다릅니다. [ou]와 [ɔː]를 구분해 발음해 주세요.

36 th 발음 2: 윗니와 아랫니 사이의 혀를 빼면서 목청을 울리는 소리 th [ð]

What is the weather like today?

오늘 날씨는 어때요?

[ð] 발음

윗니와 아랫니 사이에 살짝 문 혀를 빼면서 목청을 울려 소리 내세요.

though   bathe   smooth   then and there

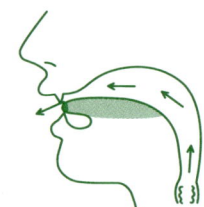
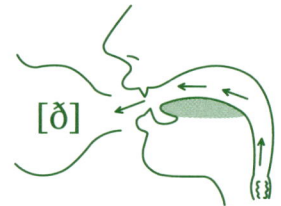

앞서 th[θ] 발음은 혀끝을 윗니와 아랫니 사이로 살짝 내밀어 가볍게 물고 바람을 세게 내보내는 소리라고 했습니다. 특히 첫소리 th[θ]는 이 사이에 문 혀를 재빨리 입안으로 빼는 것까지 해야 완성되는 소리라고 했죠.

th[ð] 발음은 여기에 한 가지, '목청을 울려라!'는 점만 추가하면 됩니다. 즉, th[ð]는 윗니와 아랫니 사이에 살짝 문 혀를 빼면서 목청을 울리는 소리입니다. [ð]가 우리말에 없는 발음이다 보니 가끔 [d]와 혼동하여 발음하는 경우를 볼 수 있는데요. [ð]는 혀끝이 슬쩍 물렸다가 빠져나가면서 나오는 소리로 미국인들 귀에는 [d]와 천지 차이만큼 다르게 들리니까 정확히 발음해 주세요.

단어훈련

th[ð] 발음이 들어간 단어를 듣고 따라 말해봅니다.

		😊 미국식 발음	😣 잘못된 발음
1	though	(ð)도우 [ðou]	(d)도우
2	leather	레(ð)덜(r) [léðər]	레더
3	weather	(우)웨(ð)덜(r) [wéðər]	웨더
4	worthy	(우)워어r(ð)디 [wə́:rði]	월(θ)띠/씨
5	breathe	브뤼이이ð [bri:ð]	브리드
6	teethe	티이이ð [ti:ð]	티쓰
7	sunbathe	썬베이ð [sʌ́nbeið]	선베쓰
8	soothing	쑤우(ð)딩 [sú:ðiŋ]	수딩
9	clothing	클로우(ð)딩 [klóuðiŋ]	클로딩
10	smooth	ㅅ무우ð [smu:ð]	스무쓰

1 ~이지만, 그래도   2 가죽   3 날씨   4 가치가 있는   5 호흡하다, 숨 쉬다   6 (아이나 동물의 새끼가) 이가 나다
7 일광욕을 하다   8 달래는, 진정시키는   9 의류, 옷   10 부드러운, 매끄러운

TIP

명사 breath[breθ]에 -e가 붙으면 동사 breathe[bri:ð]가 돼요!

-th[θ] 발음으로 끝나는 명사 뒤에 -e가 붙으면 동사가 되는 단어들이 있습니다. 이때 명사일 때 [θ]였던 th 발음이 [ð]로 변한다는 점에도 주의해야 하죠.
breath [breθ] 숨, 호흡 – breathe [bri:ð] 숨 쉬다, 호흡하다
bath [bæθ] 목욕 – bathe [beið] 목욕하다
cloth [klɔ:θ] 천, 옷감 – clothe [klouð] (옷을) 입히다 – clothing [klóuðiŋ] 의류, 옷

회화훈련   th[ð] 발음을 실제 말하기에서 알아듣고 전달하는 연습을 할 차례입니다.

---

1 I prefer leather seats to cloth seats in the car.
저는 차에서 천으로 된 시트보다 가죽 시트를 선호합니다.

---

2 You need to go out and do something, like walking, hiking or sunbathing. 걷기든 하이킹이든 일광욕이든, 밖에 나가서 뭔가 하셔야 해요.

---

3 Can we play some soothing music to create a nice and relaxing environment? 편안한 분위기를 만들기 위해 우리, 차분한 음악 좀 틀어도 될까?

---

4 More than half of the underground shopping mall is dedicated to clothing stores. 지하 쇼핑몰의 절반 이상이 의류 전용 매장입니다.

---

5 When you exercise, make sure to breathe. Inhale and exhale.
운동할 때는 반드시 호흡을 하세요. 숨을 들이쉬고 내쉬세요.

---

6 I hope that the management supervisor will find me worthy of promotion. 관리자가 내가 승진할 만한 자격이 있다는 걸 알아주면 좋겠어.

---

7 My puppy is teething, so she's chewing everything she can.
우리 강아지가 이가 나고 있어서 씹을 수 있는 건 다 씹고 있어.

---

1 prefer A to B B보다 A를 선호하다   3 soothing music (사람을) 차분하고 편안하게 만드는 음악 | nice and relaxing (기분이 좋을 정도로) 정말 편안한   5 inhale 숨을 들이쉬다 | exhale 숨을 내쉬다   6 find (몰랐던 걸) 알아내다 | worthy of ~할 자격이 있는, 가치가 있는

발음 포인트

1 leather의 -th-도 the의 th-도 [ð] 발음입니다. 윗니와 아랫니 사이에 혀를 살짝 물었다 빼면서 목청을 울려 소리 내세요.
2 동사 sunbathe의 -th-도, 동명사형인 sunbathing의 -th-도 모두 [ð] 발음입니다.
3 soothing에서는 -th-[ð] 발음뿐 아니라 모음 -oo-를 [uː]로 길게 발음해야 합니다.
4 cloth[klɔːθ] / clothe[klouð] / clothing[klóuðiŋ]의 th 발음을 구분해 보세요. cloth의 -o-는 [ɔː], clothe와 clothing은 [ou]로 발음합니다. clothes(옷, 의복)의 -th-는 [ð]이지만, 보통 [klouðz]보다 쉬운 [klouz]에 가깝게 발음됩니다.
6 worth(가치, 가치가 있는)의 -th가 [θ] 발음이다 보니 worthy도 당연히 그럴 거라고 잘못 생각할 수 있습니다. 주의하세요. worthy의 -th-는 [ð] 발음입니다.

다음 문장과 대화를 듣고 따라 하면서 th[ð] 발음을 자연스럽게 익혀보세요.

8 A What happened to your flip-flops? They're chewed all over.
네 플립플랍 어떻게 된 거야? 다 씹혀버렸네.

B Yes, I know. My puppy did it. She is teething now.
응, 그래. 우리 강아지가 그랬어. 지금 이가 나고 있거든.

A You need to discipline her not to chew everything.
강아지가 뭐든 다 씹지 않도록 훈련시켜야 해.

9 A Have you ever been to the underground shopping center at Samsung subway station?   삼성역 지하상가에 가본 적 있어요?

B No, I haven't. But I've heard about it.
아뇨, 못 가봤어요. 하지만 얘기는 들었어요.

A You should go sometime. There are many fun stores and restaurants.   언제 한번 가보세요. 재미있는 가게와 식당이 많아요.

B I heard that half of the shopping mall is dedicated to clothing stores.   쇼핑몰의 절반이 의류 전용 매장이라고 들었어요.

10 A I'm worried about my brother. He always stays in his room and plays computer games.   남동생이 걱정돼. 항상 방에 틀어박혀 컴퓨터 게임만 해.

B Why don't you encourage him to go out and do something? Walking, hiking, or sunbathing. Something...anything!
남동생에게 밖에 나가서 뭔가 하도록 권유하면 어떨까? 산책이나 하이킹, 일광욕 같은 거. 어떤 것이든… 뭐라도 말야!

A I have. But he just doesn't want to do anything physical.
해봤지. 하지만 걔는 몸을 움직이는 일은 하고 싶어 하지 않아.

8 flip-flops 플립플랍 (엄지발가락과 검지발가락 사이에 끼는 Y자형 가죽끈과 평평한 밑창으로 된 샌들)
10 encourage someone to + 동사원형 ~가 …하도록 독려하다

Part 3
발음
th-z

발음
포인트

8 명사 teeth[tiːθ](tooth[tuːθ]의 복수형)의 -th는 [θ] 발음입니다. teeth에 -e를 붙이면 동사가 되는데, 이때 -th는 [ð] 발음입니다. teethe [tiːð] / teething [tíːðiŋ]
10 brother의 -th-는 [ð] 발음입니다. 같은 가족 계열 명사인 mother, father의 -th-도 마찬가지이죠. something과 anything의 -th-는 [θ] 발음입니다.

잠깐만요!

[ð]와 [d]를 구분해서 발음해 보세요.

1	though (ð)도우[ðou] ~이지만, 그래도		dough 도우[dou] 밀가루 반죽	
2	these (ð)디이ㅈ[ði:z] 이것들, 이 사람들		deeds 디이ㅈ[di:z] 행위들	
3	then (ð)덴[ðen] 그러면, 그때		den 덴[den] 서재, (동물 서식처로서의) 굴	
4	they (ð)데이[ðei] 그들		day 데이[dei] 날	
5	there (ð)데얼(r)[ðέər] 거기(에)		dare 데얼(r)[dεər] 감히 ~하다	
6	those (ð)도우ㅈ[ðouz] 그것들, 그 사람들		dose 도우ㅆ[dous] (처방에 따라 복용할 약의) 양, 정도	
7	this (ð)디ㅆ[ðis] 이것, 이 사람		dis 디ㅆ[dis] 경멸하다	
8	breathe 브뤼이이ð[bri:ð] 호흡하다, 숨 쉬다		breed 브뤼이이드[bri:d] 기르다, 번식시키다	
9	worthy (우)워어r(ð)디[wə́:rði] 가치가 있는		wordy (우)워어r디[wə́:rdi] 말수가 많은, 장황한	
10	leather 레(ð)덜(r)[léðər] 가죽		ladder 래애덜(r)/ 래애럴(r)[lǽdər] 사다리	

발음 포인트

[ð]는 윗니와 아랫니 사이에 혀를 살짝 물었다 빼면서 목청을 울려 내는 소리이고, [d]는 혀끝을 입천장 볼록한 부분에 대고 목청을 울려 내는 소리입니다.

6 those의 -se는 [z]로, dose의 -se는 [s]로 발음된다는 차이도 있습니다. 하지만 단어의 끝소리는 미미하게 발음되어 안 들리는 경우도 많아 헷갈리는 경우들이 있지요.

10 leather와 ladder는 모음이 비슷하게 들릴 수 있지만, 서로 다른 소리입니다. leather의 첫음절은 [e]로 짧게 [레], ladder의 첫음절은 [æ]로 길게 [래애]로 발음하세요.

37 | '우' 또는 '(이)유우'로 발음하는 u[u(:)] / [ju(:)]

That's a nice suit on you.

정장 잘 어울리세요.

[u(:)] / [ju(:)] 발음

[u]는 입술을 살짝만 오므리고 우리말의 '우-'라고 소리 내세요. [ju]는 '유'가 아니라 '이 → 유우'와 같이 모음을 늘였다 합치듯 순차적으로 발음해 주세요.

p**u**t   bl**ue**   s**u**per   **u**nit   r**e**sc**ue**

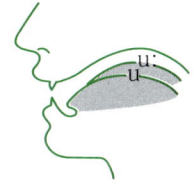

알파벳 u의 발음은 '유'가 아닙니다. 단어 내에서 알파벳 u는 [우-]로 발음됩니다. 입술을 살짝만 오므리고 턱을 살짝 내리면서 우리말의 '우-'라고 소리 내세요. 장모음 [u:]는 이 상태에서 그냥 '우우우' 정도로 길게 소리 낸다고 생각하고 발음하면 혀의 위치는 위 그림과 같이 저절로 바뀝니다. 따라서 super의 제대로 된 영어 발음은 [쑤우우퍼r sú:pər]입니다. '슈퍼'는 콩글리시 발음이죠.

unit에서처럼 알파벳 u가 '유'에 가깝게 발음되는 경우들도 있습니다. 하지만 이 경우의 u는 [ju:]로, 단순히 우리말의 '유'로 발음하면 제대로 된 영어 발음이 아닙니다. 미국인들은 우리처럼 [ju:] 같은 복모음을 한번에 발음하지 못합니다. '이→유우'와 같이 모음을 늘였다 합치듯 순차적으로 발음하죠. 순식간에 아주 자연스럽게 이어 발음하기 때문에 우리 귀에는 '유'처럼 들립니다. 이때 '이'는 소리가 정말 약해서 없는 듯하지만 사실은 있습니다.

 **단어훈련 1**   u[u(:)] 발음이 들어간 단어를 듣고 따라 말해봅니다.

		☺ 미국식 발음	☹ 잘못된 발음
1	full	(f)푸울[ful]	(p)풀
2	pull	(p)푸울[pul]	풀
3	bull	(b)부울[bul]	불
4	push	(p)푸우쉬[puʃ]	푸쉬
5	put	(p)푸웉[put]	풋
6	blue	(b)블루우우[blu:]	블루
7	juice	쥬우우ㅆ[dʒu:s]	주스
8	suit	쑤우우ㅌ[su:t]	수트
9	super	쑤우우퍼r[sú:pər]	슈퍼
10	sue	쑤우우[su:]	쑤

1 가득 찬 **2** 끌다, 잡아당기다 **3** 황소 **4** 밀다 **5** 두다, 넣다 **6** 파란 **7** 주스 **8** 정장
9 초~한, 아주 좋은 **10** 고소하다

 TIP

[u]를 힘주어 발음하면 '우우' 정도로 소리 나죠!
full, pull, bull, push, put은 모음이 하나밖에 없는 1음절 단어입니다. 이런 경우 상대적으로 강세를 비교할 모음만 없다뿐이지, 전체 발음 중 모음이 들어가는 부분에 힘을 주어 발음하게 되는 것이 당연합니다. 따라서 이때의 모음 [u]는 비록 단모음이지만 강세가 들어가다 보니 [우우]와 같이 발음되는 경향이 있습니다. 힘을 주어 [u]라고 소리 내 보세요. 저절로 처음의 강한 '우' 소리가 메아리처럼 이어져 작은 소리 '우'까지 연결됩니다. 그러니 6~10처럼 장모음 [u:]의 경우엔 [우우우] 정도로 길어지는 것이고요. 참고로, fool[fu:l] / pool[pu:l] / food[fu:d] / foot[fut] / good[gud]에서 보듯 -oo-도 [u:] 또는 [u]로 발음됩니다.

단어훈련 2

u [ju(ː)] 발음이 들어간 단어를 듣고 따라 말해봅니다.

		🙂 미국식 발음	🙁 잘못된 발음
1	unit	(이)**유**우우닡 [júːnit]	유닛
2	universe	(이)**유**우우너(v)버어r쓰 [júːnəvə̀ːrs]	유니버스
3	unity	(이)**유**우우너디 [júːnəti]	유니티
4	cure	키**유**우어r [kjuər]	큐어
5	cube	키**유**우우ㅂ [kjuːb]	큐브
6	music	미**유**우우직 [mjúːzik]	뮤직
7	rescue	뤠ㅅ끼**유**우우 [réskjuː]	레스큐
8	formula	(f)포어r미율러 [fɔ́ːrmjulə]	포뮬러
9	produce	프뤄디**유**우우쓰 [prədjúːs]	프로듀스
10	secure	씨키**유**어r [sikjúər]	시큐어

1 단위   2 유니버스   3 단결, 통일(성)   4 치료   5 큐브, 정육면체, (수학) 세제곱   6 음악   7 구조, 구조하다
8 공식, 제조법   9 생산하다 (cf. 명사로 쓰일 경우, 강세가 1음절로 이동해 [prɑ́djus]로 발음되며, '농산물'이란 의미로 주로 쓰임)   10 안전한, 안전하게 하다[지키다]

TIP

미국인들은 tube를 [투우우ㅂ]라고 발음해요!

우리는 tube를 '튜브'라고 말합니다. 영국인들도 [티유우우ㅂ tjuːb]라고 우리와 비슷하게 말합니다. 하지만 미국인들은 [투우우ㅂ tuːb]라고 발음합니다. tune도 마찬가지입니다. 우리는 '튠'이라고 말하고, 영국인들은 [티유우운 tjuːn]이라고 말하지만, 미국인들은 [투우운 tuːn]이라고 발음합니다. 단어의 형태를 보면 [ju(ː)]로 발음할 것 같은데 이처럼 [u(ː)] 발음으로 습관이 굳어진 경우들도 있습니다. 이런 경우가 흔하지는 않습니다.

회화훈련

u[u(:)]/[ju(:)] 발음을 실제 말하기에서 알아듣고 전달하는 연습을 할 차례입니다.

---

1 I'm so full from all this wonderful food that I can't eat any more.
이렇게 맛있는 음식들로 배가 꽉 차서 더는 못 먹겠다.

2 I like all kinds of blue: sky blue, baby blue, navy blue, royal blue.
하늘색, 베이비 블루, 네이비 블루, 로열 블루 등, 파란색 종류는 다 좋아.

3 It's been super hot lately, over 40 degrees all through the week.
최근 일주일 내내 (화씨) 40도가 넘는 무더운 날씨가 계속되고 있어.

4 Marriage builds up a very basic unit of society, which is family.
결혼은 사회의 아주 기본적인 단위인 가족을 구성합니다.

5 Eunice adopted a rescue dog, called Charley.
유니스는 찰리라는 구조견을 입양했어.

6 How much is a can of baby formula?
분유 한 통은 얼마인가요?

7 Trees produce oxygen, and that's why we need more trees.
나무는 산소를 생산하죠. 그래서 우리에게는 더 많은 나무가 필요합니다.

8 I get a flu shot every year because prevention is better than needing a cure. 난 매년 독감 주사를 맞아. 예방이 치료받아야 하는 것보다 나으니까.

---

3 degree (온도계 단위) 도 (영미권에서는 보통 '화씨(Fahrenheit)'를 쓰므로 별 다른 언급이 없는 경우 '화씨'를 가리킴) **5** rescue dog 구조견 **6** baby formula 아기 분유 (미국에서는 아기 유동식을 말할 때 formula라는 표현을 씀) **7** that's why S + V 그래서 ~하다 **8** get a flu shot 독감 예방 주사를 맞다

발음 포인트

4 unit의 u-는 [ju:] 발음이지만, up의 u-는 [ʌ] 발음입니다(이 부분은 바로 다음 과에서 다룹니다). build의 -u-는 -i-에 흡수되어 -ui-가 [i]로 발음됩니다.

5 eu도 복모음 [ju]로 발음됩니다. 따라서 여자이름인 Eunice는 [(이)유우느ㅆ júnəs]로 발음되죠. 이밖에 이에 해당되는 단어는 다음과 같습니다.
Europe [(이)유우뤞 júərəp]
Euphrates [(이)유우f뤠이리이ㅈ juːfréitiːz] 유프라테스 강
Eurailpass [(이)유우뤠이얼패애ㅆ júəreilpæs] 유레일패스 (유럽 철도 전용 할인 패스)

6 much의 -u-는 [ʌ] 발음입니다.   **8** flu[fluː]의 u는 [uː]로 길게 발음합니다.

다음 문장과 대화를 듣고 따라 하면서 u [u(ː)]/[ju(ː)] 발음을 자연스럽게 익혀보세요.

9 A That's a nice suit on you. 정장 잘 어울리세요.

B Thanks. This is the only suit I have. I have an interview today.
고마워요. 유일하게 갖고 있는 정장이에요. 오늘 면접이 있어요.

A Oh really? What kind of job did you apply for?
아, 정말요? 어떤 직종에 지원하셨어요?

B An internship at Korean Air. I'm excited. 대한항공 인턴십이요. 설레요.

10 A Do you know what formula to use to add numbers in Excel?
엑셀에서 숫자를 더하려면 어떤 수식을 써야 하는지 알아요?

B Sure. Start with an equal sign (=). And type SUM. Put it in parentheses and type the column number.
그럼요. 등호(=)로 시작해서 SUM을 입력하세요. 괄호를 치고 그 안에 열 번호를 입력하면 돼요.

11 A I adopted a puppy last weekend from a local rescue shelter.
지난 주말에 지역 동물 보호소에서 강아지를 입양했어.

B Really? Is it a he or she? What's the name of your dog?
정말? 남자애야, 여자애야? 강아지 이름은 뭔데?

A It's a white male Chiwawa. His name is Rufus. Let me show you a picture. 하얀색 수컷 치와와. 이름은 루퍼스고. 사진 보여줄게.

B He is so cute! He has nice markings around his face.
정말 귀엽다! 얼굴 주위에 멋진 무늬가 있네.

---

10 formula 공식, 수식 | parenthesis[pərénθəsis] 괄호 | parentheses[pərénθəsiz] parenthesis의 복수형 | column 열   11 adopt 입양하다 | rescue shelter 동물 보호소 (rescue는 '구조', shelter는 '쉼터, 피난처')

발음 포인트

10 formula[fɔ́ːrmjulə]는 첫 음절 -o-[ɔː]에 강세가 들어가고, 뒤의 모음 -u-는 [ju]로 소리 납니다. use의 u-는 [juː], put의 -u-는 [u]로 발음합니다.

11 남자이름인 Rufus는 [루우우(f)퍼ㅆ rúːfəs]로 발음합니다. 앞의 -u-는 [uː]로 길게 발음하고 뒤의 -u-는 약모음 [ə]로 발음되죠. rescue와 cute의 -u-는 모두 [juː] 발음입니다. '이→유우우'와 같이 모음을 늘였다 합치듯 순차적으로 발음해야 하는데, 마냥 늘어지듯 발음하는 게 아니라 빠르고 부드럽게 발음을 이어주어야 합니다.

38 '어'에 가까운 소리가 나는 u[ʌ]/[ə]

I want to live in luxury.

호화롭게 살고 싶어.

[ʌ]/[ə] 발음

u

[ʌ] 는 '아' 할 때처럼 턱을 아래로 확 내리면서 결정적으로 '어' 하고 소리를 내세요. [ə] 는 힘을 빼고 우리말 '어' 할 때처럼 발음하면 됩니다.

ugly   uncle   plug   urgent   support

단어 안의 알파벳 u는 [ʌ]로 발음되는 경우가 많습니다. 실제로 u가 [ʌ]로 발음되는 단어가 전체의 80% 이상입니다. [ʌ]는 우리말 '어'에 가까운 소리인데, 미국인들은 이 소리를 낼 때 턱을 아래로 확 내리며 '어' 하고 발음합니다. 그래서 때때로 '아'처럼도, '어'도 '아'도 아닌 것처럼 들리기도 하죠. 양쪽 귀 아래 턱뼈가 시작되는 부분에 손가락을 대보면, 턱이 떨어지면서 움푹 들어가는 걸 느낄 수 있습니다.

한편, u는 약모음 [ə]로도 발음됩니다. support[səpɔ́ːrt]처럼 강세가 다른 모음에 있을 때, u는 약화되어 [ə]로 소리 나죠. 하지만 urgent[ə́ːrdʒənt]처럼 강세가 있는 u 다음에 r sound가 오는 경우엔 [ə:]로 길게 소리 내며 힘을 줍니다. 어쨌든 [ə]는 우리말 '어' 정도로 발음하면 되니 특별히 어렵진 않습니다.

단어훈련

u [ʌ] 또는 u [ə(ː)] 발음이 들어간 단어를 듣고 따라 말해봅니다.

		😊 미국식 발음	☹ 잘못된 발음
1	ugly	(ʌ)어글리 [ʌ́gli]	어글리
2	ultrasound	(ʌ)얼츄뤄싸운ㄷ [ʌ́ltrəsàund]	울트라사운드
3	budget	(ʌ)버쥍 [bʌ́dʒit]	버짓
4	plug	플러ㄱ [plʌg]	플러그
5	robust	(r)로우버ㅅㅌ [roubʌ́st]	로부스트
6	luxury	러ㄱ줘뤼 [lʌ́gʒəri]	럭셔리
7	burn	버어rㄴ [bəːrn]	번
8	urgent	어어r젼ㅌ [ə́ːrdʒənt]	얼전트
9	support	써포어rㅌ [səpɔ́ːrt]	서포트
10	status	ㅅ떼이러ㅆ [stéitəs]	스테이터스

1 추한, 못 생긴 **2** 초음파 **3** 예산(안) **4** 플러그, 플러그를 꽂다 **5** 강건한, 튼튼한 **6** 고급의, 사치스러운
7 불타다 **8** 긴급한 **9** 지원하다, 지지하다 **10** 상태

FAQ

우리말 '우'를 u라고 표기하면 안 되나요?
우리말 이름을 영문으로 표기할 때 보통 '우'로 u를 쓰는데, 실제로는 oo로 쓰는 것이 미국인들에게는 '우'로 바로 인식되어 발음됩니다. 그래서 '숙'은 sook으로, '석'은 sug 혹은 suk/seok으로 하는 것이 더 정확한 소리를 표현하는 방법이죠. 단, 주의할 점은 '석'을 suck(엿 같다)으로 쓰지는 않도록 하세요. 왜 그런지는 의미를 보면 짐작이 가죠? 아무튼, 일상생활에서 주로 쓰는 단어 중 u가 '우'로 표현되는 경우는 극히 드뭅니다. 이 책의 발음 훈련(37과)에서 정리한 단어 정도만 익혀도 충분합니다.

회화훈련 u[ʌ] 또는 u[ə(ː)] 발음을 실제 말하기에서 알아듣고 전달하는 연습을 할 차례입니다.

---

1   Pull the plug and let the water drain away.
    플러그를 뽑고 물이 빠져나가도록 하세요.

2   She wants to live in luxury and wine and dine.
    그녀는 호화롭게 살면서 고급 레스토랑에서 맛있는 음식도 먹으며 즐기고 싶어 하죠.

3   They insist on maintaining the status quo.
    그들은 현상 유지를 고집합니다.

4   If you buy that car, we will go over our budget.
    그 차를 사면 우리 예산을 초과할 거야.

5   It's hard to expect the economy to stay robust anymore.
    경제가 더 이상 탄탄하게 유지되기를 기대하기 어렵습니다.

6   I assured him of my continuous support.
    저는 그에게 지속적인 지원을 약속했습니다.

7   You don't want to sit around and listen to those ugly rumors.
    빈둥대고 앉아서 그런 지저분한 소문들을 듣고 있지는 않는 게 좋을 거야.

8   Don't burn your bridges when you leave one job for another.
    이직할 때 사람들과의 관계를 단절하지는 마세요.

---

2 in luxury 호화롭게, 사치스럽게 | wine and dine 고급 레스토랑에 가서 맛있는 음식을 먹으며 여흥을 즐기다
3 status quo (사회 정치적 문제와 관련된) 현상, 현 상황 4 go over one's budget 예산을 초과하다
6 assure someone of ~ 누구에게 ~를 보증하다   7 You don't want to + **동사원형** ~하지 않는 게 좋을 거야,
~해서는 안 될 것 같아 8 burn one's bridges 관계를 끊다 ('돌이킬 수 없는 강을 건너다'는 의미로도 쓰임)

발음 포인트

2 luxury에서 강세가 있는 앞의 -u-는 [ʌ]로 발음하고, 뒤의 -u-는 상대적으로 약화되어 [ə]로 발음합니다.
3 status[ㅅ떼이러ㅆ stéitəs]는 강세가 -a-[ei]에 있어서 뒤의 u는 [ə]로 발음이 약화됩니다. 또한 s- 뒤의 -t-는 된소리화되고, 모음 -a- 뒤의 -t-는 굴리는 소리로 변형됩니다.
5 robust[roubʌ́st]는 두 번째 음절인 -u-에 강세가 있다는 점에 신경 쓰세요.
6 assure [어슈어r əʃúər] / continuous [컨티이니유우어ㅆ kəntínjuəs] / support [써포어rㅌ səpɔ́ːrt]
7 around [어롸운ㄷ əráund] / ugly [(ʌ)어글리 ʌ́gli] / rumors [(r)루우우멀ㅈ rúːmərz]

다음 문장과 대화를 듣고 따라 하면서 u[ʌ] 또는 u[ə(:)] 발음을 자연스럽게 익혀보세요.

9
A Did you see Justin? 저스틴 봤어요?
B He just stepped out. Do you need anything? Maybe I can help. 방금 나갔어요. 뭐 필요한 거 있어요? 제가 도와드릴게요.
A Ok. I'm good for right now. I will catch him later. Thanks.
네, 지금은 괜찮아요. 나중에 그와 얘기할게요. 고마워요.

10
A Why did you make a sharp turn like that? 왜 그렇게 급회전을 했어?
B I just don't like to drive behind a big truck. 그냥 큰 트럭 뒤에서 운전하기 싫어서.
A Oh, I see. 아, 그렇구나.

11
A Hi. I'd like to check the status of my IT ticket. I submitted it last Thursday.
안녕하세요. 제 IT 티켓의 상태를 확인하고 싶습니다. 지난 목요일에 제출했습니다.
B Certainly. Do you have a ticket number handy?
물론이죠. 티켓 번호가 있으신가요?
A Yes. It's 78901. 네. 78901입니다.
B Just a moment. It's processing now. Someone from the technical support team will reach out to you shortly.
잠시만요. 지금 처리 중입니다. 기술 지원팀에서 곧 연락을 드릴 겁니다.

9 catch someone later 나중에 ~와 만나서 이야기하다   10 make a turn 돌다, 회전하다   11 handy 곁에

발음 포인트

9 남자이름인 Justin의 -u-와 부사 just의 -u-는 둘 다 [ʌ] 발음입니다.
11 submit [썹미잍 səbmít] / Thursday [(θ)떠어rㅈ데이 θə́ːrzdei] /
number [넘버r nʌ́mbər]
한편, support처럼 sup-로 시작하는 단어 중에는 -u-가 [ʌ](강세가 있는 경우)나 [ə](강세가 없는 경우)로 발음되는 단어들도 있고, [u(ː)]로 발음되는 단어들도 있습니다.
support [səpɔ́ːrt] / supply [səplái] / suppose [səpóuz]
supper [sʌ́pər]
super [súːpər] / superficial [sùːpərfíʃəl] / superb [supə́ːrb]

39 [f] 발음에서 성대를 울리면 [v]

Berries are very good for you!

베리류는 몸에 참 좋아!

[v] 발음

윗니로 아랫입술을 살짝 깨물고 성대를 울리며 '후욱' 하고 입안 공기를 내뿜어 보세요.

very valley vibe curve move

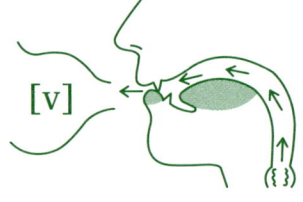

[f]처럼 [v]도 윗니로 아랫입술을 살짝 깨물고 바람을 내보내는 소리입니다. 단, [v]의 경우에는 바람을 내보낼 때 성대도 함께 울려 소리 내야 한다는 차이가 있죠. 손가락을 목청에 대고 성대가 진동하는 것을 느껴보세요. 그 진동이 아랫입술까지 전달되어 아랫입술에 떨림이 살짝 느껴질 정도로 입안의 공기를 세게 뿜어내야 v sound가 제대로 발음됩니다. 특히 v sound가 단어 끝에 올 때 '브'라고 모음 '으'를 넣지 않도록 주의하세요. 그저 입술 모양을 바르게 하고 성대를 울려 입안 공기만 내뿜으면 자연스럽게 자음 v sound가 나옵니다.

단어훈련

[v] 발음이 들어간 단어를 듣고 따라 말해봅니다.

		😊 미국식 발음	😞 잘못된 발음
1	**v**ery	(v)베에뤼[véri]	베리
2	**v**ibe	(v)바이브[váib]	바이브
3	**v**alet	(v)배앨레에이[væléi]	발레
4	**v**inyl	(v)바이늘[váinl]	비닐
5	**v**irus	(v)바이(어)뤄ㅆ[váiərəs]	바이러스
6	**v**isual	(v)비쥬얼[víʒuəl]	비주얼
7	**v**endor	(v)벤더r[véndər]	벤더
8	**v**alue	(v)배앨리유우우[vǽljuː]	밸류
9	**v**al**v**e	(v)배앨(v)ㅂ[vælv]	밸브
10	wa**v**e	(우)웨이(v)ㅂ[weiv]	웨이브

1 매우, 참   2 분위기, 기운, 느낌   3 (호텔, 레스토랑의) 발레 파킹 담당직원   4 비닐, LP음반   5 바이러스
6 시각의   7 판매자, 노점(상)   8 가치   9 밸브   10 파도, 물결

TIP

berry(열매 베리류)와 very(매우, 참)는 철자도 의미도 다르지만 발음도 달라요!
berry의 첫 음은 [b]이고, very의 첫 음은 [v]입니다. 우리말에는 v sound가 없어서 우리말 'ㅂ'과 흡사한 b sound로 대체해서 발음해 버리기 쉽습니다. 하지만 v와 b는 전혀 다른 소리입니다. [v]는 윗니로 아랫입술을 살짝 깨문다는 느낌으로 윗니를 아랫입술의 경계선에 얹고 성대를 울려 바람을 내뿜는 소리라면, [b]는 입을 다문 채 윗입술과 아랫입술을 살짝 말아넣었다가 성대를 울려 공기를 내보내는 소리입니다.

회화훈련   [v] 발음을 실제 말하기에서 알아듣고 전달하는 연습을 할 차례입니다.

1   He just gave off a bad **vibe** from how he presented himself.
    그가 자신을 소개하는 모습을 보니까 분위기가 별로더라고요.

2   Find a **vendor** who offers a better price for the copier.
    더 좋은 가격을 제시하는 복사기 판매자를 찾으세요.

3   I'm a **visual** learner. I learn quicker when you show me how.
    저는 시각적 학습자입니다. 방법을 보여주면 더 빨리 배웁니다.

4   **Vinyl** is a type of plastic, but it is softer and more flexible than plastic.
    비닐은 플라스틱의 일종이지만, 더 부드럽고 유연합니다.

5   Is **valet** parking available at the resort?
    리조트에서 발렛파킹이 가능한가요?

6   I **have** some symptoms of a **virus** infection.
    바이러스 감염으로 인한 몇 가지 증상이 있습니다.

7   What is the **value** of your house now?
    지금 당신 집의 가치가 얼마인가요?

1 give off a bad vibe 나쁜 분위기를 풍기다, 느낌이 나쁘다 (*cf.* good vibe 좋은 분위기/느낌 | laid-back vibe 느긋한 분위기/느낌 | unique vibe 독특한 분위기/느낌)   **6** symptom 증상

발음
포인트

1   vibe의 첫소리 [v]와 끝소리 [b]를 구분해 발음해 주세요. 끝소리 [b]에는 모음 '으'를 붙이지 않도록 주의합니다.

2   vendor의 첫소리 [v]를 자칫 [b]로 잘못 발음해 bender(즐거운 술자리)라고 말하면 의미가 엉뚱하게 바뀌어 버립니다.

4   우리가 '비닐'이라고 부르는 vinyl의 실제 발음은 [(v)바이늘 váinl]입니다. 주의하세요.

5   resort는 [뤼조어ㅌ rizɔ́ːrt]로 발음합니다. 끝소리 [t]는 받침소리로 거의 들리지 않죠.

6   have의 끝소리 [v]에 모음 '으'를 붙이지 않도록 주의하세요. 윗니로 아랫입술을 살짝 깨물고 성대를 울려 바람만 내뿜으면 됩니다. have처럼 끝소리가 [v]로 끝나는 동사에는 give, love, serve 등이 있죠.

다음 문장과 대화를 듣고 따라 하면서 [v] 발음을 자연스럽게 익혀보세요.

8 A I heard good things about you from your supervisor.
상사로부터 당신에 대해 좋은 얘기를 들었습니다.

B Oh, really? He didn't say anything about how I'm doing.
아, 그래요? 제가 어떻게 잘하고 있는지 아무 말씀도 없으셨는데.

A I'm very pleased to know that you're doing your job well.
업무를 잘하고 계신다니 매우 기쁩니다.

B Glad to hear that. 다행입니다.

9 A Berries are very good for you. 베리류는 몸에 참 좋아.

B I like strawberries and blueberries. 난 딸기와 블루베리를 좋아해.

A You should try different kinds of berries. They're good for you. 다양한 종류의 베리를 먹어봐. 몸에 좋아.

B Berries are very expensive, but I guess I can try them in small amounts. 베리류는 아주 비싸긴 하지만 소량으로 한번 먹어볼 수 있을 것 같긴 해.

10 A So, how was your meeting with Victor? 빅터와 미팅은 어땠어요?

B It was okay. 괜찮았어요.

A What do you mean? 무슨 뜻이죠?

B He said all the right things, but somehow I got bad vibes from him. 그 사람은 맞는 말만 했어요. 그런데 왠지 느낌이 영 아닌 거 있죠.

8 supervisor 직속상사 9 be good for someone ~에게 좋다 (여기서는 '몸에 좋다'는 의미로 한 말)
10 somehow 어쩐지, 왠지 | get bad vibes from someone ~한테서 풍기는 분위기가 영 아니다 (bad vibes는 단수형인 a bad vibe보다 어감이 더 강함)

발음
포인트

8 supervisor는 강세모음 -u-[u:]와 [v] 발음에 신경 써 [쑤우우퍼r(v)바이저r sú:pərvàizər]라고 발음합니다.

9 berries의 [b]와 very의 [v]를 확실히 구분해 발음해야 합니다. <very + 형용사> 형태의 경우, 보통 형용사보다 그 형용사를 꾸며주는 very를 더 강조해 말합니다. 또한 expensive의 끝소리 [v]에는 모음 '으'를 넣지 않도록 주의하세요.

10 bad vibes에서는 물론 [b]와 [v] 발음을 구분해 발음해야겠죠? bad는 [배애ㄷ bæd]로, 끝소리 [d]는 받침소리로 거의 들리지 않습니다.

잠깐만요!

[b]와 [v]를 구분해서 발음해 보세요.

1	**ban** 배앤[bæn] 금지하다	**van (v)**배앤[væn] 밴		
2	**base** 베이쓰[beis] 기초, 토대	**vase (v)**베이쓰[veis] 꽃병		
3	**bail** 베이얼[beil] 보석(금), (피고를) 보석하다	**veil (v)**베이얼[veil] 베일, 감추다, 덮다		
4	**bender** 벤더r[béndər] 즐거운 술자리	**vendor (v)**벤더r[véndər] 판매자, 노점(상)		
5	**bet** 베엩[bet] 내기, 내기하다	**vet (v)**베엩[vet] 수의사		
6	**bow** 바우[bau] 활	**vow (v)**바우[vau] 맹세, 서약		
7	**bolt** 보울ㅌ[boult] 볼트, 나사못	**volt (v)**보울ㅌ[voult] (전압의 단위) 볼트		
8	**berry** 베에뤼[béri] (열매) 베리류	**bury** 베에뤼[béri] 파묻다	**very (v)**베에뤼[véri] 매우, 참	
9	**carb** 카아r ㅂ[ka:rb] 탄수화물	**carve** 카아r(v)ㅂ[ka:rv] 조각하다		
10	**curb** 커어r ㅂ[kə:rb] 억제하다	**curve** 커어r(v)ㅂ[kə:rv] 커브, 굽히다		

발음 포인트

1~8 첫소리 [b]와 [v]를 구분하는 연습입니다. [v] 발음이야 우리말에는 없는 발음으로 발음법이 워낙 독특해서 그 발음법만 잘 따라서 발음하면 문제없습니다. [b] 발음은 우리말 'ㅂ'과 비슷하긴 하지만 그렇다고 똑같지는 않습니다. 우리는 그냥 살짝 입만 다물었다 열면서 바람을 빼면 'ㅂ' 소리가 나지만, 영어의 [b]는 윗입술과 아랫입술을 살짝 말아 넣었다 성대를 울리며 바람을 내보내야 합니다. 우리말 'ㅂ'보다 버터 냄새가 나는 소리입니다.

9~10 끝소리 [b]와 [v]를 구분하는 연습입니다. 이때는 [b]와 [v]의 발음법도 구분해야 하지만 끝에 모음 '으'를 붙이지 않도록 특히 주의해야 합니다.

40 | 복모음을 만드는 w(h) [w]

Wait well and you will be rewarded.

잘 참고 기다리면 보상이 따를 거예요.

[w] 발음

바로 뒤의 모음과 결합해 복모음을 만드는 발음입니다. 입술을 쭈욱 내밀고 '우' 한 다음 바로 뒤의 모음으로 부드럽게 이어주세요. '우 → 위', '우 → 웨'처럼 모음을 늘였다 합치듯 순차적으로요.

wait   wall   wolf   white   whale

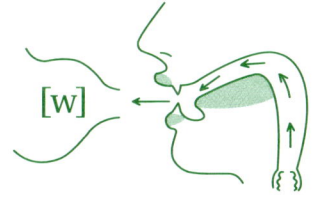
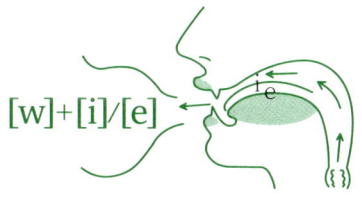

w는 모음이라도 독자적으로 음가를 갖지 못합니다. 그래서 wa-, we-, wi- 등, w 다음에는 다른 모음들이 늘 따라다니죠. 그래서 w는 반모음이라고 합니다. w를 보면 일단 입술을 앞으로 쭉 내밀어 '우' 하는 입 모양을 만드세요. 그리고 뒤에 나오는 모음과 부드럽게 연결해 발음해주면 됩니다. 미국인들은 복모음을 한 번에 발음하지 않고 '우 → 위 / 우 → 워 / 우 → 웨'처럼 순차적으로 발음한다는 것 잊지 마시고요. 이때 처음의 '우'는 소리가 아주 약하기 때문에 마치 없는 것처럼 들릴 수도 있지만 꼭 해줘야 하는 발음입니다. 이 '우'를 빼고 발음해보면 뭐가 다른지 확실히 그 차이를 느낄 수 있습니다.

단어훈련 1

첫소리 w [w] 발음이 들어간 단어를 듣고 따라 말해봅니다.

		☺ 미국식 발음	☹ 잘못된 발음
1	wake	(우)웨잌[weik]	웨이크
2	wear	(우)웨어r[wεər]	웨어
3	wish	(우)위이ʃ [wiʃ]	위시
4	wood	(우)욷/(우)웓[wud]	우드
5	warm	(우)오워어r옴[wɔːrm]	웜
6	women	(우)위민[wímin]	위민
7	wipe	(우)와잎[waip]	와이프
8	wash	(우)와아ʃ [waʃ]	와시
9	wine	(우)와아인[wain]	와인
10	wonder	(우)원더r[wʌ́ndər]	원더

1 깨우다 **2** 입다 **3** 바라다, 소원하다 **4** 나무, 목재 **5** 따뜻한, 따뜻하게 하다 **6** 여자들 (woman의 복수형) **7** 닦다 **8** 씻다, 씻기 **9** 와인 **10** 궁금하다

발음 포인트

2 wear는 where와 발음이 같지만 쓰임 자체가 다르기 때문에 대화 속에서 헷갈릴 일이 없습니다. wear는 동사로 쓰이고, where는 의문사나 관계부사로 쓰이니까 문맥 속에서 충분히 쉽게 구분할 수 있죠.

3, 8 wish와 wash에서는 -sh[ʃ] 발음에도 주의해 주세요. 입술을 앞으로 쭉 내밀고 그냥 바람만 내보냅니다. 여기에 있지도 않은 모음 '이'를 붙여 발음하지 않도록 합니다.

4 wood는 조동사 would와 발음이 같습니다. 하지만 조동사는 문장 속에서 특별한 경우가 아닌 한 약하게 발음되거나 아예 줄여서 'd[ㄷ] 정도로만 발음하죠. 의미도 다르고 쓰임 자체도 다르기 때문에 역시 문맥 속에서 듣고 헷갈릴 일은 없습니다.

7 wipe는 -p- 발음에도 주의해 주세요. 자칫 [f]로 발음하면 wife가 됩니다.

회화훈련 1

첫소리 w [w] 발음을 실제 말하기에서 알아듣고 전달하는 연습을 할 차례입니다. 다음 문장과 대화를 듣고 따라 하면서 w [w] 발음을 자연스럽게 익혀보세요.

1. When she smiled at me, it warmed my heart.
   그 애가 나를 보고 미소 지으면 마음이 따뜻해졌어.

2. I wish you would have called me to ask first.
   저한테 먼저 전화해서 물어보셨으면 좋았을 텐데요.

3. It's not made of real wood.
   진짜 나무로 만든 게 아냐.

4. They spent so much money to wine and dine the clients.
   그들은 그 고객들을 접대하는 데 돈을 너무 많이 썼습니다.

5. Casual wear, like jeans and a T-shirt, is acceptable on Fridays at work. 금요일에는 회사에서 청바지와 티셔츠 같은 캐주얼 복장이 허용돼요.

6. I need to stop to get some gas and go through the car wash.
   주유도 하고 세차도 하게 잠시 멈춰야겠다.

7. Women are taking over many jobs that were traditionally held by men. 전통적으로 남성의 몫이었던 많은 직업을 여성이 대신하고 있습니다.

8. I wonder if they can make it or not in this competition.
   이번 대회에서 그들이 해낼 수 있을지 없을지 궁금합니다.

> 2 I wish you would have p.p. (상대에게) ~했더라면 좋았을 텐데 (안 해서 아쉽다)
> 4 wine and dine (식사와 술 등으로) 잘 대접하다   5 on Fridays (특정 금요일만이 아니라) 매주 금요일마다 |
> at work 직장에서   7 take over 대신하여 맡다   8 make it 해내다, 성공하다

발음 포인트

1. warm[(우)오워어r옴 wɔːrm]은 우리말로 최선을 다해 표기하긴 했지만 사실상 원어민의 발음을 따라 하기가 상당히 어려운 발음입니다. 오디오를 들으며 반복해 따라 하는 연습을 해보세요.

2, 3 would와 wood는 발음이 같다고 했죠? 두 예문을 들으며 발음 연습도 하고 문맥 속에서 충분히 구분이 되는지도 확인해 보세요.

4. wine을 우리는 그냥 편하게 '와인'이라고 하지만 입술을 쭉 내밀며 '우' 한 다음 '와아인'이라고 이어줘야 제대로 된 영어 발음이 나옵니다. [(우)와아인].

5. work는 '워크'가 [(우)워어r ㅋ wəːrk]로 발음합니다. [w]는 물론 [r] 발음도 신경 써서 발음해 주세요.

9 A On Fridays, you can come to work in casual wear.
금요일에는 평상복 차림으로 출근해도 됩니다.

B That's nice. 좋네요.

A But certain things are not allowed. Such as leggings, jeans with holes in them, flip-flops and sleeveless shirts.
하지만 특정 복장은 허용되지 않습니다. 레깅스, 찢어진 청바지, 플립플랍, 민소매 셔츠 같은 거요.

10 A Women like to go out and wine and dine.
여자들은 밖에 나가 근사한 레스토랑에서 근사한 식사를 하는 걸 좋아하지.

B But men like to eat and chill at home, watching TV.
하지만 남자들은 집에서 밥 먹고 TV 보면서 쉬는 걸 좋아해.

A That's why we need to consider each other's needs.
그렇기 때문에 우린 서로의 요구를 배려해야 하지.

B I agree. Sometimes, you need to do things that you don't necessarily like. That's wisdom!
맞는 말이야. 가끔은 꼭 좋아하지 않는 일도 해봐. 그게 현명한 거지!

11 A My girls don't know how to wait very well. I should teach them. 제 딸들은 잘 기다리는 법을 모릅니다. 좀 가르쳐야겠어요.

B That's good parenting. We have to wait a lot in so many ways in life. 좋은 육아네요. 우리는 살면서 여러 가지 면에서 많이 기다려야 하잖아요.

A True. There's a reward when you wait patiently and keep a good attitude. 맞아요. 인내심을 갖고 좋은 태도를 유지하면 보상이 있죠.

---

10 wine and dine 근사한 식당에서 근사한 식사를 하다 (특히 특별한 날이나 데이트 때 고급 레스토랑에 가서 분위기 있고 근사한 저녁식사를 한다고 할 때 자주 쓰임) | chill (몸과 맘의 긴장을 풀고) 편안하게 쉬다

발음
포인트

9 with는 기능어여서 문장 속에서 상대적으로 약하게 말하긴 하지만 그렇더라도 w-[w]와 -th[ð]의 발음법은 제대로 지켜주세요. leggings는 첫 음절 -e-에 강세를 넣어 [레깅ㅆ légiŋs]라고 발음하며, holes의 -o-는 [ou] 발음입니다.

10 watch [(우)와아츄 watʃ] / watching [(우)와아칭 watʃiŋ] / we [(우)위이 wi(:)] / wisdom [(우)위ㅈ덤 wízdəm]

11 wait는 [(우)웨잍 weit]으로 발음됩니다. wait a lot은 연음되어 [(우)웨이러라앝]으로 발음되죠. 연음되면서 wait의 -t가 굴리는 소리로 변형됩니다.

단어훈련 2

첫소리 wh [w] 발음이 들어간 단어를 듣고 따라 말해봅니다.

		☺ 미국식 발음	☹ 잘못된 발음
1	**wh**ich	(우)위잍츄[witʃ]	위치
2	**wh**istle	(우)위이쓸[wisl]	휘슬
3	**wh**en	(우)웨엔[wen]	웬
4	**wh**ere	(우)웨어r[wɛər]	웨얼
5	**wh**ale	(우)웨이얼[weil]	웨일
6	**wh**at	(우)와앝[wat]	왓
7	**wh**y	(우)와아이[wai]	화이
8	**wh**ile	(우)와이얼[wail]	와일
9	**wh**ine	(우)와아인[wain]	화인
10	**wh**ite	(우)와잍[wait]	화이트

1 어느 2 휘파람을 불다 3 언제 4 어디서 5 고래 6 무엇 7 왜 8 ~하면서 9 우는 소리를 하다, 징징거리다 10 흰, 흰색

발음 포인트

white의 발음은 '화이트'가 아니라 [(우)와잍]입니다. wh-로 시작하는 단어는 h[h] 발음을 보통 하지 않으니, 없는 셈 치고 발음하면 오히려 쉽습니다. 단, w 발음은 제대로 해야 합니다. 입술을 쭈욱 내밀고 '우' 하고 발음한 다음, h 발음은 건너뛰고 바로 다음 모음으로 진행한다는 얘기이죠. 그래서 white를 발음할 때는, 마치 h가 없는 wite인 것처럼 [(우)와잍]이라고 발음합니다. what과 which도 '왓', '위치'가 아니라 [(우)와앝], [(우)위잍츄]라고 발음합니다. 동부나 남부 출신 미국인의 경우 h sound를 아주 약하게 표현하기도 합니다만, 그렇게 확실하게 발음하지는 않습니다. 즉, wh-는 그냥 묶어서 [w] 발음이라고 생각하고 발음을 익히면 되겠습니다.

회화훈련 2

첫소리 wh [w] 발음을 실제 말하기에서 알아듣고 전달하는 연습을 할 차례입니다.

1 I just got an email from him while we were talking about it.
우리가 이야기 나누는 사이 방금 그 사람으로부터 이메일을 받았어요.

2 She came to me to whine about what you said about her.
그 여자애가 와서 네가 걔에 대해 말한 걸로 내게 징징댔어.

3 Tell me why you don't want to go with me.
왜 나와 함께 가고 싶지 않은지 말해줘.

4 Where do you want to go out for dinner on Saturday night?
토요일 밤에 저녁 먹으러 어디 가고 싶어요?

5 You don't want to show up in white at somebody's wedding.
남의 결혼식에 흰색 옷을 입고 나타나지는 않는 게 좋을 거야.

6 I see you don't agree with me, which is understandable.
제 의견에 동의하지 않으시는 것 같네요, 이해할 수 있습니다.

7 You will reap what you sow.
뿌린 대로 거둘 거야.

5 You don't want to + 동사원형 ~하지 않는 게 좋을 거야, ~해서는 안 될 것 같아 | show up (약속한 자리에) 나타나다 **7** reap (작물, 결과물 등을) 거두다 | sow (씨를) 뿌리다

발음
포인트

2 whine의 wh-가 [w]로 발음되어 wine과 발음이 동일합니다. 하지만 wine은 '와인'을 뜻하는 명사이고, whine은 '우는 소리를 하다, 징징거리다'라는 의미의 동사로, 의미도 쓰임새도 다르기 때문에 문맥 속에서 쉽게 가려낼 수 있습니다.

3 why[waɪ]는 단순히 '와이'가 아니라 [(우)와아이]라고 발음합니다. [w]의 발음도 제대로 해 줘야 하지만, 모음 [a]도 생각보다 조금 길게 발음되죠. 특히 이 문장처럼 why를 강조해 말해야 하는 경우엔 [(우)와아아이] 정도로 모음을 더 길게 늘여 발음합니다.

6 which는 '마녀'를 뜻하는 witch와 발음이 같습니다. 하지만 의미도 쓰임새도 다르므로 문맥 속에서 쉽게 가려낼 수 있습니다.

7 reap은 [뤼이잎 riːp]으로 발음합니다. [r] 발음과 장모음 [iː] 발음에 신경 쓰세요. 자칫 잘못 발음하면 rib[rib] / leap[liːp] / lip[lip]으로 잘못 알아들을 수 있습니다.

다음 문장과 대화를 듣고 따라 하면서 첫소리 wh [w] 발음을 자연스럽게 익혀보세요.

8 A I'm going to go grocery shopping. Can you go with me?
장 보러 갈 건데. 같이 갈래?

B No. I will pass this time. 아니. 이번엔 패스할게.

A Can you tell me why you don't want to go? I need your help.
왜 가기 싫은지 말해줄 수 있어? 당신 도움이 필요한데.

B I have some reports to finish. Sorry. 마무리해야 할 보고서가 있어. 미안해.

9 A I don't want Whitney to be a team leader. 휘트니가 팀장이 되는 건 싫어요.

B Why do you think she's not a good candidate?
왜 그 여자가 좋은 후보가 아니라고 생각해요?

A She just goes whichever way the wind blows. She's not strong enough. 그 여자는 그냥 바람 부는 대로 휩쓸려 가잖아요. 강단이 부족해요.

B I can see that. 그럴 수도 있겠네요.

10 A I heard the company's funds are going straight to Mr. Wheeler's personal account.
회사 자금이 휠러 씨의 개인 계좌로 바로 들어간다는 얘기를 들었어요.

B I know. They found out from a whistleblower.
알아요. 내부 고발자를 통해 알게 되었대요.

A Interesting. I think I know who the whistleblower might be.
흥미롭군요. 내부고발자가 누구일지 알 것 같아요.

B Whoever it is, the company should protect their identity.
그게 누구든지 간에, 회사는 그들의 신원을 보호해야 해요.

8 go grocery shopping 장 보러 가다 | **10** account (은행) 계좌 | find out (어떤 정보나 사실을) 알아내다, 알게 되다 | whistleblower 내부 고발자 | identity 신상, 신원

발음 포인트

9 여자이름 Whitney를 우리는 보통 '휘트니'라고 말하지만 실제 영어 발음은 [(우)윝트니 wítni]입니다. Wh-는 [w]로, -t-는 콧소리 [t]로 발음되죠.

10 Mr. Wheeler에서 Wheeler의 Wh-도 [w]로 발음합니다. 따라서 Wheeler는 [(우)위이일러 wíːlər]라고 발음합니다.
whistleblower는 [(우)위쓸블로우어r wíslblòuər]라고 발음합니다.

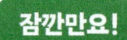 발음이 거의 동일한 단어를 잘 듣고 문맥 속에서 구분해 보세요.

1 My little daughter will whine about her chocolate ice cream if I don't bring some home.
집에 초콜릿 아이스크림 안 가져가면 어린 딸이 징징댈 거야.

She just listened to me, looking down while swirling her wine glass.
그녀는 눈을 내리깔고 와인 잔을 돌리며 그저 내 말을 듣고만 있었어.

2 I wouldn't wear shorts and a T-shirt when I need to meet the boss for the first time.
사장님을 처음 만나야 하는 자리라면 반바지에 티셔츠는 안 입을 거야.

We haven't decided where we go for dinner this Friday night.
이번 금요일 밤에 저녁식사 하러 어디로 갈지 아직 못 정했습니다.

3 Professor McGonagall is a witch in *Harry Potter*, very skilled in magic and spell-casting.
맥고나걸 교수는 《해리 포터》에 나오는 마녀로, 마법과 주문을 거는 데 매우 능숙합니다.

Which is more important to you, your family or career?
가족과 커리어 중 어느 것이 더 중요한가요?

4 The weather is nice, so we can go outside for a walk.
날씨가 좋으니까, 우리 밖에 나가서 산책하자.

Whether you like it or not, you should deal with it.
원하든 원하지 않든 이 문제를 해결하세요.

5 Go to the bathroom and wipe it off now! You've got a lot of mess on your face.
욕실에 가서 당장 닦아! 얼굴이 엉망진창이야.

I'll have to talk to my wife and let you know when I can do that.
아내와 얘기해봐야 할 것 같아요. 그리고 언제 할 수 있는지 알려 드릴게요.

It is sickeningly sweet, like white icing on a cake.
케이크 위에 하얀 당의를 입힌 것처럼 너무 달아서 토할 거 같아.

1 swirl 빙글빙글 돌리다 2 for the first time 처음으로 | go for dinner 저녁식사 하러 가다
3 spell-casting 주문 걸기 4 whether A or not A이든 아니든 5 sickeningly 토할 정도로

Excellent! That's exactly what I wanted.

아주 좋아요! 딱 내가 원했던 거예요.

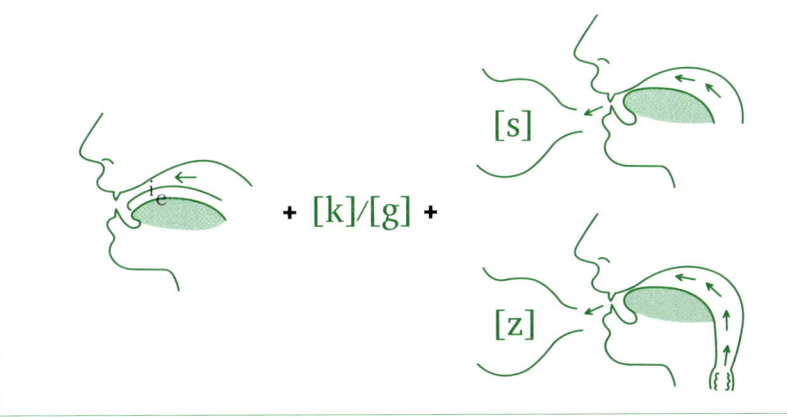

[eks], [iks], [igz] 발음

[eks]는 [e]에 강세를 두고 [엑ㅆ]라고 발음하세요. [iks]와 [igz]의 [i]에는 힘을 빼고 [익ㅆ]와 [익(z)ㅈ]라고 발음하세요. 이때 [z]는 [s]와 혀끝의 위치는 같지만 목청을 울려 zzz— 하고 혀를 진동시키며 바람을 내보냅니다.

ex**tra**   ex**pert**   ex**cuse**   ex**act**   ex**otic**

단어의 처음에 오는 ex-는 [eks], [iks], [igz]의 3가지로 발음됩니다. ex-에 강세가 있는 경우 [엑ㅅ eks]라고 발음하죠. ex-에 강세가 없는 경우엔 상대적으로 e-의 발음이 [i]로 약화되어 [익ㅅ iks] 또는 [익ㅈ igz]로 발음됩니다. [igz]의 [z]는 [s]처럼 혀끝이 입천장에 닿을 듯 말 듯한 위치에서 목청을 울려 공기를 끌어올리면서 zzz—하고 혀를 진동시키며 내는 소리입니다(p. 270 참조).

단어훈련 1

ex- [eks]/[iks] 발음이 들어간 단어를 듣고 따라 말해봅니다.

		😊 미국식 발음	☹ 잘못된 발음
1	**ex**cellent	엑썰런ㅌ [éksələnt]	엑설런트
2	**ex**tra	엑ㅅ트롸 [ékstrə]	엑스트라
3	**ex**pert	엑ㅅ퍼얼(r)ㅌ [ékspə:rt]	엑스퍼트
4	**ex**it	엑씰/에ㄱ짙 [éksit/égzit]	엑시트
5	**ex**port ⓝ	엑ㅅ포얼(r)ㅌ [ékspɔ:rt]	엑스포트
6	**ex**port ⓥ	익ㅅ**포**얼(r)ㅌ [ikspɔ́:rt]	엑스포트
7	**ex**cel	익쎄엘 [iksél]	엑셀
8	**ex**cuse	익ㅅ키**유**우우ㅆ [ikskjú:s]	익스큐즈
9	**ex**ceed	익씨이이ㄷ [iksí:d]	익시드
10	**ex**cept	익쎄엪ㅌ [iksépt]	익셉트

1 뛰어난, 우수한 **2** 추가의 **3** 전문가 **4** 출구 **5** 수출(품) **6** 수출하다 **7** (성질, 기능 등이) 뛰어나다, 능가하다, (Microsoft 사의 소프트웨어) 엑셀 (이때는 첫 글자를 대문자로 표기함) **8** 초과하다 **9** 변명, 핑계 (동사로 쓰일 때는 -se가 [z]로 발음됨) **10** ~을 제외하고

🔊
**발음
포인트**

1~5 강세가 ex-에 들어간 단어는 e-를 강하게 말해야 하므로 당연히 보다 강한 모음인 [e]로 발음합니다. 그래서 ex-가 [eks]로 발음되죠. 5번의 export는 명사일 때와 동사일 때 강세가 다릅니다. 명사일 때는 강세가 첫 음절인 ex-에 오기 때문에 [eks]로 발음됩니다.

6~10 강세가 ex-가 아닌 다른 음절에 있을 때 ex-의 발음은 상대적으로 약화됩니다. 따라서 모음이 [i]에 가깝게 발음되어 [iks]가 됩니다. 때로는 마치 [eks]처럼 들릴 때도 있지만 상관없습니다. 중요한 것은 다른 음절에 강세를 넣는 데 초점을 맞춰 발음하면 된다는 점입니다. export가 동사로 쓰일 때는 ex-가 아닌 다른 음절에 강세가 들어갑니다. 그래서 이때의 ex-는 [iks]에 가깝게 발음되죠.

회화훈련 1

ex- [eks]/[iks] 발음을 실제 말하기에서 알아듣고 전달하는 연습을 할 차례입니다. 다음 문장과 대화를 듣고 따라 하면서 ex- [exs]/[iks] 발음을 자연스럽게 익혀보세요.

1. **Would you say you're a subject matter expert on Microsoft Excel?**
   당신은 MS 엑셀 분야의 전문가라고 할 수 있나요?

2. **Excellent job! This is exactly what I wanted it to be.**
   정말 잘하셨어요! 제가 원하던 바로 그거예요.

3. **Excuse me, but are you from Korea?**
   실례지만 한국에서 오셨나요?

4. **I love everything about this house, except the parking situation.**
   주차 문제를 제외하고는 이 집의 모든 것이 마음에 들어요.

5. **You are willing to go the extra mile if you are truly all about customer service.**
   고객 서비스에 진심이라면 요구 이상으로 더 많은 노력을 기울이실 의향이 있으시군요.

6. **Your report this month exceeded my expectations.**
   이번 달 보고서가 제 기대를 뛰어넘었어요.

7. **Cars are one of the top exports of South Korea.**
   자동차는 한국의 주요 수출품 중 하나입니다.

---

1 subject matter 논의 주제, 지식 분야 | subject matter expert 특정 분야 전문가 (공식 석상에서는 풀네임 사용, 일상에서는 SME) | Microsoft Excel MS 엑셀 (글에서는 MS Excel, 말할 때는 Microsoft Excel 사용)
5 go the extra mile 기대 이상으로 해주다, 한층 더 노력하다

발음 포인트

6 동사 expect는 [익ㅅ뻬엑트 ikspékt]로 발음합니다. 두 음절 단어로, 2음절에 강세가 있어 상대적으로 ex-의 발음이 약화되기 때문이죠.
하지만 명사 expectation은 [엑ㅅ뻬엑테이션 èkspektéiʃən]으로 발음합니다. ex-가 [eks]로 발음되죠. 영어는 음절 안에서 모음의 강약이 번갈아 진행됩니다. 그래서 리듬감이 생기는 거죠. expectation은 ex-pec-ta-tion의 4음절 단어인데, 강세가 3음절인 -ta-[tei]에 있기 때문에 3음절 앞뒤의 모음은 약화되고, 한 음절 건너에 있는 1음절 ex-는 두 번째로 강하게 발음해 '중강-약-강-약'의 리듬으로 발음됩니다. 따라서 바로 뒤 음절에 비해 강하게 말하는 ex-는 [eks]로 발음되는 것이죠.

8 A   Beth is such a great service **representative**.
　　　　베스는 정말 훌륭한 서비스 담당자예요.

　　B   She is great. She always goes the **extra** mile.
　　　　그녀는 정말 훌륭해요. 늘 앞서서 요구 이상을 해줘요.

　　A   That's exactly what I **experienced**. I asked for one simple thing, and she showed me the next three steps.
　　　　제가 딱 그렇게 겪어봤잖아요. 간단한 것 하나를 요청했더니 그 다음 세 단계까지 알려주더라고요.

　　B   Well, that's what we **expect** from all service reps.
　　　　우리가 서비스 직원들에게 기대하는 게 바로 그런 거죠.

9 A   When you're well-versed in Microsoft **Excel**, you have a good chance to get hired for that job.
　　　　MS 엑셀에 능숙하면 그 일에 채용될 확률이 높아져.

　　B   Then, I'll **explain** what I can do in **Excel** in detail on my resume. 그럼 이력서에 엑셀로 할 수 있는 일을 자세히 설명해야겠다.

10 A   You had such an **excellent** score on the test. You proved that you're a subject matter **expert**.
　　　　시험에서 정말 우수한 점수를 받으셨네요. 분야 전문가임을 입증하셨어요.

　　B   Do you think so? I can learn well, but I'm not a good teacher.
　　　　그렇게 생각하세요? 저는 배우는 건 잘하지만, 가르치는 건 잘 못해요.

　　A   Well, you can take training to become a trainer.
　　　　트레이너가 되기 위한 교육을 받으시면 되죠.

8 representative (서비스나 판매직의) 담당직원 (줄여서 rep)   **9** well-versed 능숙한, 잘 다루는 | chance 가능성, 확률 | in detail 상세하게, 자세히

발음 포인트

8 사실 extra[ékstrə]는 원래 발음 그대로 [엑ㅅㅌ롸]라고 말하는 사람도 있고, -t-를 된소리화해 [엑ㅅ뜨롸], -tr-을 '츄'에 가깝게 발음해 [엑ㅅ츄롸] 정도로 말하는 사람도 있습니다. 발음하는 사람의 편의와 습관에 따른 것이죠. 이 책의 모든 발음원리를 이해하고 익숙해지고 나면 이런 식의 다양한 발음을 들어도 크게 동요되지 않습니다. mile은 [l] 발음을 제대로 해주면 [마이열]에 가깝게 소리 납니다.

9 명사(이력서) resume은 [뤠(z)주메이 rézumèi]로 발음합니다. 하지만 동사(재개하다)로 쓰일 때는 [뤼(z)주우움 rizú:m]으로 발음하죠. explain은 2음절에 강세를 넣어 [익ㅅ쁠레인 ikspléin]이라고 발음하세요.

단어훈련 2

ex- [igz] 발음이 들어간 단어를 듣고 따라 말해봅니다.

		🙂 미국식 발음	☹️ 잘못된 발음
1	**ex**act	익(z)재액ㅌ [igzǽkt]	이그젝트
2	**ex**actly	익(z)재액ㅌ을리 [igzǽktli]	이그젝틀리
3	**ex**am	익(z)재앰 [igzǽm]	이그잼
4	**ex**amine	익(z)재애민 [igzǽmin]	이그재민
5	**ex**aggerating	익(z)재애저뤠이링 [igzǽdʒərèitiŋ]	이그재저레이팅
6	**ex**ist	익(z)지이ㅅㅌ [igzíst]	이그지스트
7	**ex**otic	익(z)자아릭 [igzάtik]	이그조틱
8	**ex**ample	익(z)재앰쁠 [igzǽmpl]	이그잼플
9	**ex**empt	익(z)제엠ㅍㅌ [igzémpt]	이그젬프트
10	**ex**haust	익(z)조어ㅅㅌ [igzɔ́:st]	이그조스트

1 정확한 2 정확히 3 시험, 조사 4 조사하다, 검사하다 5 과장, 과장하는 6 존재하다 7 이국적인
8 예, 본보기 9 면제하다, 면제된 10 소진하다, 다 써버리다

**발음
포인트**

ex-가 아닌 다른 음절에 강세가 있을 때 ex-가 [igz]로 발음되는 단어들도 있습니다. 보통 ex- 뒤에 a나 o 모음이 이어질 때 발음의 편의상 [iks]가 아니라 [igz]로 발음하죠. 위에 언급된 단어들의 ex-를 [iks]로 발음해 보세요. 아무리 그러려 해도 저절로 [igz]에 가까운 소리로 변합니다. [z]는 혀가 입천장에 닿지 않고 목청을 울려 공기를 끌어올리면서 zzz- 하고 혀를 진동시키며 내는 소리입니다. 우리말의 'ㅈ'과는 발성법이 다릅니다.

2 exactly의 -t-는 콧소리 [t]입니다. 따라서 [익(z)재액ㅌ을리]에 가깝게 발음되죠. 이렇게 발음하면 우리 귀에는 [익(z)재애클리]처럼 들리기도 합니다.

5, 7 exaggerating과 exotic의 -t-는 굴리는 소리 [t]로 발음됩니다.

10 exhaust의 -h-는 소릿값이 없습니다.

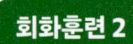 **회화훈련 2** ex- [igz] 발음을 실제 말하기에서 알아듣고 전달하는 연습을 할 차례입니다.

1. **This is the exact color match with my dress. I will take it.**
   이게 제 드레스랑 색깔이 딱 어울리네요. 이걸로 할게요.

2. **This candle smells like vanilla with some other exotic scent.**
   이 양초는 바닐라 향과 다른 이국적인 향이 섞여 있어.

3. **He looks exactly like the character in the movie *Avatar*.**
   그 남자는 영화 <아바타>의 캐릭터와 똑같이 생겼어.

4. **You are simply exaggerating the difficulties of utilizing the new website.**
   넌 새 웹사이트 이용의 어려움을 그저 과장해서 말하고 있구나.

5. **Many people think demons only exist in movies.**
   많은 사람들이 악마는 영화에만 존재한다고 생각합니다.

6. **Is the interest incurred from investment exempt any taxes?**
   투자에서 발생하는 이자는 세금이 면제되나요?

7. **Children learn from your example.**
   아이들은 여러분을 본보기로 배웁니다.

1 I'll take it. 그걸로/이걸로 할게요. (식당에서 메뉴를, 가게에서 물건을 선택할 때 자주 쓰는 표현)
3 look like ~와 닮다 **4** simply 단순히, 그저 | utilize 이용하다, 활용하다 **6** incur 초래하다, 발생시키다

 발음 포인트

3 영화 Avatar를 우리는 '아바타'라는 제목으로 개봉했지만, 실제는 [애애(v)버타알(r) ǽvətɑːr]로 발음됩니다.
4 utilizing은 [이유우럴라이(z)징 júːtəlàiziŋ]으로 발음됩니다. 강세가 있는 u-는 복모음 [juː]로 발음하고, -t-는 굴리는 소리 [t]로 발음합니다.
5 demon은 '데몬'이 아니라 [디이먼 díːmən]이라고 발음합니다.
6 exempt의 ex-는 [igz]로 발음됩니다. 목청을 울려 혀까지 진동시키는 [z] 발음에 신경 써주세요(p. 270 참조). 또, 이 단어는 끝소리가 -mpt의 자음 3개로 마무리됩니다. 있지도 않은 모음을 만들어 넣지 말고 각각의 자음만 발음하도록 합니다. -p-와 -t는 소리가 아주 미약하게 나옵니다. -mpt로 끝나는 단어에는 attempt [어템프트 ətémpt] / contempt [컨템프트 kəntémpt] 경멸, 모욕 / prompt [프라암프트 prɑːmpt] 촉발하다 등이 있습니다.

다음 문장과 대화를 듣고 따라 하면서 ex-[igz] 발음을 자연스럽게 익혀보세요.

8 A My daughter is preparing for the bar exam.
딸이 변호사 시험을 준비하고 있어.

B Did she receive her Juris Doctor degree already?
벌써 법학 박사(JD) 학위를 취득했어?

A Yes, she got it last year. She's been preparing for the bar exam for 10 months now. 응, 작년에 취득했어. 지금 10개월째 변호사 시험 준비를 하고 있어.

9 A The new website is not user-friendly. I find it harder than before to find any information.
새 웹사이트는 사용자 친화적이지 않습니다. 이전보다 정보를 찾기가 더 어려워요.

B I think people are exaggerating the difficulties. The search box at the top makes it easier for first-time users. 사람들이 어려움을 과장하고 있는 것 같은데요. 상단의 검색창을 이용하면 처음 사용하는 사람도 쉽게 찾을 수 있습니다.

A I tried the search box with some key words. It doesn't take me anywhere I need to go.
몇 가지 키워드로 검색창을 사용해 봤어요. 원하는 곳으로 연결되지가 않아요.

B Okay, then. Exit out of there and show me what you did from the beginning. 그럼, 좋아요. 거기서 나와서 어떻게 했는지 처음부터 보여주세요.

10 A Do you know Liz has an exotic bird as a pet?
리즈가 이국적인 새를 애완동물로 키우고 있다는 거 알아?

B Yes, she has a cockatoo. She showed me some pictures of that bird. 응, 앵무새를 키우고 있어. 리즈가 그 새 사진을 몇 장 보여줬어.

---

8 bar exam 변호사 시험 | Juris Doctor 법학 박사 (줄여서 JD)　**9** user-friendly 사용자 친화적인 | A makes it easier A로 인해 더 수월해지다　**10** cockatoo [kǽkətùː] 앵무새의 일종

발음
포인트

9 exit은 [엑씰 éksit]으로 발음할 수도 있고, [에그짙 égzit]으로 발음할 수도 있습니다. 중요한 것은 강세가 ex-에 있다는 것이죠.

Yogurt is good for gut health.

요구르트는 장 건강에 좋습니다.

[j] 발음

y[j]는 한 번에 발음하지 않고 '이'로 시작해서 '여-', '요-' 등 뒤에 나오는 모음과 연결해 발음합니다. Yes가 '예스'가 아니라 [(이)예에씨]인 것처럼 말이죠.

yes　**y**oga　**y**ellow　**y**ogurt

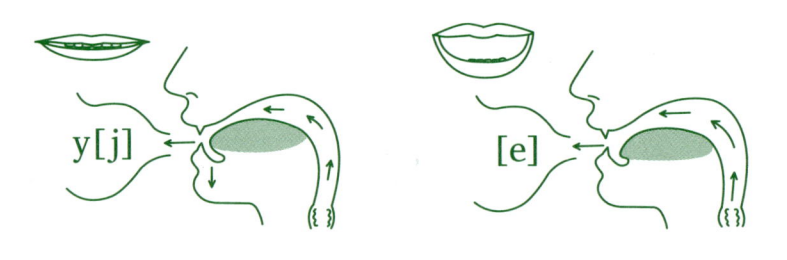

우리는 yes를 '예쓰', yoga를 '요가'라고 발음하는 게 어렵지 않습니다. 하지만 영어의 <y[j] + e[e]>, <y[j] + o[ou]>는 한 번에 발음되지 않는 복모음입니다. yes는 [(이)예에씨], yoga는 [(이)요우거]로, 첫소리 y[이]의 여운을 살려 '이 → 예에씨', '이 → 요우거'와 같이 모음을 늘였다 합치는 것처럼 순차적으로 발음하죠. 즉, y[j] 발음은 '이'로 시작해서 뒤에 오는 다른 모음과 연결하여 고무줄을 늘이듯 모음을 늘였다 합치는 것처럼 순차적으로 발음해야 합니다.

참고로, 미국인들은 부부나 연인 사이에, 혹은 부모와 자녀가 서로 "Love ya."라고 인사말을 대신하곤 하는데요. 이때 love you는 '러브유'가 아니고, [러(v)비유] 혹은 [러(v)비야]로 들리죠. "Love ya."는 "Love you."에 비해 가벼우면서도 귀엽고 애교스러운 표현이라 하겠습니다.

단어훈련

y-[i] 발음이 들어간 단어를 듣고 따라 말해봅니다.

		😊 미국식 발음	☹ 잘못된 발음
1	**y**es	(이)**예**에ㅆ [jes]	예스
2	**y**oga	(이)**요**우거 [jóugə]	요가
3	**y**acht	(이)**야**앝 [jat]	요트
4	**y**oung	(이)**여**엉 [jʌŋ]	영
5	**y**ield	(이)**이**이열ㄷ [ji:ld]	일드
6	**y**ahoo	(이)**야**아후우 [jɑ́:hu:]	야후
7	**y**ikes	(이)**야**잌ㅆ [jaiks]	야이크스
8	**y**ell	(이)**예**엘 [jel]	옐
9	**y**am	(이)**얘**앰 [jæm]	얨
10	**y**ummy	(이)**여**미 [jʌ́mi]	여미

1 네 (긍정 답변을 할 때 쓰는 표현) 2 요가 3 요트 4 젊은 5 양보하다 6 (감탄사) 야호, 와, (첫 글자를 대문자로 써서) 야후 (인터넷 포털 사이트명) 7 (걱정, 놀람, 두려움 등을 나타낼 때 쓰는 감탄사) 이크, 으악 8 소리 치다 9 고구마 (sweet potato) 10 맛있는

TIP

영어의 복모음

'위/워/웨/여/유' 같은 복모음은 영어 단어에서 첫소리인 경우가 많습니다. 보통 w-/y -/eu-로 시작하는 단어들이 이런 복모음으로 시작하는 단어들이죠. 우리가 자신 있게 발음하는 win, yes, thank you, Europe과 같은 단어들이 사실상 Listening이나 Speaking에서 의외로 걸림돌이 되는 경우를 많이 봅니다. 그 걸림돌의 원인은 우리말식으로 복모음을 한 큐에 발음한다는 것이죠. '윈', '예쓰', '땡큐우', '유럽'처럼 말입니다. 영국식이든 미국식이든 이런 복모음은 한 번에 소리를 내지 말고 모음의 여운을 느끼면서 고무줄을 늘리듯 늘여서 발음한다는 거죠. '우위-', '이예-' '이유-' 하는 식으로 말입니다.

win → (우)위인 yes → (이)예에ㅆ
thank you → (θ)때앵키유 Europe → (이)유우뤞

회화훈련 y-[i] 발음을 실제 말하기에서 알아듣고 전달하는 연습을 할 차례입니다.

1. I'm looking for an outfit for my new yoga class.
   새 요가 수업에 입을 옷을 찾고 있어요.

2. Usually, yogurt with fruit chunks has a lot of sugar.
   대개, 과일 덩어리가 들어간 요거트에는 당분이 많아.

3. You don't have to yell. I can hear you just fine.
   소리 안 질러도 돼. 잘 들려.

4. The yield sign means to let other drivers go first.
   양보 표지판은 다른 운전자에게 먼저 가게 양보하라는 의미입니다.

5. We're talking about renting a yacht for an adventure this summer.
   이번 여름에 요트 빌려서 모험을 떠나는 것에 대해 얘기하고 있어.

6. Yellow expresses a creative, fun-loving, and optimistic personality.
   노란색은 창의적이고 노는 걸 좋아하며 낙관적인 성격을 표현합니다.

7. Please send it to my Yahoo email. I'm not using my Gmail account anymore.
   제 야후 메일로 보내주세요. 지메일 계정은 더 이상 사용하지 않습니다.

1 outfit 옷, 복장 (ski outfit (스키복), cowboy outfit (카우보이 복장) 등과 같이 착용의 기능이나 목적에 중점을 둔 표현) **2** yogurt 요거트, 요구르트 (영국에서 주로 yoghurt라고 씀) **6** fun-loving 노는 걸 좋아하는 **7** account (이메일 등의) 계정

 발음 포인트

2 yogurt에서 yo-는 '이 → 요우'처럼 모음을 순차적으로 발음합니다. 따라서 [(이)요우거ㄹㅌ jóugərt]처럼 발음되죠. 영국식 스펠링 yoghurt로 쓸 때도 발음은 동일합니다.

3 you도 단순히 '유'가 아니라 [(이)유] 또는 [(이)유우]와 같이 발음합니다.

5 yacht의 모음 a[a]를 힘주어 발음하면 '아아'처럼 생각보다 살짝 길게 발음됩니다. 따라서 yacht는 [(이)야ㄹ jat] 정도로 발음하죠.

6 yellow는 [(이)옐로우 jélou]처럼 발음됩니다.

다음 문장과 대화를 듣고 따라 하면서 y-[i] 발음을 자연스럽게 익혀보세요.

8　A　Is that yes or no?　'좋다'는 거야, '아니'라는 거야?

　　B　You don't have to yell at me. I can hear you just fine.
　　　　소리 안 질러도 돼. 잘 들려.

　　A　Oh, okay. I didn't hear what you were saying though.
　　　　아, 알았어. 그런데 내가 네 말이 잘 안 들렸어.

　　B　I said "yes," get some plain, low-fat yogurt.
　　　　"좋다"고 했어. 저지방 플레인 요구르트 갖다 줘.

9　A　Yoga is rooted in Indian philosophy. It is a spiritual practice.
　　　　요가는 인도 철학에 뿌리를 두고 있습니다. 요가는 영적인 수행이죠.

　　B　Yes, that's true. But people nowadays do yoga for physical fitness.　네, 맞아요. 하지만 요즘 사람들은 신체의 건강을 위해 요가를 하죠.

10　A　You just ran through the yield sign. You're supposed to slow down at least.　방금 양보 표지판을 지나쳤어. 최소한 속도를 늦추기라도 했어야지.

　　B　I know, but there were no cars around me.
　　　　알아. 하지만 주변에 차가 한 대도 없었잖아.

　　A　You should be more careful with your driving. Let's say you see a stop sign. Will you make a full stop?
　　　　운전할 때 좀 더 주의하면 좋겠어. 그러니까 정지 표지판이 보인다고 치자. 그럼 완전히 멈출 거지?

　　B　I will, of course.　물론이지.

9 be rooted 뿌리를 두다 | spiritual 영적인, 종교적인 | practice 연습, 훈련 (여기서는 '수행')
10 be supposed to + 동사원형 (약속 또는 규칙상) ~하기로 되어 있다 | Let's say 이를 테면, 그럼 ~라고 하면 [치면]

발음
포인트

8　yell at me는 연음되어 [(이)예엘랱미이이] 정도로 발음됩니다.
9　philosophy에서 ph는 모두 [f]로 발음됩니다. 두 번째 음절인 -lo-[la]에 강세를 넣어 [(f)필라써(f)피 filάsəfi]라고 발음하세요.
10　yield[(이)이이열드]의 yie- 소리는 고무줄을 늘리듯 [(이)이이]라고 발음합니다. 참고로 -ield[이이열ㄷ i:ld]로 끝나는 단어에는 field(들판, 현장), shield(방패), windshield(방풍 유리) 등이 있습니다.

43 | 전화기 진동모드와 같은 소리 [z]

43.mp3

This is a **zero**-calorie **dessert**!

이 디저트는 0칼로리예요!

[z] 발음

혀를 입천장에 대지 않고 목청을 울려 그 울림이 혀까지 이어지게 합니다. 혀의 진동을 강하게 하여 '(으)ZZZ'라고 발음하세요.

zero **z**ebra cra**z**y de**ss**ert pay**s**

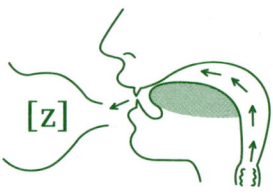

z sound는 우리말 'ㅈ'과는 다릅니다. 'ㅈ'은 혀가 입천장에 닿고 진동 없이 나는 소리죠. 저기, 저고리, 자장면처럼요. 반면 영어의 z sound는 혀가 입천장에 닿지 않고, 혀의 강한 진동이 느껴지는 소리입니다. 턱뼈를 타고 울리는 진동과 간질간질한 혀의 떨림이 포인트예요. 전화기 진동음처럼 'zzz---' 하고 내면 정확한 발음입니다.

배에 힘을 주고 목청을 울리며 공기를 끌어올려 'zzz---' 하고 혀를 진동시키는 것이 핵심입니다. s sound는 바람 위주의 소리고, z는 성대와 혀가 함께 울려 더 크고 강하게 들립니다.

단어훈련 1

z[z] 발음이 들어간 단어를 듣고 따라 말해봅니다.

		😊 미국식 발음	☹ 잘못된 발음
1	zip	(으)**지**잎[zip]	집
2	zipper	(으)**지**이뻘(r)[zípər]	지퍼
3	zoo	(으)**주**우우[zu:]	주
4	zero	(으)**지**이(r)로우[zíərou]	제로
5	zinc	(으)**징**ㅋ[ziŋk]	징크
6	zesty	(으)**제**ㅅ티[zesti]	제스티
7	zebra	(으)**지**이이브롸[zí:brə]	지브라
8	zodiac	(으)**조**우리애액[zóutiæk]	조디악
9	zigzag	(으)**지**ㄱ(z)재액[zígzæg]	지그재그
10	crazy	크뤠이(z)**지**이[kréizi]	크레이지

1 지퍼를 잠그다 (영국에서는 '지퍼'라는 의미로도 쓰임) 2 지퍼 (미국에서는 zipper, 영국에서는 zip)
3 동물원 4 (숫자) 0 5 아연 6 (레몬, 라임, 오렌지 등에서 느낄 수 있는) 상큼하고 톡 쏘는 맛[풍미]의
7 얼룩말 8 (별점) 황도 십이궁 9 지그재그 10 미친

발음 포인트

목청을 울려 공기를 끌어올리면서 zzz-- 하고 혀를 진동시키면, 특히 z sound가 첫소리로 오는 경우 간질간질하게 혀의 떨림이 느껴지면서 [(으)zzz--]와 같은 소리가 납니다.
8 zodiac의 -d-[d]는 굴리는 소리로 변형해 발음하면 발음이 수월해집니다.
9 2음절 단어인데, 각 음절의 첫소리가 z sound로 시작하는 단어입니다. 2음절의 z sound는 1음절의 z sound만큼 혀가 떨리지는 않지만 어쨌든 목청을 울려 진동을 내야 합니다.
10 z sound로 단어의 소리가 마무리되는 경우 첫소리만큼 혀가 간질간질할 정도로 떨리진 않지만 목청을 울려 진동을 내는 발음법은 원칙대로 지켜주세요.

단어훈련 2 s[z] 발음이 들어간 단어를 듣고 따라 말해봅니다.

		🙂 미국식 발음	☹ 잘못된 발음
1	easy	이이이(z)지이 [íːzi]	이지
2	dessert	디(z)저얼(r)ㅌ [dizə́ːrt]	디저트
3	thousand	(θ)따우(z)전ㄷ [θáuzənd]	싸우전
4	noisy	노어이(z)지이 [nɔ́izi]	노이지
5	position	퍼(z)션 [pəzíʃən]	포지션
6	season	씨이이(z)즌 [síːzn]	시즌
7	physical	(f)피(z)지컬 [fízikəl]	피지컬
8	positive	파아(z)저디/리v [pázətiv]	포지티브
9	deposit	디파아(z)짙 [dipázit]	디파짓
10	peas	피이이z [piːz]	피즈

1 쉬운 2 디저트 3 (숫자) 천 4 시끄러운 5 지위, 위치, 입장 6 계절, 시즌 7 육체의 8 긍정적인
9 예금, 입금, 착수금 10 pea(완두콩)의 복수형

발음 포인트

1~9 s가 첫소리로 오는 경우는 보통 [s]로 발음합니다. 하지만 s가 단어 중간이나 끝부분에 올 때 앞뒤 철자의 영향을 받아 [z]로 발음되는 경우들도 많습니다. 복잡한 이론을 생각할 필요 없이 그저 위에 제시된 단어의 s를 [s]로 발음해 보세요. 발음이 어렵지 않나요? [z]로 발음하는 것이 훨씬 편합니다. 즉 s가 단어 중간이나 끝에 올 때 발음의 편의상 [z]로 소리 나는 단어들인 거죠.

10 동사의 3인칭 단수형이나 명사의 복수형을 만들 때 끝에 -(e)s를 붙이는데요, 이때 역시 발음의 편의에 따라 [s]로 발음되는 단어도, [z]로 발음되는 단어도 있습니다. [z]로 끝나는 단어의 경우 혀가 살짝 떨릴 정도로 목청을 울려주세요.

회화훈련

[z] 발음을 실제 말하기에서 알아듣고 전달하는 연습을 할 차례입니다.
다음 문장과 대화를 듣고 따라 하면서 [z] 발음을 자연스럽게 익혀보세요.

---

1 **Zinc** helps you maintain a healthy immune system.
아연은 건강한 면역 체계를 유지하는 데 도움이 됩니다.

2 I have **zero** tolerance for any dairy products.
난 유제품은 전혀 못 먹어.

3 This jacket has two layers—the first layer **has** a **zipper** and **there's** a button-up layer on the outside.
이 재킷은 지퍼가 달린 첫 번째 레이어와 바깥쪽의 버튼업 레이어의 이중 레이어로 되어 있습니다.

4 For this **position**, mental challenges are greater than **physical** challenges.
이 직책은 육체적 어려움보다 정신적 어려움이 더 큽니다.

5 You don't pay any fee for a **deposit** when you use an ATM machine.
ATM 기기를 이용할 때 입금 수수료는 없습니다.

6 There is a saying that a picture paints a **thousand words**.
그림이 천 마디 말을 대신한다는 말이 있습니다.

7 This salad dressing is **zesty**, bold, and full of flavor, with a hint of citrus from a grapefruit.
이 샐러드 드레싱은 자몽의 시트러스 향이 감도는 상큼하고 대담한 풍미로 가득합니다.

---

1 immune system 면역 체계 **2** have zero tolerance for + 음식 (알레르기가 심하거나 소화효소 등이 없어) ~을 조금도 먹을 수 없다 | dairy product 유제품 **7** bold 대담한 | a hint of ~의 기미 | citrus 감귤류

발음 포인트

1 zinc의 끝소리 -c는 받침소리 [k]로 발음합니다.
2 tolerance [탈러뤈ㅆ tάlərəns]
   dairy product [데에어뤼 프롸아덕ㅌ déəri prάdʌkt]
5 ATM은 철자를 하나씩 강조해 말하면 됩니다.
6 word[(우)워얼(r)ㄷ wəːrd]에 -s가 붙으면 d sound가 먹혀 words[(우)워얼(r)z wəːrz] 에 가깝게 발음됩니다.

8 A **What are you going to make for desserts tonight?**
오늘밤에는 어떤 디저트를 만들 거야?

B **I'm thinking about a few options—chocolate cake, cheesecake, or lemon coconut cake.**
초콜릿 케이크, 치즈 케이크, 레몬 코코넛 케이크 등 몇 가지를 생각하고 있어.

A **Lemon coconut cake sounds good to me. It is zesty from the lemon, with a nice and sweet coconut finish.**
레몬 코코넛 케이크가 좋을 것 같아. 레몬의 상큼한 맛에 코코넛의 달콤한 여운이 어우러지잖아.

9 A **I took some pictures of the beautiful sunset yesterday.**
어제 아름다운 일몰 사진을 몇 장 찍었어.

B **Can I see them?** 봐도 돼?

A **Sure. Take a look. A picture tells a thousand words.**
물론이지. 봐. 사진 한 장이 천 마디를 말해주지.

10 A **I want some Ziploc bags to bring some snacks to work.**
출근할 때 간식을 가져갈 수 있는 지퍼락 백이 필요해.

B **We have some Ziploc bags, don't we?** 우리한테 지퍼락 백 있지 않나?

A **They are too big for a snack. They're the gallon size ones.**
간식용으로는 너무 커서 말야. 갤런 사이즈야.

B **Okay. I will get a box of small snack bags.**
알았어. 작은 스낵백으로 한 상자 구입할게.

---

8 nice and sweet 기분 좋게 달콤한 | finish 음식을 먹고 난 뒤 입안에 남는 맛[마지막 여운] **9** sunset 일몰, 해질녘 | take a look (찬찬히) 보다, 들여다보다 **10** Ziploc 지퍼락 (지퍼 방식으로 밀폐할 수 있게 된 비닐 백을 가리키는 상표명이었으나 지금은 보통명사처럼 쓰임) | gallon size 약 26.8 x 27.3 cm에 해당되는 큰 용량

발음
포인트

8 cheesecake에서 cheese-의 -s-는 [z]로 발음합니다. 진동음 [z]를 잘 살려 [취이이(z)ㅈ케잌 tʃíːzkèik]이라고 발음해 보세요. coconut의 발음은 [코우커넡 kóukənʌt]으로, 첫 모음 -o-는 [ou]로 발음해 주세요.

10 Ziploc[(으)지잎락 zíplak]의 첫소리 [z]와 size[싸아이z saiz]의 끝소리 [z] 발음 신경 써주세요. gallon은 [개앨런 gǽlən]으로 발음합니다.

Practice Test 5

오디오를 잘 듣고 다음 질문에 답해보세요.

PT 5.mp3

| STEP 1 | 미국인이 말하고 있는 단어는 다음 중 무엇인가요?

1 (a) valve   (b) belt   (c) babes
2 (a) test   (b) theft   (c) safety
3 (a) wood   (b) word   (c) world
4 (a) robbery   (b) luxury   (c) lucky
5 (a) excel   (b) inks   (c) resell

| STEP 2 | 주어진 두 개의 단어 중 미국인이 말하고 있는 단어는 무엇인가요?

1 tax (examination / exemption)
2 subject matter (expert / expect)
3 take an untrodden and narrow (pass / path)
4 (residue / rescue) operation
5 10-day (weather / whether) forecast
6 sing up for a (yoga / your) class
7 go to (urban / urgent) care
8 (wider / whiter) than snow
9 windshield (viper / wiper)
10 (zodiac / cardiac) signs

| STEP 3 | 미국인의 말을 잘 듣고 빈칸을 채우세요.

1 That's a nice _____ on you.

2 I like chicken _____.

3 I have _____ tolerance for any spicy food.

4 My daughter will _____ about her chocolate ice cream if I don't bring some home.

5 _____ are _____ good for you.

6 It is _____ _____ won.

7 _____ you like it or not, you should deal _____ it.

8 I adopted a _____ last weekend from a local _____ shelter.

9 Do you know Steve has an _____ animal _____ a pet?

10 Professor McGonagall _____ a _____ in Harry Potter, very skilled in magic and spell-casting.

11 My _____ has a green _____. She can grow _____ green.

12 Half of _____ shopping mall is dedicated to _____ _____.

13 He said all the right _____, but somehow, I got _____ _____ from him.

14 _____ _____ ran _____ _____ _____ sign. _____ supposed to slow down at least.

15 _____ used to say _____ is _____. But _____, _____ is _____.

| STEP 4 | 미국인들의 대화를 잘 듣고 다음에 이어질 대사로 적절한 것을 고르세요.

1. (a) I would say resilience. You have to adapt to changes and overcome obstacles.
   (b) Yes, I have had quite a bit of success in the IT industry.
   (c) Active listening is one of the keys for success in this job.

2. (a) Let me pull up the calculator on my phone real quick.
   (b) I don't like dirty jokes.
   (c) Thirty-six is a good number.

3. (a) I like yogurt, but no fruit pieces with it, though.
   (b) I tried a sample and then I bought a whole box of it.
   (c) Yogurt helps with digestion and boosts the immune system.

4. (a) Saving money is good.
   (b) Checking account, please. My balance is almost at zero.
   (c) Sure, I can accept checks, but I prefer cashier's checks.

5. (a) Yes, we do. The A/C broke down last week, so $550 went out for its repairs.
   (b) We will spend the rest of the money in a couple of months.
   (c) No, they don't need any extra money outside of the budget.

6. (a) I couldn't find the time to fix it yet.
   (b) I learned my lesson. Now I have to go get it fixed.
   (c) I stayed in my lane until the exit to get off from the highway.

→ 정답 p.347

자연스러운 네이티브 영어를
완성해주는 강약과 리듬

단어는 정확히 말하는데 문장은 어색하다면, 그건 리듬 때문입니다. 미국식 영어는 단어를 따로따로 말하지 않습니다. 단어는 연결되고, 소리는 약해지며, 억양은 자연스럽게 흐릅니다. 이 파트에서는 연음, 축약, 강세, 억양까지 원어민 말하기의 핵심 리듬을 훈련합니다. 중요한 건 강조할 단어와 흘려야 할 단어를 구분하는 감각입니다. 문장이 자연스러워지는 순간, 영어도 비로소 말이 됩니다. 진짜 미국식 영어, 바로 이 흐름 속에 있습니다.

PART 4

FLUENCY
미국 영어 발음 완성

44 | 연음 1: 자음으로 끝나는 단어와 모음으로 시작하는 단어가 만날 때

Everybody, listen up!

여러분, 잘 들으세요!

[-자음]+[모음-]	자음으로 끝나는 단어와 모음으로 시작하는 단어의 연음 자음으로 끝나는 단어 뒤에 모음으로 시작하는 단어가 오는 경우 한 덩어리로 연음해 발음해 보세요.

Is it   listen up
Chris left work early

연음이란 단어와 단어가 만났을 때 부드럽게 연결하여 발음하기 좋도록, 분리된 소리를 이어 말하는 것입니다. 연음은 우리말에도 흔합니다. '바람이'란 단어를 소리 나는 대로 쓰면 '바라미'가 되죠. 'ㅁ' 자음과 뒤따르는 'ㅣ' 모음이 연결되면서 각각 별개의 sound가 하나의 sound 단위로 묶이게 됩니다.

이런 연음현상은 영어에서 더 빈번하게 일어납니다. 특히 Thank you와 같이 '자음으로 끝나는 단어'와 '모음으로 시작하는 단어'가 만났을 때 자주 생기죠. 그래서 Thank[(θ)땡ㅋ] you[이유-우]가 [(θ)땡키유우]로 들리는 겁니다.

연음 원리 자체는 알고 보면 간단하지만 실제 communication 현장에서 연음으로 인해 생긴 새로운 sound에 익숙해지려면 훈련이 필요합니다.

어구훈련

[-자음] + [모음-]의 연음을 듣고 따라 말해봅니다.

		😊 연음 후	😖 연음 전
1	Is it	[이(z)짙]	[이z] [잍]
2	Was it	[(우)워(z)짙]	[(우)워z] [잍]
3	listen up	[리쓰넢]	[리쓴] [엎]
4	come on	[커먼]	[컴] [언]
5	pick you up	[피키유엎]	[픽] [이유] [엎]
6	meet you	[미이츄]	[미잍] [이유]
7	Did you	[디쥬]	[딛] [이유]
8	left work early	[레(f)픝(우)월(r)커어r리]	[레(f)픝] [(우)월(r)ㅋ] [어어r리]
9	took a short break	[투커 쇼올 브뤠잌]	[툭] [어] [쇼올] [브뤠잌]
10	kind of	[카인덥(v)/카이넙(v)]	[카인ㄷ] [어v]

Part 4 연음

발음 포인트

자음으로 끝나는 단어와 모음으로 시작하는 단어의 연음을 연습해 봅니다. 주로 동사 뒤에 대명사나 부사/전치사가 오는 경우들이 많이 눈에 띄네요.

6 자음 [t]로 끝나는 동사와 모음 [ju]로 시작하는 you가 만나니 연음되어 [츄]로 소리가 변형됩니다.

7 자음 [d]로 끝나는 동사와 모음 [ju]로 시작하는 you가 만나니 연음되어 [쥬]로 소리가 변형됩니다.

10 kind of는 글자 그대로 연음해 [카인덥(v)]이라 발음합니다. 물론 -nd의 끝소리 -d를 생략해 [카이넙(v)]으로 발음하는 사람도 있습니다. 또 kind of는 of의 -f 소릿값마저 생략해 [카인더] 혹은 [카이너] 정도로 발음하는 경우도 많죠. 이 경우 아예 철자 표기를 kinda로 하는 경우도 많습니다.

281

회화훈련　[-자음] + [모음-]의 연음을 실제 말하기에서 알아듣고 전달하는 연습을 할 차례입니다.

1	**Where is it?**
	그건 어디에 있어요?

2	**Everybody, listen up!**
	여러분, 잘 들으세요!

3	**Come on in, Jessica.**
	어서 들어오렴, 제시카.

4	**I'll pick you up after work.**
	내가 퇴근하면서 너 데리러 갈게.

5	**Chris left work early.**
	크리스는 일찍 퇴근했어요.

6	**Ron took a short lunch break today.**
	론은 오늘 점심시간을 조금만 썼어.

7	**Where shall I meet you, then?**
	그럼 어디서 만날까요?

8	**Just a minute, please.**
	잠깐만 기다려줘.

 발음 포인트

1 Where의 끝소리가 자음 [r]로 끝나서 Where과 is가 연음되고 is와 it도 연음되어 [웨어(r)리짙] 정도로 발음됩니다.
2 listen up은 '잘 듣다, 주목해서 듣다'라는 의미의 동사구로, 이때 up은 전치사가 아니라 중요한 의미를 내포하고 있는 부사입니다. 따라서 listen뿐만 아니라 up까지 강하게 말해주세요.
3 Come on in.은 실내에 있는 사람이 문밖에 있는 사람에게 '어서 들어오라'고 할 때 자주 쓰는 표현인데요. 이때 in은 '안으로 들어오라'는 의미를 명확하게 해주는 주요 내용어이기 때문에 강하게 말해줘야 합니다. 따라서 앞의 on과 연음되지 않고 보통 개별적으로 발음하죠.
4 동사구 pick you up의 up 역시 부사로 강하게 말해줍니다.
8 Just a는 연음되어 [줘스터] 정도로 발음됩니다.

다음 문장과 대화를 듣고 따라 하면서 연음을 자연스럽게 익혀보세요.

9	A	What are we having to eat tonight? 저녁에 뭐 먹을까?
	B	Sushi. 스시.
	A	Sushi? Oh, wait a minute! You're thinkin' about that new Japanese restaurant, aren't you? It's on... where is it? 스시? 아, 잠깐만! 새로 생긴 그 일식집 생각하고 있는 거지, 그지? 거기가 어디에… 어디에 있지?
	B	On Main Street. 메인 가에 있어.
10	A	Everybody, listen up! You need to fill out this green form from top to bottom. 여러분, 잘 들으세요! 이 초록색 용지는 처음부터 끝까지 빠짐없이 작성하셔야 합니다.
	B	Excuse me, ma'am. Do I have to write the zip code with the mailing address? 저기요, 선생님. 주소 쓸 때 우편번호도 꼭 써야 하나요?
	A	Absolutely! 당연하죠!
11	A	Where shall I meet you, then? 그럼, 어디서 만날까?
	B	Well, I'll pick you up after work. 글쎄, 내가 퇴근하면서 데리러 가지 뭐.
	A	Okay. Give me a call when you're passing Magnolia Avenue. 좋아. 매그놀리아 애비뉴 지날 때 전화 줘.

10 fill out (서류를) 작성하다 | zip code 우편번호   11 after work 퇴근 후에

발음 포인트

9 just a minute에서 just a는 [줘ㅅ터] 정도로 연음된다고 했습니다. 하지만 wait a minute에서 wait a는 [웨이터]보다는 [웨이러]로, wait의 -t가 굴림소리로 변형되어 연음됩니다. t sound가 모음 사이에 끼어 소리가 변형된 경우이죠.
thinking about에서 thinking의 -g 발음을 생략하고 말하는 경우 끝소리가 자음 [n]이 되어 뒤의 about과 연음되어 [(θ)띤키너바웉] 정도로 들립니다.

10 fill out은 연음되어 [(f)필라웉] 정도로 발음됩니다.

45 | 연음 2: [-t/d] 발음으로 끝나는 단어와 모음으로 시작하는 단어가 만날 때

What am I gonna do?

나 어떻게 해야 하지?

[모음+t/d] + [약모음-]	[모음+t/d] 발음으로 끝나는 단어와 약모음으로 시작하는 단어의 연음 [t]나 [d]로 끝나는 단어 뒤에 약모음으로 시작하는 단어가 오면 [t]/[d]가 굴리는 소리로 변형되어 연음되는 경우가 많습니다.
get along little did I think	out of made in Korea

자음 t/d sound로 끝나는 단어와 모음으로 시작하는 단어가 만나면 물론 연음되어 한 덩어리로 발음되겠죠. 하지만 이때 t/d sound는 굴리는 소리로 변형되어 연음됩니다. t/d sound가 [강모음 + t/d + 약모음] 또는 [강모음 + t/d + l]과 같은 형태로 끼어 있으면 굴리는 소리 [ɾ]로 변형되어 발음된다고 앞부분에서 배웠는데요, 한 단어 내에서뿐만 아니라 두 단어 사이에서도 이런 관계가 나타나면 t/d 발음이 굴리는 소리로 변형된다는 얘기이죠. 즉, get along처럼 [모음 + t]로 끝나는 단어 뒤에 이 모음보다 더 약한 모음으로 시작하는 단어가 오면 [게러로엉]처럼 t sound가 [ɾ]로 변형되어 연음되죠.

우리말의 'ㄹ' 발음은 혀 앞부분 전체가 입천장의 많은 부분에 닿는 반면, 영어의 굴리는 t sound는 혀끝이 입천장의 볼록 튀어나온 부분에 살짝만 닿는다는 점, 다시 한번 짚고 넘어가겠습니다.

어구훈련

[모음 + t/d] + [약모음-]의 연음을 듣고 따라 말해봅니다.

		😊 연음 후	☹ 연음 전
1	play**ed** **h**er part	[플레이더r/러 파아r트]	[플레읻] [허r/어r] [파아r트]
2	get **a**long	[게러로엉]	[겓] [어로엉]
3	wha**t** **a**m I	[(우)워래마이]	[(우)웥] [앰] [아이]
4	go**t** **a**n A	[가러네이]	[갇] [언] [에이]
5	No**t** a**t** all	[나래로얼]	[낟] [앹] [오얼]
6	wasn't a**t** all	[워(z)즌 애로얼]	[워(z)즌] [앹] [오얼]
7	ou**t** of	[아우럽(v)]	[아욷] [어v]
8	little di**d** **I** think	[리를 디라이 (θ)띵ㅋ]	[리를] [딛] [아이] [(θ)띵ㅋ]
9	ma**de** **a** mistake	[메이더/러 미ㅆ떼잌]	[메읻] [어] [미ㅆ떼잌]
10	ma**de** **i**n Korea	[메이딘/린 커뤼이어]	[메읻] [인] [커뤼이어]

발음 포인트

3 What am I에서 be동사 am의 모음 a-가 더욱 약화되어 What am이 [워름] 정도로 발음되기도 합니다. 여기에 모음 I가 이어지면 [워르마이]로 하나의 연속된 소리처럼 들립니다.

5 Not at all에서 Not의 -t와 at-의 -t는 모두 굴리는 소리로 변형되어 연음됩니다.

6 wasn't은 was not의 축약형으로 not이라는 의미가 분명하게 전달되어야 하는데 축약형으로 쓰이다 보니 따로 강조해서 말하지 않으면 의미 전달이 제대로 안 될 수 있습니다. 따라서 이 경우 wasn't은 뒤의 at과 연음하지 않고 분리해서 강조해 말합니다. 따라서 wasn't at all은 [워(z)즌 애로얼] 정도로 발음되죠.

7 out of는 연음되어 [아우럽(v)] 정도로 발음되는데, of의 -f[v] 발음마저 생략해 [아우러] 정도로 말하는 경우도 많습니다. 아예 표기 자체를 outta로 하기도 하죠.

9, 10 made a와 made in은 물론 [메이더]/[메이딘]으로 연음할 수도 있지만 좀 더 부드럽게 굴려 [메이러]/[메이린]에 가깝게 발음하는 사람도 많습니다.

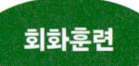 **회화훈련** [모음 + t/d] + [약모음-]의 연음을 실제 말하기에서 연습할 차례입니다.

1 I can't get along with my roommate.
   나 룸메이트랑 못 지내겠어.

2 What am I gonna do?
   나 어떻게 해야 하지?

3 Look at this! I got an "A."
   이것 봐! 나 A 받았어.

4 They won, but the result wasn't at all surprising.
   그들이 이기긴 했는데, 결과는 (이미 예상했던 바) 놀랄 만한 뜻밖의 것은 아니었지.

5 Little did I think I'd get sick in Chicago.
   시카고에 가서 병이 날 거라곤 거의 생각을 못했어.

6 I made a big mistake.
   내가 큰 실수를 저질렀지 뭐야.

7 A lot of stuff is made in China these days.
   요즘 중국산 물건이 엄청 많이 나와.

1 get along with ~와 잘[사이좋게] 지내다   **2** gonna 미국인들이 자주 쓰는 going to의 구어체 표현
5 Little did I think I'd ~ ~할 거라곤 거의 생각을 못했다 (little(거의 ~아닌)이 문두로 나오면서 주어와 동사가 도치된 경우. I'd는 I would의 축약형)   **6** make a mistake 실수를 하다

 발음 포인트

1 can't는 강조할 때 모음 [æ]를 강조해서 [애애] 하고, 마지막 t sound는 발음하지 않습니다. 긍정형 can은 짧고 약하게 [캔] 하거나 [큰] 정도로 약하게 발음하기도 합니다.
5 I would의 축약형 I'd는 [아이] + [ㄷ] = [아읻]로 발음합니다.

다음 문장과 대화를 듣고 따라 하면서 연음을 자연스럽게 익혀보세요.

8 A I was so impressed by Juliet in that film.
그 영화에 나오는 줄리엣한테 굉장히 감명받았어.

　　B Yes, she played her part so well. She has it in her to be a great actress.
그래, 그 여자는 자기 역할을 참 잘 소화해냈어. 대배우 기질이 다분해 보여.

　　A Oh, yeah. She is a born actress.
그래, 맞아. 타고난 배우야.

9 A I wanna change my room in the dorm.　기숙사에서 방 바꾸고 싶어.
　　B Why?　왜?
　　A I can't get along with my roommate.　룸메이트랑 잘 못 지내겠어.

10 A It's a beautiful day. Let's go for a walk.
날씨 참 좋다. 산책가자.

　　B I'd love to, but I don't feel well. I think I'm catching a cold.
맘은 정말 가고 싶은데, 몸이 좀 안 좋아. 감기 걸릴 거 같아.

　　A That's too bad. You'd better be careful then. A cold is no fun.
저런. 그럼 조심해야겠네. 감기 걸려 좋을 건 없으니까.

---

8 be impressed by ~에 의해 감명받다, ~에 깊은 인상을 받다　**9** wanna 미국인들이 자주 쓰는 want to의 구어체 표현 | dorm 기숙사 (dormitory의 약어)　**10** go for a walk 산책하러 가다 | catch a cold 감기에 걸리다 (cold 감기) | You'd better + 동사원형 ~하세요 (안 그러면 큰일나겠어요)

Part 4 연음

발음 포인트

8 played her part를 휘리릭 말하면 her의 h- 발음이 생략되어 played 'er[플레이더r]와 같이 연음됩니다. 여기다 played의 끝자음 [d]까지 굴리는 소리로 변형되면 [플레이러] 정도로 발음되기도 하죠.

10 cold is가 연음될 때 d sound가 분명히 들리기도 하지만, d를 약모음 앞에서 약화시키는 미국인들의 발음 습관에 따라 [코울르z]로 말하는 경우도 적지 않습니다. 참고로 cold의 -o-는 [오우]로 발음합니다.
한편, It's a beautiful day.에서 It's a는 [잇쩌] 정도로 연음되어 재빨리 지나가고 주요 내용인 beautiful을 강조해 말합니다. 또, Let's go for a walk.에서 for a는 [(f)포러러] 정도로 연음되죠.

Is there a gas station around here?

근처에 주유소가 있나요?

[-자음]+[자음-]	**자음으로 끝나는 단어와 같은 자음으로 시작하는 단어의 연음** **단어 간에 같은 자음이 연달아 나오면 한 번만 발음합니다. 즉, 앞 단어의 끝자음은 생략하고 이어지는 단어의 자음만 발음하면 되죠.**

bus stop **gas station**
want to **need to**

서양인들은 시간이나 에너지를 낭비하지 않고 철저히 효율을 따지는 사고방식을 갖고 있는데, 이는 말 습관에도 드러납니다. 같은 sound가 이어질 때 두 번 발음하지 않죠. summer도 '썸머'라 하지 않고 [써머*r*]라 하고, '아줌마'를 Ajumma라고 써주면 '아쥬마~'처럼 읽습니다.

두 단어 사이에 같은 자음이 붙을 때도 마찬가지예요. 예를 들어 bus stop(버스 정류장)은 '버s s땊'이 아니라 [버ㅅ땊]처럼 s sound를 한 번만 냅니다. bus의 끝 -s는 생략하고 stop의 첫 s-만 발음하는 식이죠. 또 [d]와 [t]처럼 혀 위치가 같은 자음이 연달아 나올 때도 비슷합니다. need to는 '니이이ㄷ 트'가 아니라 [니이이트]처럼 -d를 생략하고 t-만 발음합니다. 이처럼 같은 자음이나 발음 위치가 같은 자음이 이어질 때는 앞 자음을 생략하고 뒤 자음만 내는 게 자연스러운 영어식 발음입니다.

어구훈련

[-자음] + [자음-]의 연음을 듣고 따라 말해봅니다.

		😊 연음 후	🙁 연음 전
1	bus stop	[버ㅅ땁]	[버ㅆ] [ㅅ땁]
2	gas station	[개애ㅅ떼이션]	[개애ㅆ] [ㅅ떼이션]
3	perfect timing	[퍼어r(f)픽타이밍]	[퍼어r(f)픽ㅌ] [타이밍]
4	harvest time	[하아r(v)비ㅅ타임]	[하아r(v)비ㅅㅌ] [타임]
5	want to	[(우)워언트]	[(우)워언ㅌ] [트]
6	need to	[니이이트]	[니이이ㄷ] [트]
7	bad day	[배애데이]	[배애ㄷ] [데이]
8	with the	[(우)위(ð)더]	[(우)위ð] [(ð)더]
9	enough food	[이너어(f)푸읃]	[이너어f] [(f)푸읃]
10	were really	[워(어)뤼이얼리]	[워(어)r] [뤼이얼리]

1 버스 정류장 **2** 주유소 **3** 완벽한 타이밍 **4** 수확기 **5** ~하고 싶다 **6** ~해야 할 필요가 있다 **7** 일진이 안 좋은 날 **9** 충분한 음식

발음 포인트

6. 발음할 때 혀의 위치가 동일한 -d와 t-가 연달아 올 때 앞 단어의 끝 자음 -d는 생략하고 뒤 단어의 첫 자음 t-만 발음합니다.
7. -d와 d-가 연달아 올 때 앞 단어의 끝 자음 -d는 생략하고 뒤 단어의 첫 자음 d-만 발음하죠.
8. -th[ð]와 th[ð]-가 연달아 올 때 앞 단어의 끝 자음 -th[ð]는 생략하고 뒤 단어의 첫 자음 th[ð]-만 발음합니다.
9. enough의 -gh는 [f]로 발음됩니다. 따라서 enough food와 같이 [f] 발음이 연달아 올 때 앞 단어 enough의 [-f]는 생략하고 뒤 단어 food의 [f-]만 발음합니다.
10. [-r]과 [r-]이 연달아 올 때 앞 단어의 끝 자음 [-r]은 생략하고 뒤 단어의 첫 자음 [r-]만 발음합니다. 참고로 were에서 맨 끝의 모음 -e는 소릿값이 없습니다.

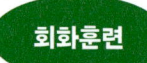

회화훈련 [-자음] + [자음-]의 연음을 실제 말하기에서 알아듣고 전달하는 연습을 할 차례입니다.

1 Can you drop me off at the bus stop?
가다가 나 버스 정류장에 좀 내려줄래?

2 Is there a big gas station around?
근처에 큰 주유소가 있나요?

3 He's such a big guy.
그 사람은 상당히 덩치가 큰 사람이야.

4 That's perfect timing.
그거 시간이 딱 맞았구만.

5 Did you ever try the market called Harvest Time?
'하비스트 타임'이라는 마켓은 가본 거야?

6 We don't have enough food to last through the weekend.
주말을 버틸 식량이 충분치가 않아.

7 People in this area were really concerned about the noise.
이 지역 사람들은 그 소음에 상당히 신경을 쓰고 있었죠.

1 drop off (차를 타고 가다) 도중에 내려주다 **6** last 지속하다 **7** be concerned about ~에 대해 신경을 쓰다, 염려하다

발음 포인트

2 같은 자음이 연달아 올 때는 한 번만 발음한다고 했습니다. 그래서 gas station은 [개애ㅅ떼이션]으로 발음하죠. 하지만 모든 일에 100%란 건 없죠. 이 문장에서 big gas는 자음 [-g]와 [g-]가 연달아 오지만 두 자음 모두 발음을 살려 [빅 개애ㅅ]와 같이 발음합니다. 따라서 big gas station은 [빅 개애ㅅ떼이션]으로 발음되죠.

3 He's such에서 He's의 -s sound는 생략하고 such의 s- sound만 발음합니다. 하지만 big guy의 g sounds는 둘 다 살려 [빅 가이]로 발음하죠.

6 enough food to는 [이너어(f)푸우트]에 가깝게 연음됩니다. enough food에서 f sounds도 한 번만 발음되고 food to에서 food의 -d sound도 생략되죠.

다음 문장과 대화를 듣고 따라 하면서 연음을 자연스럽게 익혀보세요.

8 A Can you drop me off at the bus stop?
버스 정류장에 나 좀 내려줄 수 있을까?

B No problem. That's on my way. 그럼. 가는 길인데 뭐.

A That's great. Thanks, Joe. 잘됐다. 고마워, 조.

9 A Is there a big gas station around here? 이 근처에 큰 주유소가 있나요?

B Yeah, the Shell Auto Care Station is the closest one. Stay on this road till you hit the first light. It's on your right.
네, 쉘 오토 케어 주유소가 제일 가까운데요. 첫 번째 신호등이 나올 때까지 계속 이 길 따라 쭉 가면 오른쪽에 있어요.

A Thanks a lot. 정말 고마워요.

10 A So, what's he look like? 그래, 그 사람 어떻게 생겼는데?

B Big and tall. Well, he's an athletic person with big bumpy arms and thighs. He's such a big guy.
몸집도 크고 키도 커. 울퉁불퉁한 팔다리에 굉장히 근육질이야. 꽤 덩치가 큰 사람이더라고.

A Sounds like a wrestler. Doesn't he have tattoos on his upper arms? Like an eagle or an anchor with ropes around it?
들어보니까 무슨 레슬링 선수 같다 야. 팔뚝에 문신 같은 건 없디? 독수리나 밧줄이 있는 닻 같은 거 말이야?

8 on one's way 가는/오는 길에 **9** around here 이 근처에 **10** What does he/she look like? 그 사람 어떻게 생겼어? | athletic (운동선수처럼) 몸이 탄탄한, 근육질인 | anchor 닻

발음
포인트

8 That's on은 연음되어 [(ð)대앹쩐] 정도로 발음됩니다.

9 around here에서 around의 끝 자음 -d는 보통 생략되어 [어롸운히얼(r)] 정도로 발음되는데요. here의 첫 자음 h-도 거의 생략해 [어롸우니얼(r)] 정도로 연음해 발음하기도 하죠.

10 What does he/she ~?와 같은 문장에서 조동사 does는 축약해서 [어z] 정도로 말하는 경우가 많습니다. 따라서 What과 연결되면 [(우)워러z] 또는 [(우)월쯔] 정도로 연음되죠. 후자의 경우 is의 축약형과 비슷하게 들려서 착각할 수도 있습니다. 의문문을 만드는 is나 does는 문법적 장치이므로 축약되는 경향이 많습니다.

47 축약 1: 조동사와 be동사의 축약

I'm sure he'll show up.

그 사람은 분명 올 거예요.

'll / 'd / 've 's / 'm / 're	**조동사와 be동사의 축약** 조동사와 be동사의 축약형은 해당 알파벳 발음 요령을 따르되 아주 약화되어 있는 듯 없는 듯 빠르게 발음하세요.
will → 'll have → 've am → 'm	would → 'd　　　had → 'd has → 's　　　　 is → 's are → 're

조동사와 be동사는 일상회화에서 축약해 아주 약하게 말할 때가 많습니다. 특히 주어가 인칭대명사로 나올 때 그렇죠. 미래 조동사 will은 인칭대명사가 뭐든 관계 없이 모두 'll[(어)을] 형태로 축약됩니다. 그래서 인칭대명사와 결합하면 I'll[아을], He'll[히을], We'll[(우)위을]처럼 아주 약화되죠.

조동사 would와 had(과거완료형과 had better 구문에서 쓰일 때)는 'd로 축약되어 거의 받침소리 [ㄷ]로 약화됩니다. have/has가 조동사로 쓰이면(현재완료형과 '~해야 한다'는 의미의 <have/has got to + 동사원형>으로 쓰일 때) have는 've로, has는 's로 축약되어 각각 [v]와 [z]로 약화됩니다.

끝으로, be동사 am은 'm[ㅁ], are는 're[어r], is는 's[z]로 약화되어 발음합니다. be동사는 활용 범위가 넓어 copier's / everybody's / what's / where's처럼 인칭대명사 외 명사나 의문사와도 자주 축약해 쓰입니다.

회화훈련 1

다음 문장을 듣고 따라 하면서 will의 축약형 'll 발음을 자연스럽게 익혀보세요.

1 I'll call you later.
이따 전화할게.

2 You'll regret that.
너 그거 후회할 거다.

3 He'll be on time.
그 사람 시간 맞춰 올 거야.

4 She'll make a good teacher.
그녀는 앞으로 좋은 선생님이 될 거야.

5 It'll take some time to finish this project.
이 프로젝트를 끝내는 데 시간이 좀 필요할 거야.

6 We'll be meeting again.
우리 다시 만나야겠죠.

7 They'll be sending you the picture.
그쪽에서 너한테 그 사진을 보내줄 거야.

---

1 later 이따, 나중에   **3** on time 시간 맞춰, 정각에
5 It'll take + 시간 + to + 동사원형 ~하는 데 (시간이) … 걸릴 것이다

발음 포인트

앞으로의 계획이나 의지, 다가올 상황에 대한 추측이나 예측을 나타낼 때 쓰이는 미래 조동사 will은 인칭대명사와 함께 쓸 때 보통 'll로 축약해서 말합니다. 특별히 주어의 의지를 강조해서 말하는 경우가 아니라면 말이죠. will은 끝소리인 자음 l sound 때문에 혀끝을 윗니 뒤에 대고 발음을 맺습니다. 따라서 [(우)위얼] 정도로 발음되죠. **축약형인 'll은 wi- sound가 생략되고 l sound만 남은 데다 문장에서 기능적인 역할을 할 뿐 핵심어가 아니기 때문에 발음이 더욱 약화되어 [(어)을] 정도로 발음됩니다.** 대명사와 함께 묶어서 발음을 입과 귀에 익혀두세요.

I'll [아을]   You'll [(이)유을]   He'll [히을]   She'll [쉬을]   It'll [잍을]
We'll [(우)위을]   They'll [(ð)데이을]

회화훈련 2 다음 문장을 듣고 따라 하면서 would와 had의 축약형 'd 발음을 자연스럽게 익혀보세요.

1 **I'd love to find harder workers.**
정말이지 더 열심히 일하는 직원들을 찾고 싶어요.

2 **You'd be wanting to be with him.**
너라도 그 사람하고 같이 있고 싶어질 걸.

3 **You'd better finish your homework before dinner.**
저녁 먹기 전에 숙제 끝내도록 해.

4 **She'd go get him in the car.**
그녀라면 차에 있는 그 사람을 데리러 갈 걸.

5 **He'd be okay there, I'm sure.**
그 사람 거기서 아무 일 없을 거예요, 내가 장담해요.

6 **We'd like to treat you.**
저희가 대접해 드리고 싶은데요.

7 **We'd forgotten to buy milk, so we had to go back.**
우유 사는 걸 깜빡해서 우린 다시 돌아가야만 했어.

8 **They'd find out.**
그 사람들이라면 알아내겠지.

3 You'd better + 동사원형 ~해, ~하세요 (보통 부모가 아이에게, 상사가 부하직원에게 주의나 경고를 할 때 자주 씀)　**4** go + 동사원형 가서 ~하다 (구어체 영어에서는 go 뒤에 습관적으로 to 없이 바로 동사원형을 씀)

발음
포인트

조동사 would와 had가 인칭대명사와 함께 쓰이면 실생활에서는 **'d로 축약**해서 말하는 경우가 많습니다. 따라서 **받침소리 [ㄷ d]** 정도로 살짝 발음되죠.
참고로, would는 단순히 will의 과거형으로 쓰이기보다는 위 예문에서 보듯 개별적인 의미의 조동사로 쓰일 때가 많습니다. 기본적으로 가정의 어감이 담겨 있어서 '(주어라면) ~할 걸, ~하게 될 걸, ~하겠지' 하는 식의 자신 없는 추측의 뜻을 전달할 수 있습니다. 그래서 '(나라면) ~하고 싶은데요 (어떨까요)'라며 공손하게 말을 할 때도 이 would를 활용해 I would like to ~라는 패턴을 쓰죠. had는 보통 <had + p.p.>의 과거완료형이나 had better(~해야 하다)의 형태로 쓰이기 때문에 would의 축약형과 문맥을 통해 충분히 쉽게 구분해낼 수 있습니다.

I'd [아읻]　　You'd [(이)윧]　　She'd [쉳]　　He'd [힏]
We'd [(우)윋]　　They'd [(ð)데읻]

회화훈련 3

다음 문장을 듣고 따라 하면서 have/has의 축약형 've/'s 발음을 자연스럽게 익혀보세요.

1 I've just got here.
나 여기 막 도착했어.

2 You've already finished it.
너 그거 벌써 끝냈구나.

3 We've already checked them out.
우리가 이미 그것들을 다 확인했습니다.

4 They've already left.
그들은 이미 떠나고 없어요.

5 He's been in New York for three months.
그 남자는 석 달째 뉴욕에 있어.

6 She's moved to Pittsburgh.
그 여자는 피츠버그로 이사 갔어.

7 It's been a while since we last talked.
우리가 마지막으로 얘기 나눈 지가 한참 됐지.

1 get 도착하다, 닿다   **6** Pittsburgh 피츠버그 (미국 펜실베이니아 주 남서부의 도시)
7 It's been a while since 주어 + 과거동사 ~한 지 꽤 됐어

발음 포인트

<have/has + p.p.>의 현재완료형이나 have/has to의 구어체 표현인 have/has got to(~해야 하다)에서의 have/has가 인칭대명사와 함께 쓰일 때는 've/'s로 축약되는 경우가 많습니다. **have의 축약형인 've는 [v]로 발음되고, has의 축약형인 's는 [z]로 발음**되죠. 앞서 발음요령을 이미 숙지했지만 다시 한번 짚어보면, [v]는 윗니로 아랫입술을 살짝 깨물고 성대를 울리며 '후욱' 하고 입안 공기를 내뿜는 발음입니다. 또, [z]는 혀를 입천장에 대지 않고 혀의 떨림이 간질간질할 정도로 zzz- 하고 성대를 울려 내는 소리입니다.

I've [아이v]   You've [(이)유v]   We've [(우)위v]   They've [(ð)데이v]
He's [히z]   She's [쉬z]   It's [잍z]

 **회화훈련 4**   다음 문장을 듣고 따라 하면서 인칭에 따른 **be동사**의 축약형 발음을 자연스럽게 익혀보세요.

---

1   **I'm** so happy to stay away from the muggy weather.
후덥지근한 날씨에서 벗어나 있을 수 있어서 정말 좋다.

---

2   **You're** so lucky. You could be dead by now.
너 진짜 운 좋다. 지금쯤이면 죽을 수도 있었어.

---

3   **We're** out of drinking water.
우리 마실 물이 다 떨어졌어.

---

4   **They're** soul mates.
그들은 정말 천생 연분이라니까.

---

5   **He's** trying to learn how to cook better.
그 사람은 요리를 더 잘하는 법을 습득하려고 노력하고 있어.

---

6   **She's** the right person for that.
그녀가 그 일에는 적격이지.

---

7   **It's** the monsoon season.
요즘은 장마철이야.

---

8   **Where's** everybody?
다들 어디 갔어?

---

1 stay away from ~를 멀리하다, ~에서 벗어나다   **2** by now 지금쯤이면   **3** be out of something ~이 바닥나다, 다 떨어지다   **7** monsoon season 장마철, 우기

발음 포인트

주로 신분, 직업, 이름 소개, 혹은 사물·장소의 유무 등을 표시하는 be동사는 축약되어 발음하는 경우가 흔합니다. be동사는 진행형이나 수동태 문장에서 문법적 틀을 만드는 데 활용되기도 하는데 이때에도 흔히 발음이 축약되죠. **'있다'는 뜻을 특별히 강조하고 싶거나, 명령어법으로 말할 때가 아닌 이상 축약되어 존재감이 미미한 게 보통**입니다.

I'm [아음/암]   You're [(이)유어r]   We're [(우)위어r]   They're [(ð)데이어r]
He's [히z]   She's [쉬z]   It's [잍z]   Where's [(우)웨얼(r)z]

회화훈련 5

다음 대화를 듣고 따라 하면서 조동사 또는 be동사의 축약형 발음을 자연스럽게 익혀보세요.

1
- A **He's** not in the office right now. Can I take a message?
  그 분은 지금 사무실에 안 계신데요. 전하실 말씀 있으세요?
- B No, **I'll** call him later. Thanks.   아뇨, 이따 다시 전화하죠. 감사합니다.

2
- A She seems to be happy with the kids.
  저 분은 아이들하고 참 잘 지내는 것 같아요.
- B Yes, she does. **She's** been of great help to us as a teacher's assistant.   네, 그래요. 보조교사로 저희한테 무척 도움이 되세요.
- A I'm sure that **she'll** make a good teacher.   분명 좋은 교사가 될 거예요.

3
- A **She'd** go get him in the car if you ask her to.
  네가 부탁하면 그 애가 가서 차에 있는 그 사람 데려올 걸.
- B **You're** saying that **she'd** be happy to do that 'cause she could finally get a chance to talk to him.   네 말은 그 애라면 기꺼이 갈 거란 말이지. 드디어 그 사람한테 말 걸 기회가 생길 테니까.
- A Exactly.   그렇지.

4
- A They want more money, and longer holidays. And yet, **they're** behind schedule with this project.
  그 사람들 돈도 더 올려주고 휴가도 더 달라고 하네. 이 프로젝트는 일정보다 뒤처지게 일해 놓고 말야.
- B So, what do you have in mind?   그래서 어떻게 할 생각인데?
- A **I'd** love to find harder workers.   정말이지 더 열심히 일하는 사람들을 찾고 싶어.

5
- A Hey, Mary. **Where's** everybody?   안녕, 메리. 다들 어디 있어?
- B Hi, Rick. I don't know. **I've** just got here. Maybe **they're** on their way here.   안녕, 릭. 나도 몰라. 나도 막 도착했거든. 아마도 다들 오는 중이겠지 뭐.

---

1 take a message 메시지를 남기다   **2** of great help 무척 도움이 되는 (of + 명사 = 형용사)
4 behind schedule 일정이 뒤처진

발음 포인트

1. He's not in the office right now.에서 He가 지금 사무실에 '없다'는 내용이 중요하므로 not을 강조해 말합니다.
2. She's been ~에서 She's는 She has의 축약형입니다.
3. 이 대화에서 She'd와 she'd는 모두 She/she would의 축약형입니다. 4번의 I'd도 I would의 축약형입니다.

48 | 축약 2: 조동사와 부정어 not이 만날 때

It doesn't make sense.

말이 안 돼.

조동사 n't	조동사와 짝을 이룬 부정어 not의 축약 조동사와 부정어 not이 만나서 축약되면 습관적으로 마지막 -t를 발음하지 않습니다.

do not → don't	does not → doesn't	did not → didn't
will not → won't	cannot → can't	

일반동사의 의문문을 만들 때 조동사 do가 쓰인다(3인칭 주어에서는 does / 과거형은 인칭 관계없이 did)는 건 이미 잘 알고 있을 텐데요. 부정문을 만들 때도 do 동사가 쓰이죠. 이때는 not을 특히 강조해야 하는 경우가 아니라면 보통 don't / doesn't / didn't와 같이 축약해서 쓰는 게 보통입니다. 이 경우 마지막 t sound는 발음하지 않는 경우가 대부분이죠.

또, 조동사 will과 can이 긍정문에서 쓰일 때는 will은 'll로 축약되어 발음이 약화되고 can은 [컨/큰] 정도로 발음이 약화됩니다. 하지만 부정어 not이 붙으면 이야기는 달라지죠. 이들 조동사의 부정어도 특별히 not만 따로 떼서 강조해 말하고 싶은 경우가 아니라면 will not은 won't로, cannot은 can't로 줄여 말하는데요. 마지막 t sound는 거의 생략되다시피 하지만 won-[(우)워오운]과 can-[키애앤(캐앤)] 부분의 발음을 긍정형일 때보다 훨씬 더 확실하고 또렷하게 발음해 줍니다. not의 의미를 제대로 전달하지 않으면 의미가 완전 반대가 되니까 당연히 그래야겠죠. 다시 말해 축약형인 것치고는 다른 축약형에 비해 강조해 말하게 된다는 것이죠.

회화훈련 1

다음 문장을 듣고 따라 하면서 don't과 doesn't의 발음을 자연스럽게 익혀보세요.

1 I don't have it with me.
   그거 나한테 없는데(내가 안 가지고 왔는데).

2 You don't understand.
   넌 몰라(이해 못 해).

3 We don't have much time.
   우리 시간이 많지 않아.

4 They don't get it.
   그 사람들은 이해 못하고 있어.

5 She doesn't speak to you.
   그녀는 너한테 말도 안 걸어.

6 He doesn't promise.
   그는 약속을 안 해.

7 It doesn't make sense.
   그건 말이 안 돼.

4 get 이해하다, 알아듣다 **7** make sense 이치에 맞다, 말이 되다

발음 포인트

don't/doesn't를 천천히 발음하면 [도운ㅌ]/[더즌ㅌ]입니다. 하지만 문장 속에서 원어민의 속도로 말하면 마지막 t sound는 거의 들리지 않아 [도운]/[더즌] 정도로만 들리는 경우가 많죠.

참고로, 조동사 do/does/did는 일반동사의 의문문이나 부정문을 만들 때 필요합니다. 의문문을 만들 때는 문두에 Do/Does/Did가 오거나 <의문사 + do/does/did ~?>의 형태로 오고, 이때 do/does/did는 약하게 발음되지만, 오히려 부정문으로 쓰일 때는 do/does/did의 발음이 약화되지 않습니다. -n't의 끝 자음 t sound만 약화될 뿐이죠.

I don't [아이도운]   You don't [(이)유도운]
We don't [(우)위도운]   They don't [(ð)데이도운]
He doesn't [히더(z)즌]   She doesn't [쉬더(z)즌]   It doesn't [잍더(z)즌]

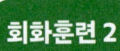

회화훈련 2   다음 문장을 듣고 따라 하면서 didn't의 발음을 자연스럽게 익혀보세요.

---

1   I didn't ask him.
　　 난 그 사람한테 부탁 안 했어/안 물어봤어.

---

2   You didn't call me.
　　 너 나한테 전화 안 했잖아.

---

3   We didn't sleep at all.
　　 우린 한숨도 못 잤어.

---

4   They didn't like it.
　　 그들은 그걸 마음에 들어 하지 않았어(탐탁하게 여기지 않았어).

---

5   She didn't invite us.
　　 그녀는 우리를 초대하지 않았어.

---

6   He didn't see me.
　　 그는 날 보지 못했어.

---

7   It didn't work out.
　　 그건 효과가 없었어.

---

8   I tried on the shoes, but they didn't fit right.
　　 신발을 신어봤는데 딱 맞지가 않았어.

---

1 ask 부탁하다, 물어보다   **8** try on + 신발/옷 (가게에서 신발이나 옷을) 신어보다, 입어보다 | fit (사이즈가) 맞다

발음 포인트

조동사 do/does의 과거형인 did의 부정형은 did not이죠. did not은 특별히 강조해서 말해야 하는 경우가 아니라면 보통 didn't로 축약해서 말하는데요. 천천히 말하면 [디든ㅌ]이지만, 문장 속에서 원어민의 속도로 말하면 마지막 t sound는 거의 들리지 않아 [디든] 정도로만 들립니다. 또 두 번째 -d-가 굴러가는 소리로 변형되어 [디른] 정도로 발음되는 경우도 많습니다.

I didn't [아이디든/른]　　　You didn't [(이)유디든/른]
We didn't [(우)위디든/른]　　They didn't [(ð)데이디든/른]
He didn't [히디든/른]　　　　She didn't [쉬디든/른]
It didn't [잍디든/른]　　　　　Those didn't [(ð)도우z디든/른]

회화훈련 3 다음 문장을 듣고 따라 하면서 won't의 발음을 자연스럽게 익혀보세요.

1 I won't do that again.
   다신 안 그럴게.

2 You won't tell.
   넌 말하지 않을 거야.

3 We won't be here.
   우린 여기에 없을 거야.

4 They won't be back.
   그들은 돌아오지 않을 거야.

5 He won't listen to me.
   그 사람은 내 얘기 안 들을 거야.

6 She won't get out.
   그녀는 나오지 않으려고 해.

7 It won't be long.
   오래 걸리지 않을 거야.

5 listen to + 사람 ~의 얘기를 잘 듣다

발음 포인트

will not의 축약형은 won't[wount]로, 발음이 좀 까다롭습니다. **입술을 동그랗게 모아 앞으로 쭉 내밀고 [(우)워오운]을 재빨리 부드럽게 이어 한 글자처럼 들리게 발음**하세요. 역시 마지막 t sound는 발음하지 않습니다. will not의 축약형 won't와 다음에 오는 동사는 모두 강조하면서 또박또박 말해줍니다. 그 둘 사이에 살짝 짧은 호흡 정도의 pause를 넣어 명확히 전달되도록 말합니다.

I won't [아이워오운]   You won't [(이)유워오운]
We won't [(우)위워오운]   They won't [(ð)데이워오운]
He won't [히워오운]   She won't [쉬워오운]   It won't [잍워오운]

 **회화훈련 4** 다음 문장을 듣고 따라 하면서 can과 can't의 차이를 자연스럽게 익혀보세요.

1. I **can** go to the party tonight. 오늘밤 파티에 갈 수 있어.
   I **can't** go to the party tonight. 오늘밤 파티에 못 가.

2. You **can** finish that project by tomorrow. 넌 내일까지 그 프로젝트 마칠 수 있어.
   You **can't** finish that project by tomorrow. 넌 내일까지 그 프로젝트 못 끝내.

3. We **can** go hiking this weekend. 우리 이번 주말에 하이킹 갈 수 있어.
   We **can't** go hiking this weekend. 우리 이번 주말에 하이킹 못 가.

4. They **can** make it to the event. 그 사람들 행사에 올 수 있어.
   They **can't** make it to the event. 그 사람들 행사에 못 와.

5. He **can** handle it. 그 사람이 그 일 처리할 수 있어요.
   He **can't** handle it. 그 사람은 그 일 처리 못 해요.

6. She **can** play the guitar. 그 여자애는 기타 칠 줄 알아.
   She **can't** play the guitar. 그 여자애는 기타 못 쳐.

7. It **can** be easier to assemble than you think. 네 생각보다 조립이 더 쉬울 수 있어.
   It **can't** be this hard to assemble. 조립이 이렇게 어려울 리가 없어.

3 go hiking 산이나 들로 트래킹하다 **4** make it to + 장소/행사 ~에 (별탈없이) 가다 **5** handle 다루다, 처리하다 **6** play the + 악기 ~(악기)를 연주하다 **7** assemble 조립하다 | It can't be ~ ~일 리가 없어

발음 포인트

can't[키애앤]의 경우, 사전에 적힌 긍정형 can의 발음 [kæn]이 실제 대화에서는 부정형처럼 들릴 수 있습니다. 긍정형은 [큰]/[컨]처럼 [æ] 모음이 약화돼 묻히고([캔]처럼 들릴 때도 짧고 약하게 발음), 부정형은 [æ]를 또렷하게 살짝 끌어주며 강조해서 말하죠.
'~할 수 없다'는 메시지는 꼭 전달되어야 하므로, 부정형 can't은 확실히 들립니다.

I can [아이컨(큰)]	→	I can't [아이키애앤(캐앤)]
You can [(이)유컨(큰)]	→	You can't [(이)유키애앤(캐앤)]
He can [히컨(큰)]	→	He can't [히키애앤(캐앤)]
She can [쉬컨(큰)]	→	She can't [쉬키애앤(캐앤)]
We can [위컨(큰)]	→	We can't [위키애앤(캐앤)]
They can [(ð)데이컨(큰)]	→	They can't [(ð)데이키애앤(캐앤)]

회화훈련 5
다음 대화를 듣고 따라 하면서 <조동사n't>의 발음을 자연스럽게 익혀보세요.

1 A What happened? 어떻게 됐어?
　　B He didn't show up. 그 사람 나타나질 않았어.
　　A He stood you up? 널 바람맞혔구나?
　　B I don't want to talk about it. 그 얘기는 하고 싶지 않아.

2 A She doesn't speak to you. 그 애 너한테 말도 안 거네.
　　B No, she doesn't. She doesn't even look at me.
　　응, 안 해. 날 쳐다보지도 않더라고.

3 A What's wrong, Linda? 왜 그래, 린다?
　　B My son won't eat. 우리 애가 먹질 않아.
　　A He won't eat anything? Maybe he's sick. You need to get him checked out. 아무것도 안 먹어? 아픈 거 아냐. 병원 데려가봐.

4 A I've been to three stores, but I still can't find anything I like.
　　가게를 세 군데나 돌아다녔는데, 아직도 맘에 드는 걸 찾았거든요.
　　B Perhaps this will serve your purpose.
　　아마 이게 손님이 찾으시는 용도에 맞을 거예요.
　　A Well, these look good. Can I try them on?
　　그래요, 이거 좋아 보이네요. 한번 입어 봐도 될까요?

---

1 show up (약속장소에) 나타나다, 오다 | stand someone up ~를 바람맞히다

발음 포인트

1 didn't[디든/른]은 did not의 축약형이며, don't[도운]은 do not의 축약형입니다. want to는 연음되어 [원트] 정도로 들리죠. want의 -t 발음은 생략되고 to는 발음이 약해집니다. 또 구어체에서는 wanna[워너/워나]로 말하는 미국인들도 많습니다.

2 doesn't[더(ز)즌]은 does not의 축약형이죠.

3 won't[(우)워우운]은 will not의 축약형으로 발음이 까다로우므로 아직까지 부담스럽다면 문장훈련으로 돌아가 몇 번 더 반복훈련을 하세요.

4 can't은 [키애앤] 정도로 발음됩니다. can이 의문문 문두에 올 때는 모음 [æ]의 발음이 노골적으로 강조되는 건 아니지만 살짝 살아나죠. 따라서 Can I는 [캐나이] 정도로 발음됩니다.

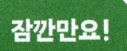 긍정형 can이 강조되는 경우와 이때 can't과는 어떻게 구분해서 발음하는지 잘 듣고 따라해보세요.

1   A   Can you write it down for me?
저를 위해 기록 좀 해줄 수 있어요?

   B   I think I can.
할 수 있죠.

2   A   Can you write it down for me?
저를 위해 기록 좀 해줄 수 있어요?

   B   I'm sorry I can't.
죄송하지만 못 해드려요.

3   A   I think you can call her and talk to her.
그 분한테 전화해서 얘기 나눠보면 될 것 같은데.

   B   Yes, I think I can. Why not?
응, 그러면 될 것 같아. (하면 되지) 왜 안 되겠어?

4   A   I think you can call her and talk to her.
그 분한테 전화해서 얘기 나눠보면 될 것 같은데.

   B   No, I can't. I'm too scared.
아니, 난 못 해. 너무 무서워.

1 write down 기록하다   3 Why not? (강한 긍정의 대답) 왜 안 되겠어? (당연히 된다는 의미)

발음 포인트

앞서 언급된 동사의 의미를 함축하면서 말을 받아치는 경우에 <주어 + can>의 형태로 말을 딱 끝내는 경우들이 있는데요. 이때 can은 동사의 의미를 압축한 일종의 대동사(동사를 대신하는 말) 역할을 하며, [캐앤]으로 원래의 발음을 십분 살려 강조해 말합니다. 부정형 <주어 + can't>으로 받아치는 경우엔 [캐앤ㅌ]로 't 발음을 살려 강조해 말합니다.

49 | 단어강세 1: 2음절 단어의 강세

Message or massage?

메시지요? 마사지요?

[강–약] [약–강]	**2음절 단어의 강세** 2음절 단어는 첫 번째 음절에 강세가 들어가는 경우 [강–약]으로, 두 번째 음절에 강세가 들어가는 경우 [약–강]의 리듬으로 발음하세요.
básk̀et **desígn**	**tárget**　　　　**méssage** **enjóy**　　　　**masságe**

우리말과 달리 영어는 리듬을 타는 언어입니다. 우리말이 리듬감이 없다는 것을 대형 식품매장의 직원들이나 비행기 승무원들이 이렇게 말하는 걸 들어보면 알 수 있습니다. "안녕하십니까—", "시식해보고 가세요—"처럼 한 음으로 쭉 말하다가 끝에서만 길게 끌죠. 반면 영어는 울림과 박자가 다양합니다. 단어나 문장을 이루는 요소를 같은 강세로 말하지 않고, 짧은 단어에도 힘주는 음절과 슬쩍 넘기는 음절이 있어요. 문장에서도 중요한 단어는 힘주어 말하고, 나머지는 흘려버리죠. 그래서 영어는 강조되는 부분만 잘 들어도 절반 이상은 뜻을 파악할 수 있어요.

리듬감과 박자감의 첫 단계는 단어 강세입니다. 먼저 짧은 단어의 강세부터 익혀보세요. 강세는 모음을 기준으로 나타나며, 강세가 있는 모음은 높고 또렷하게 발음하고, 그렇지 않으면 약화되거나 생략됩니다. 이렇게 약한 모음의 소리가 줄어들수록 강한 음절이 더 두드러지죠.

단어훈련 1

2음절 단어 중 첫 음절에 강세가 들어간 단어를 듣고 따라 말해봅니다.

		😊 미국식 발음	😞 잘못된 발음
1	éssence	엣쓴ㅆ [ésəns]	에센스
2	céllphone	쎄엘(f)포운 [sélfoun]	셀폰
3	lével	(l)레(v)블 [lévəl]	레벨
4	lípstick	(l)리잎ㅅ띡 [lípstik]	립스틱
5	méssage	(음)메에씨쥬 [mésidʒ]	메세지
6	básket	배애ㅆ킽 [bǽskit]	바스켓
7	cóver	커(v)벌(r) [kʌ́vər]	카바/커버
8	tárget	타아r긷 [táːrgit]	타겟
9	jácket	줴애킽 [dʒǽkit]	자켓
10	ténnis	테에니ㅆ [ténis]	테니스

1 본질, 정수 **2** 휴대폰 **3** 수준 **4** 립스틱 **5** 메시지 **6** 바구니 **7** 커버, 덮다, 씌우다 **8** 과녁, 목표 **9** 재킷 **10** 테니스

발음 포인트

2음절 단어에서 첫 음절에 강세가 있는 단어는 [강—약]으로 리듬을 타면서 발음하세요. 위에 제시된 단어들은 모두 우리말화 되어 쓰이는 표현들이기도 한데요. 우리말로 할 때는 강약이 없어 한 자 한 자 밋밋하게 말합니다. 그래서 우리 식대로 말하면 원어민은 잘 알아듣지 못합니다. 영어는 단어부터 강약의 리듬이 분명히 실리는 언어입니다.

1 우리는 강약 없이 똑같은 음높이로 '에센스'라고 하지만 영어 essence[엣쓴ㅆ]는 1음절에 힘을 주어 발음합니다. 그러다 보니 2음절의 모음은 '어/으' 정도로 약화되죠.

2 cellphone은 cell phone과 같이 두 단어로 쓰기도 합니다만, 어쨌든 cell에 강세를 넣어 말하는 데는 변함없습니다. 강세를 넣어 말하다 보면 cell[쎌]에 힘이 들어가 [쎄엘]처럼 살짝 늘어지는 느낌이 듭니다.

4, 10 lipstick과 tennis는 하다못해 우리가 보통 하는 말에다 강세만 첫 음절에 넣어줘도 영어 발음에 가까워집니다.

단어훈련 2

2음절 단어 중 두 번째 음절에 강세가 들어간 단어를 듣고 따라 말해봅니다.

		😊 미국식 발음	☹ 잘못된 발음
1	ca**réer**	커**뤼**이어r [kəríər]	커리어
2	de**sígn**	디(드)(z)**자**아인 [dizáin]	디자인
3	en**jóy**	인**죠**어이 [indʒɔ́i]	엔조이
4	ho**tél**	호(흐)오**테**엘 [houtél]	호텔
5	mas**ságe**	머**싸**아아쥬 [məsáːʒ]	마사지
6	sham**póo**	쉐앰**푸**우우 [ʃæmpúː]	샴푸
7	six**téen**	씩쓰**티(띠)**이인 [sìkstíːn]	식스틴
8	per**cént**	펄(r)**쎄**엔트 [pərsént]	퍼센트
9	re**pórt**	뤼**포**어얼(r)트 [ripɔ́ːrt]	리포트
10	se**dán**	씨(쓰)**대**앤 [sidǽn]	세단

1 (오랜 기간에 걸쳐 차곡차곡 전문성을 쌓아가는) 직업   2 디자인   3 즐기다   4 호텔   5 마사지   6 샴푸
7 (숫자) 16   8 퍼센트   9 보고(서), 보도, 보고하다, 보도하다   10 (자동차) 세단

발음 포인트

2음절 단어에서 두 번째 음절에 강세가 있는 경우, [약—강] 리듬으로 발음하세요. 강세 모음은 장음이 아니어도 자연스럽게 길어져 [á 아아], [í 이이], [ǽ 애애]처럼 들립니다. 장음일 경우엔 이보다 더 길게 끌어 발음하는 경향이 있습니다.

1. 우리는 강약 없이 똑같은 음으로 '커리어'라고 말하지만, 실제 영어로 말할 때는 2음절에 강세를 넣어 career[커**뤼**이어r]라고 해야 합니다.
2. design의 de-[di]는 '드'로 들릴 정도로 모음 소리가 약화되기도 합니다. 그래서 다음에 나온 강세 음절인 -sign이 상대적으로 더욱 두드러지는 것이죠.
5. 철자 하나 차이로 발음이 확 달라집니다. 첫 음절에 강세가 있는 message[(음)**메**에씨쥬]와 잘 구별하세요.
7. -teen으로 끝나는 숫자는 모두 강세가 뒤에 옵니다. 장모음 -ee-[이이이]를 확실하게 끌어주세요.

잠깐만요
2음절 단어 중 명사냐 동사냐에 따라 강세가 달라지는 단어를 구분해 발음해 보세요.

---

1 discount   명 [dískaunt] 할인   동 [diskáunt] 할인하다

I received a discount on my purchase because of the store's summer sale.   그 가게가 여름 세일을 해서 물건 살 때 할인 받았어.

The manager decided to discount the price of the old stock to clear the shelves.   점장은 묵은 재고를 싹 정리하기 위해 가격을 할인하기로 했어요.

---

2 import   명 [ímpɔːrt] 수입   동 [impɔ́ːrt] 수입하다

The import of foreign cars has increased significantly in the last decade.   외제차 수입이 지난 10년 간 크게 증가했어요.

They plan to import exotic fruits from tropical countries to diversify their product line.   그들은 제품라인을 다양화하기 위해 열대과일을 수입할 계획입니다.

---

3 present   명 [préznt] 선물, 현재   동 [prizént] 주다, 발표하다

She received a beautiful present for her birthday.   그녀는 생일에 아름다운 선물을 받았어.

The professor will present her research findings at the conference next week.   교수님은 다음주 학회에서 연구 결과를 발표할 거예요.

---

4 content   명 [kántent] 내용(물), 콘텐츠   동 [kəntént] 만족시키다

The content of the book was informative and well researched.   책 내용이 조사가 참 잘되어 있고 유용해.

We tried to content ourselves with the limited resources available to complete the project.   우리는 제한된 자원에 만족하려 애쓰며 프로젝트를 완료했습니다.

---

2 **exotic** 이국적인 | **tropical country** 열대성 기후에 속하는 국가   3 **finding** (조사, 연구 등의) 결과
4 **available** 이용할 수 있는

발음 포인트

같은 단어라도 동사와 명사일 때 강세가 달라지는 경우가 있습니다. 보통 '명전동후'라고 해서 명사일 때의 강세는 앞 음절에 있고, 동사일 때의 강세는 뒤 음절에 있을 때가 대부분이죠. 강세가 있는 음절의 모음은 강화되고, 강세가 없는 음절의 모음은 상대적으로 약화됩니다.

3 **present**는 '현재의'라는 의미의 형용사로도 쓰이는데, 이 경우 발음은 [préznt]로 명사와 동일합니다.

4 **content**는 명사와 동사일 때 의미 자체가 달라집니다. '만족하고 있는'이란 의미의 형용사로도 쓰이는데, 이 경우 발음은 [kəntént]로 동사와 동일합니다.

50 | 단어강세 2: 3음절 단어의 강세

50.mp3

We saw a comedy show in Las Vegas.

우린 라스베이거스에서 코미디 쇼를 봤어.

[강–약–약/중강] [약–강–약] [중강–약–강]	**3음절 단어의 강세** 3음절 단어는 첫 번째 음절에 강세가 들어가는 경우 [강–약–약/중강], 두 번째 음절에 강세가 들어가는 경우 [약–강–약], 세 번째 음절에 강세가 들어가는 경우 [중강–약–강]의 리듬으로 발음하세요.
cómedy Neváda	márgarine tomáto overcóme guarantée

리듬은 강약의 조절과 흐름으로 만들어집니다. 3음절 단어의 경우, 아주 세부적으로 나누면 다양한 경우가 있지만, 크게는 강세가 첫 번째, 두 번째, 세 번째 음절에 오는 3가지로 나눌 수 있습니다.

여기서 중요한 점은, 강세가 들어가는 주변부는 자연스럽게 약하게 발음되고, 반대로 약하게 발음되는 주변부는 상대적으로 강하게 들리기도 한다는 사실입니다. 예를 들어 2음절에 강세가 오면 앞뒤 음절은 약하게 발음되고(약-강-약), 3음절에 강세가 오면 2음절은 약하게, 1음절은 상대적으로 중간 강도로 발음됩니다(중강-약-강). 1음절에 강세가 오는 경우, 뒤의 2·3음절은 단어에 따라 약-약으로 마무리되기도 합니다.

단어훈련 1

3음절 단어 중 1음절에 강세가 들어간 단어를 듣고 따라 말해봅니다.

		☺ 미국식 발음	☹ 잘못된 발음
1	Ámazòn	애애머(z)자아안 [ǽməzàn]	아마존
2	cómedy	카아므디(리) [káməd(t)i]	코메디
3	ópera	아아뻐롸 [ápərə]	오페라
4	dédicàte	데에디(리)케잍 [déd(t)ikèit]	데디케이트
5	márgarine	마아r줘륀 [má:rdʒərin]	마아가린
6	téchnical	테엨니껄 [téknikəl]	테크니컬
7	véteran	(v)베에러륀 [vétərən]	베테랑
8	fóreigner	(f)포어뤼널(r) [fɔ́:rənər]	포리너
9	góvernment	거어(v)벌(r)먼ㅌ [gʌ́vərnmənt]	가버먼트
10	másterpiece	매애ㅅ털(떨)피이이ㅆ [mǽst(t)ərpis]	마스터피스

1 아마존 2 코미디, 희극 3 오페라 4 헌신하다 5 마가린 6 기술상의 7 베테랑, 퇴역군인 8 외국인 9 정부 10 걸작

발음 포인트

3음절 단어에서 첫 음절에 강세가 있는 단어는 [강-약-약] 또는 [강-약-중강]으로 리듬을 타면서 발음합니다. 가장 강한 강세는 제1강세(primary accent), 그 다음으로 강한 것은 제2강세(secondary accent)라고 하며, 발음기호에는 각각 '와 `로 표기됩니다.

1 [강-약-중강]의 리듬으로 [애애머(z)쟈아안]으로 발음합니다. 첫 음절에 제일 강세가 있기 때문에 [ǽ]는 [애애] 정도로 길게 끌며 발음되죠. 또한 마지막 음절의 [à]는 바로 앞 음절보다 강하게 발음되기 때문에 이 역시 [아아] 정도로 끌며 발음되죠. [z]는 성대를 울려 혀바닥까지 진동이 느껴지게 하는 발음이다 보니 이 발음에 충실하게 발음하다 보면 [-zàn]이 마치 [쟈아운] 또는 [죠오운]처럼 들리기도 합니다.

2 d sound 뒤에 이어지는 모음에 강세가 없는 경우 d sound는 보통 [카아므리]처럼 굴려 발음합니다. 4번의 dedicate에서 두 번째 -d-도 마찬가지이죠. t sound도 같은 현상이 나타나기 때문에 7번의 veteran에서 -t-도 굴리는 소리 [t]로 발음되는 경향이 있습니다.

단어훈련 2

3음절 단어 중 2음절에 강세가 들어간 단어를 듣고 따라 말해봅니다.

		😊 미국식 발음	☹ 잘못된 발음
1	ap**á**rtment	어**파**알(r)ㅌ먼(ㅌ)[əpɑ́ːrtmənt]	아파트먼트
2	van**í**lla	(v)버**니**얼러[vənílə]	바닐라
3	ban**á**na	버**내**애너[bənǽnə]	바나나
4	tom**á**to	터**메**이로우[təméitou]	토마토
5	Chic**á**go	쉬**카**아고우[ʃikɑ́ːgou]	시카고
6	comp**ú**ter	컴**퓨**우우럴(r)[kəmpjúːtər]	컴퓨터
7	cond**í**tion	컨**디**이션[kəndíʃən]	컨디션
8	fant**á**stic	(f)팬**태**애ㅅ띡[fæntǽstik]	판타스틱
9	Nev**á**da	너(v)**바**아아러[nəvɑ́ːtə]	네바다
10	Las V**é**gas	라아ㅆ(v)**베**이거ㅆ[laːs véigəs]	라스베가스

1 아파트 (미국에서는 여러 가구가 사는 공동주택을 모두 apartment라고 함)　**2** 바닐라　**3** 바나나　**4** 토마토
5 시카고 (미국 일리노이 주에 있는 미국 제2의 대도시)　**6** 컴퓨터　**7** 조건, 상태　**8** 환상적인
9 네바다 (미국 서부의 주)　**10** 라스베이거스 (미국 네바다 주의 남동부에 있는 도시)

발음
포인트

3음절 단어에서 두 번째 음절에 강세가 있는 단어는 [약-강-약]으로 리듬을 타면서 발음합니다. 중간 음절에 강세가 들어가다 보니 앞뒤의 음절은 자연스럽게 약하게 발음되는 것이죠.

3, 4 우리말화되어 쓰이는 과일이름 중에 주의해야 할 대표적인 발음들입니다. banana는 2음절에 강세를 넣어 [버**내**애너]라고 발음합니다. tomato 역시 2음절에 강세가 들어가죠. 이때 마지막 음절의 -t-는 굴리는 소리로 변형되어 'ㄷ' 또는 'ㄹ'에 가깝게 들립니다.

9 1음절과 3음절의 약모음 [ə] 발음은 마치 '에'나 '아'처럼 들려 Nevada가 [네(v)바아아라]처럼 들리기도 합니다. 중요한 건 [ə]가 약하게 발음된다는 점입니다. 강세가 들어가는 음절에 제대로 강하게 리듬을 타주고 [ə] 발음은 그저 약하게 자연스러운 리듬에 맡기세요.

10 Ve-의 -e-는 [e]가 아니라 [ei]로 발음된다는 점에 주의하세요. 참고로 미국인들은 Las Vegas를 Vegas라고 줄여서 부르기도 합니다.

단어훈련 3

3음절 단어 중 3음절에 강세가 들어간 단어를 듣고 따라 말해봅니다.

		☺ 미국식 발음	☹ 잘못된 발음
1	èntertáin	에널(r)테에인[èntərtéin]	엔터테인
2	overcóme	오우(v)벌(r)커엄[ouvərkʌ́m]	오버컴
3	rècomménd	뤠커메엔ㄷ[rèkəménd]	레커멘드
4	dìsagrée	디이써그뤼이이[dìsəgríː]	디스어그리
5	guarantée	개애뤈티이이[gærəntíː]	개런티
6	employée	임(엠)플로어이이이 [i(è)mplɔ́íː]	임플로이
7	èngineér	엔쥐니이얼(r) [èndʒiníər]	엔지니어
8	vòluntéer	(v)바얼런티이얼(r) [vɑ̀ləntíər]	볼런티어
9	cìgarétte	씨거뤠엩[sìgərét]	시가렛
10	màyonnáise	메이어네이z[mèiənéiz]	마요네즈

1 즐겁게 하다 **2** 극복하다 **3** 추천하다 **4** 동의하지 않다 **5** 보장하다 **6** (고용된 사람) 직원 **7** 기술자
8 자원봉사자 **9** 담배 **10** 마요네즈

발음 포인트

3음절 단어에서 세 번째 음절에 강세가 있는 단어는 [중강-약-강]으로 리듬을 타면서 발음합니다. 세 번째 음절에 강세가 제일 강하게 들어가다 보니 1음절은 두 번째로 강하게 말하고, 중간에 낀 2음절은 상대적으로 제일 약하게 발음해서 리듬감이 살아나는 거죠.

6 동사 employ(고용하다)와 명사 employer(고용주)는 둘 다 -o-에 강세가 들어갑니다. 하지만 employee는 맨 뒤의 -ee에 강세가 들어가죠. [이이이] 정도로 길게 발음해 주세요. 같은 형태의 단어로 absentee(결석자, 불참자)도 끝모음 -ee에 제1강세가 들어가고, 4음절이지만 이와 같은 형태의 단어인 interviewee(인터뷰/면접 받는 사람) 역시 끝모음 -ee에 제1강세가 들어갑니다.
absentee 애앱쓴티이이[æbsəntíː]
interviewee 이너r(r)비유우이이이[ìntərvjuːíː]

9 cigarette은 ci-가 아니라 마지막 음절 -rette[뤠엩]에 강세가 있습니다. 주의하세요! 이때 맨 끝 -e는 소릿값이 없습니다.

51 단어강세 3: 4음절 단어의 강세

51.mp3

The fashion industry was inspired by an **accidental discovery** in design.

패션계는 디자인의 우연한 발견으로 영감을 받았죠.

4음절 단어의 강세

[강—약—약/중강—약]
[약—강—약/중강]
[중강—약—강—약]

4음절 단어는 보통 두 번째나 세 번째 음절에 강세가 들어가는 경우가 많으며, 첫 번째 음절에 강세가 들어가는 경우도 있습니다. (마지막 음절에 강세가 들어가는 경우는 특별한 경우 외에는 잘 없음)

élevàtor   fáshionable   contínuous
discóvery   àccidéntal   mànufácture

이제 4음절 단어까지 오면 리듬이 더 다양해집니다. 하지만 원칙은 단 하나! 제1강세가 어디에 있는지만 잘 파악해서 제1강세만 잘 살린다는 느낌으로 발음을 습득하면 나머지 약한 소리는 저절로 따라오게 된다는 것입니다. 왜냐하면 리듬이란 강약의 흐름과 조절로 만들어지는 것으로, 강세가 들어가는 주변부는 자연스럽게 발음이 약해지고, 약하게 발음되는 주변부는 또한 상대적으로 강하게 발음되니까요.

이 원리만 분명하게 인식하고 있다면 앞으로 4음절보다 더 긴 단어를 접해도 단어의 리듬을 타는 것이 힘들지 않을 것입니다. 사실 이 책에서는 음절에 대한 이해와 훈련의 편의를 위해 음절에 따라 과를 나눈 것일 뿐으로, 사실 실제로 발음을 습득할 때는 그 단어가 몇 음절인지는 크게 신경 쓰지 않아도 됩니다. 다만, 단어의 발음을 습득할 때는 반드시 제1강세가 어디 있는지를 파악해서 발음하도록 하세요.

단어훈련 1 4음절 단어 중 1음절에 강세가 들어간 단어를 듣고 따라 말해봅니다.

		😊 미국식 발음	😞 잘못된 발음
1	télevìsion	테엘러(v)비(z)전 [téləvìʒən]	텔레비전
2	súpermàrket	쑤우퍼(뻐)마알(r)킽 [súːpəmaːrkit]	슈퍼마켓
3	íntervièwer	이너r(v)비유우얼(r) [íntərvjùːər]	인터뷰어
4	órganìsm	오얼(r)거니(z)즘 [ɔ́ːrgənìzm]	오가니즘
5	órdinàry	오어더네뤼 [ɔ́ːrdənèri]	오디네리
6	hórrifỳing	호어뤄(f)파아이잉 [hɔ́ːrəfàiiŋ]	호러파잉
7	fáscinating	(f)패애쎠네이링 [fǽsənèitiŋ]	패스네이팅
8	fáshionable	(f)패애셔너블 [fǽʃənəbl]	패션너블
9	cápitalìze	캐애피럴라이z [kǽpətəlàiz]	캐피털라이즈
10	hóspitalìze	하아ㅅ피럴라이z [hɑ́spitəlàiz]	하스피털라이즈

1 텔레비전 2 슈퍼마켓 3 면접관, 인터뷰하는 사람 4 유기체, 생물 5 보통의, 통상적인 6 무서운, 소름 끼치는 7 매혹적인, 황홀하게 하는 8 유행을 따르는 9 이용하다, 자본화하다, 대문자로 쓰다 10 입원시키다

발음 포인트

4음절 단어에서 첫 음절에 강세가 있는 단어는 보통 [강–약–중강–약]으로 리듬을 타면서 발음하지만, 경우에 따라 [강–약–약–약] 또는 [강–약–약–중강]의 리듬을 타는 단어들도 있습니다.

3 interviewer는 동사 interview에 접미사 -er을 붙여 사람명사가 된 경우인데요. 이때 제1강세는 동사일 때와 동일하게 유지되고 있습니다. 다만 음절이 길어지면서 세 번째 음절에 제2강세가 붙어 [강–약–중강–약]의 리듬을 타게 되는 것이죠.

8 1음절의 모음 -a-에 강세를 두고 나머지는 모두 약하게 스르륵 마무리합니다. [강–약–약–약]의 리듬으로 말이죠.

9, 10 명사 capital(자본, 대문자)과 hospital(병원)에 접미사 -ize가 붙어 동사가 된 경우입니다. 역시 동사일 때와 마찬가지로 두 단어 모두 첫 음절에 제1강세가 있죠. 다만 음절이 늘어나 마지막 음절인 -ize에 제2강세가 들어가 [강–약–약–중강]의 리듬을 타게 됩니다.

단어훈련 2

4음절 단어 중 2음절에 강세가 들어간 단어를 듣고 따라 말해봅니다.

		☺ 미국식 발음	☹ 잘못된 발음
1	int**é**rior	인**티**이뤼얼(r)[intíriər]	인테리어
2	mat**é**rial	머**티**이뤼얼[mətíriəl]	머티리얼
3	ind**ú**strial	인**더**ㅅㅌ/ㄸ뤼얼[indʌ́st/tríəl]	인더스트리얼
4	cont**í**nuous	컨**티**이니유어ㅆ[kəntínjuəs]	컨티뉴어스
5	ac**á**demy	어**캐**애러미[əkǽtəmi]	아카데미
6	ec**ó**nomy	이**카**아너미[ikɑ́nəmi]	이코노미
7	nec**é**ssity	느**쎄**에쓰디[nəsésəti]	네세시티
8	soc**í**ety	써**싸**이어디[səsáiəti]	소사이어티
9	Los **Á**ngeles	로어ㅆ**애**앤줼러ㅆ[lɔ(:)s ǽndʒələs]	로스앤젤레스
10	ap**ó**logìze	어**파**알러자이z [əpɑ́lədʒàiz]	어폴로자이즈

1 실내, 실내의   2 재료, 자료   3 산업의   4 연속적인, 계속적인   5 학원, (특수 분야, 또는 사립) 학교
6 경제, 경기   7 필요, 필수품   8 사회   9 로스앤젤레스 (LA, 미국 캘리포니아 주 남서부 도시)   10 사과하다

발음 포인트

4음절 단어에서 두 번째 음절에 강세가 있는 단어는 보통 [약-강-약-약]으로 마지막 두 음절은 죽 약하게 마무리하곤 하지만, 마지막 음절에 제2강세가 들어가 [약-강-약-중강]의 리듬을 타는 경우도 있습니다. 강세가 들어가는 주변부는 자연스럽게 발음이 약해지고, 약하게 발음되는 주변부는 또한 상대적으로 강하게 발음되는 것이죠.

1, 2 interior의 끝소리는 기울어진 r sound이고, material의 끝소리는 l sound입니다. 분명하게 구분해 발음해 주세요.

5 academy의 -d-는 굴리는 소리로 발음됩니다. 두 번째 a[æ]에 강세를 넣어 발음하세요.

7, 8 necessity와 society에서 -ty의 -t-는 'ㄷ'에 가까운 정도로 굴리는 소리가 납니다. 물론 'ㄹ'로 굴려 발음하는 사람도 있죠.

10 명사 apology는 [어**파**알러쥐 əpɑ́lədʒi]로 [약-강-약-약], 동사 apologize는 [약-강-약-중강]으로 마지막 음절 -gize[자이z]에 제2강세가 들어갑니다.

단어훈련 3

4음절 단어 중 3음절에 강세가 들어간 단어를 듣고 따라 말해봅니다.

		🙂 미국식 발음	🙁 잘못된 발음
1	àutomátic	오어러매애릭[ɔ̀:təmǽtik]	오토매틱
2	inefficient	인이(f)피이션ㅌ[ìnifíʃənt]	인이피션트
3	còntinéntal	카아니네에늘[kɑ̀ntənéntl]	콘티넨탈
4	sèntiméntal	쎄느메늘[sèntəméntl]	센티멘탈
5	àccidéntal	액씨데엔늘[æ̀ksədéntl]	액시덴틀
6	mànufácture	매니유(f)패액쳘(r)[mæ̀njufǽktʃər]	매뉴팩쳐
7	marijuána	매러(우)와아나[mærəwɑ́:nə]	마리화나
8	dèmonstrátion	데먼ㅅ트뤠이션[dèmənstréiʃən]	데몬스트레이션
9	ìnspirátion	인ㅅ뻐뤠이션[ìnspəréiʃən]	인스퍼레이션
10	Mìssissíppi	미시씨이삐[mìsisípi]	미시시피

1 자동의 2 비효율적인 3 대륙의 4 감상적인 5 우발적인 6 제조(법), 제조하다 7 대마(초)
8 시위, 시연 9 영감 10 미시시피 (미국 남부의 주)

발음 포인트

4음절 단어에서 세 번째 음절에 강세가 있는 단어는 [중강—약—강—약]으로 리듬을 타면서 발음합니다. 강세가 들어가는 주변부는 자연스럽게 발음이 약해지고, 약하게 발음되는 주변부는 또한 상대적으로 강하게 발음되는 것이죠.

1 음절에 관계없이 -ic로 끝나는 단어는 보통 바로 앞 음절에 강세가 옵니다(음절 개념이 어렵다면 바로 앞 모음이라고 생각하면 쉬움). 따라서 그 주변부는 약하게 발음되는 것이고요. economic [에/이꺼나아밐 èkənɑ́mik] 경제의, 경기의   critic [ㅋ뤼릭 krítik] 비평가

3 continental은 t sound를 모두 살려 [카안티네엔틀], 또는 n에 먹힌 소리로 [카아니네에늘]로 발음합니다. 4번의 sentimental도 마찬가지이죠.

8, 9 동사에 -tion을 붙이면 명사가 되는데, 이 경우 강세는 바로 앞 음절에 옵니다. 동사일 때 강세가 어땠든 상관없이 말이죠.

May I **speak** to **Theresa**?

테레사와 통화할 수 있을까요?

강조어 TOP 5

영어의 리듬을 타기 위해서는 무엇보다 문장에서 강조하는 말과 강조하지 않는 말을 잘 구별해야 합니다. 다음 말들과 품사는 강조해서 말하세요.

---

❶ 사람·사물 이름, 장소·지명 등 고유명사   ❷ talk, see, run 등 일반동사

❸ not, none, no, hardly, scarcely 등 부정어

❹ 의문문을 이끄는 when, where, who, how 등 의문사

❺ 시간, 날짜, 각종 번호 등 숫자

영어는 리듬을 타는 언어입니다. 한 단어 내에도 강약의 리듬이 발생하지만 문장 내에서도 강약의 리듬이 발생하죠. 즉 한 문장 내에서 강조해 말하는 부분과 강조하지 않고 스르륵 넘어가는 부분이 있다는 얘기입니다. 상식적으로 생각하면 됩니다. 전달하고자 하는 핵심내용이 담긴 정보를 말할 때는 당연히 잘 들리게 강조해 말해야겠죠. 보통 다음의 다섯 가지 부분을 강조합니다.

❶ **고유명사나 일반명사는 강조합니다.** 사람 이름(Joe, Catherine), 장소·지명(the mall, San Diego), 사물 이름(laptop computer, tie)이 나오면 일단 긴장하세요. 이런 정보들을 놓치면 대화의 흐름을 못 따라가거든요. 그러나 대명사(it, that, they, those, the one), 인칭대명사(I, you, he, she, we, they), 목적격 대명사(me, her, him, us, them)는 일반적으로 강조하지 않습니다. 앞서 진행된 대화를 통해 이미 서로 간에 잘 알고 있어 명사의 반복을 피하려고 쓰는 것이 대명사이기 때문이죠. 그래서 명사나 일반명사로 말해줄 때 놓치지 않고 확실히 들어야 합니다.

❷ **영어는 동사 중심의 말이므로, 일반동사는 강조합니다.** <주어 + 동사>는 모든 말에서 가장 기본이자 핵심이 되는 메시지를 담고 있습니다. 때문에 일반동사(talk, see, run, take, get 등)는 늘 강조해서 말합니다. 그러나 동사를 보조하는 조동사 (do, does, did, have, has, had, can, may, will, would, could)나 수동태 또는 진행형을 만드는 데 기능어로 들어가는 be동사는 강조하지 않습니다. 문법에서는 중요하게 다루지만 실제 대화에서는 보통 축약형으로 약하게 발음하죠.

❸ **우리말이든 영어든 '부정어'는 늘 강조합니다.** 잘 들어둬야 할 부정어로 not, none, never, no, hardly, scarcely 등이 해당되죠. 조동사는 강조하지 않지만 조동사의 부정형(don't, didn't, can't, won't, couldn't)은 강조합니다. 부정어는 전체 문장의 내용을 180도 바꿀 수 있는 요소이기 때문이죠.

❹ **의문문을 이끄는 의문사는 항상 강조합니다.** who, what, when, where, how, why 육하원칙의 내용을 주관하는 의문사들은 질문에 이미 대화의 핵심이 들어 있을 뿐 아니라 대화의 초점을 이끌어내는 역할을 하죠. 그러나 이들이 문장과 문장을 이어주는 다리 구실을 하는 관계대명사로 쓰일 때는 강조하지 않습니다.

❺ **숫자나 시간, 장소를 나타내는 부사는 강조합니다.** 숫자, 날짜(July 4th, first of September), 전화번호, 이메일 주소, 물량, 수량 등을 표시하는 중요한 정보는 반드시 또박또박 강조해서 말합니다. 또한 상태나 정도를 표현하는 pretty (hot), very (much), so (that), ever, most 등과 같은 부사들도 강조해 말합니다. 일반동사와 함께 쓰여 의미의 완결성을 높여주는 up, down(sit down, run down, look up, clean up 등) 등도 강조해서 말합니다. 보통 동사구라고 해서 이때의 up, down은 전치사가 아니라 부사로 쓰인 경우입니다. 억지로 품사를 구분하려 하기보다는 동사구 표현이 나올 때마다 그 표현을 통으로 입과 귀에 익혀두면 됩니다.

이밖에 특별히 강조하고 싶은 부분이 있다면 그 말을 강조해 말하면 됩니다.

회화훈련 핵심내용 전달을 위해 어떤 말들을 강조하는지 다음 문장과 대화를 잘 듣고 따라 해보세요.

1   I couldn't believe you spoke to Joe Fox.
    당신이 조 폭스 같은 사람하고 말을 했다니, 믿을 수가 없네요.

2   We went to a pancake house called IHOP. It's at Dampster and Lawrence St.   우린 '아이홉'이라고 하는 팬케이크점에 갔었거든. 댐스터와 로렌스 가에 있는 데.

3   Our liquid lipstick SPF 15 blends a rich, creamy color with a luxurious, shiny finish.   저희 액체형 립스틱 SPF-15는 풍부한 느낌의 크림색에다가 화사하면서도 빛나는 마무리를 더해주는 제품입니다.

4   How does 8 pm on Saturday sound?
    토요일 저녁 8시 어때?

5   I'm leaving on August 9th.
    전 8월 9일에 떠나요.

6   Let me give you my work number. It's 02-332-0931.
    제 회사번호를 드리죠. 02-332-0931이에요.

7   I'm sorry but who I am speaking with?
    실례지만, 지금 저랑 통화하고 계신 분은 누구신지요?

3 liquid 액체의 | blend A with B A를 B와 조화시키다   4 How does ~ sound? ~는 어때? (이때 sound는 '~하게 들리다, ~인 것 같다'는 의미)   7 상대방이 내가 누군지 알 것 같은데 나는 모르니까 좀 알려주시면 좋겠다는 어감

발음 포인트

1 동사 spoke와 함께 Joe Fox란 사람 이름이 이 문장의 핵심이 됩니다. Joe Fox란 사람에 대해 좋지 않은 감정을 가지고 있다는 것이 전제가 된 말입니다.
2 갔었던 장소 이름과 그 위치를 설명하고 있습니다. 장소 이름과 위치를 강조해서 말합니다.
3 제품 광고로 꼭 전달해야 할 알짜 정보로만 문장이 만들어졌죠. 전치사(with)와 관사(a)를 제외하고는 모든 단어를 강조해서 또박또박 말해야 제품의 특성이 제대로 전달되겠죠.
4 약속시간을 정하는 대화에서는 시간과 요일을 강조해서 말합니다.
5 숫자는 항상 강조된다고 보면 됩니다. 비행기표를 예매할 때는 날짜가 가장 중요한 정보겠지요? 날짜 중 1~9일은 거의 예외 없이 서수로 말하는 습관이 있습니다.
7 전화를 걸어온 상대방이 누구인지 묻는 상당히 정중한 표현입니다. 따라서 who와 speaking with가 강조되죠.

8 **A** **You look great** in that **jacket**, sir. **You** in **that jacket reminds** me of **Elvis Presley**.
그 재킷이 아주 잘 어울리세요, 선생님. 그 재킷을 입고 계시니까 엘비스 프레슬리를 보는 것 같네요.

B **Do you mean a young** Elvis Presley or an **old** one?
엘비스 프레슬리 젊었을 때요, 아니면 늙었을 때요?

A **Well, I can't tell**, sir. **I didn't know** you **when** you were **young**.
글쎄요, 그건 모르죠. 제가 선생님이 젊었을 때를 모르니까요.

9 **A** **I've lost my daughter**. She's **5 years old** and her name is **Joan**. She's wearing a **pink dress** and **white sneakers**. 제 딸아이를 잃어버렸어요. 5살인데, 이름은 조안이라고 하고요. 핑크색 원피스에 하얀 운동화를 신고 있어요.

B **When** and **where** do you think this **happened**?
언제 어디서 그런 일이 있었는지 생각나세요?

A At the **cosmetics department**, where I **tried** some **brand-new lipsticks**. And it was around **2 o'clock**, I guess.
화장품 코너에서요. 거기서 새로 나온 립스틱을 좀 발라보고 있었거든요. 제 생각엔 두 시경인 것 같아요.

10 **A** Hello. May I **speak** to **Theresa**? 여보세요. 테레사와 통화할 수 있을까요?

B **What number** are you **calling**? 몇 번에 거셨어요?

A Isn't this **332-9032**? 332-9032 아닌가요?

B Well, the **number** is **right**, but we **don't have anyone** by **that name here**. 아, 번호는 맞는데요, 그런 이름 가진 분은 여기 없는데요.

8 remind A of B A에게 B를 생각나게[떠오르게] 하다 | tell 구별하다　**9** brand-new 신상인

발음 포인트

8 You look great in that jacket, sir.에서는 특히 '잘 어울린다'는 의미를 핵심적으로 전달하는 great가 가장 강조됩니다. 이어지는 문장에서 군더더기를 빼면, You, jacket, remind, Elvis Presley 정도가 남습니다. 정보가 길어질수록, 들을 때는 강조된 중요한 말들을 중심으로 의미를 유추하는 훈련을 하고, 말할 때는 이를 분명하게 말하는 훈련이 중요합니다.

9 딸을 잃어버려 신고하고 있는 대화입니다. 무엇보다도 딸의 이름과 나이, 차림새 등의 신상과 인상착의가 가장 중요하므로 잘 전달될 수 있도록 강조해 말합니다. 구체적인 정보를 나타내는 장소와 시간 표현도 늘 강조해 말합니다.

10 What number are you calling?처럼 의문사 뒤에 붙는 명사는 의문사와 함께 강조됩니다. 전화 건 번호가 몇 번인지를 묻는 질문이므로 calling도 강조되겠죠.

53 문장리듬 2: 약세어

I decided to go to the gym.

헬스장에 다니기로 했어.

약세어 TOP 7

문장에서 문법적인 기능을 담당하는 말은 보통 약하게 말합니다. 이러한 약세 단어들은 구어체에서 보통 연음·축약·생략되기 쉽죠. 다음 말들과 품사는 약하게 말하세요.

❶ to부정사를 만드는 to
❷ 관사 a/an, the
❸ 조동사
❹ 의문사 다음에 나오는 do/does/did
❺ 전치사
❻ 대명사
❼ 접속사, 관계대명사

리듬이란 강약의 조절과 강약의 흐름으로 만들어진다고 했습니다. 문장의 리듬을 타기 위해서는 문장 속에서 강조해 말할 부분과 약하게 말할 부분을 잘 구별해야 하죠. 앞서 강조해 말해야 할 부분에 대해 살펴봤으니 이제 그 리듬의 다른 축을 이루는 약하게 말하는 부분에 대해 살펴보겠습니다.

문장에서 내용의 핵심이 되는 부분을 강조해 말한다면 나머지 부분은 자연스럽게 약하게 말하게 됩니다. 특히 내용적인 부분보다는 문법적인 기능을 담당하는 전치사나 접속사, 관계대명사, 관사(a/an, the) 같은 것들은 특별한 경우가 아닌 한 약하게 말하는 게 보통이죠. 약세 단어 발음은 사전식 발음과는 확실히 다릅니다. 문장 내에서 다른 단어들과 어우러져 연음·축약·생략되면서 새로운 sound로 변형되기 때문이죠. 특히 모음이 약화되고 자음만 발음되는 경향이 많이 나타납니다.

❶ **부정사를 만들어주는 to[투]는 [트/드/루] 정도로 약화됩니다.** 부정사가 나올 때는 to 다음에 나오는 동사의 의미에 집중하면서 전후 문맥과 연결해서 이해하세요.

❷ **관사 a/an, the는 약하게 발음합니다.** 특히 정관사 the는 아예 모음 없이 자음 th[ð]만 발음하죠.

❸ **일반동사의 보조기능을 하는 조동사와 형용사의 보조기능을 하는 be동사는 약하게 발음합니다.** 조동사 will, would, 완료형을 만들어주는 have/has, 진행형을 만드는 am, are, is, was, were와 같은 조동사들은 거의 축약된 형태로 말하기 때문에 빠르게 말할 때는 거의 들리지 않죠. 단, 의문문에서 주어 앞에 나올 때는 확실히 말해줍니다.

❹ **의문사 다음에 나오는 do/does/did도 축약되어 발음됩니다.** 말이 빠른 사람들은 심하게 축약해 말하기 때문에 이 경우의 소리는 따로 익혀 두는 것이 좋습니다. 이번 과 마지막 <잠깐만요>에 따로 연습할 자리를 마련해 놓았습니다.

❺ **전치사도 대부분 약하게 발음되죠.** 예를 들면, in the morning/afternoon/evening, on Monday/Tuesday, in Chicago/New York/Seoul/Hong Kong 등 '시간'이나 '장소'를 나타내는 전치사구에서 전치사는 강조되지 않습니다. 이보다는 전치사 뒤에 오는 명사, 즉 실질적인 정보에 해당하는 말들에 집중하세요. 많이 쓰이는 전치사의 약화된 발음을 잠시 살펴보면, for[(f)포어r]는 for[(f)퍼r], at[앹]은 [읕], in[인]은 [은], on[오언]은 [은], with[위ð]는 [윋] 정도로 약화됩니다.

❻ **대명사는 대체로 강조하지 않습니다.** 대화 초반에 나온 인물이나 사물이 제시되었을 때 대화의 맥을 따라가는 것이 중요합니다.

❼ **접속사는 특별한 의도가 없는 한 강조하지 않습니다.** 접속사의 성격이 강한 관계대명사도 마찬가지죠. 관계대명사보다는 다음에 이어지는 내용에 신경을 쓰세요.

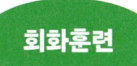 회화훈련

강조할 부분(색글자)과 강조하지 않을 부분을 구별해 다음 문장과 대화를 잘 듣고 따라 해보세요.

1 You've eaten the last chocolate in the box!
상자 안에 남아 있는 마지막 초콜릿을 네가 먹어버렸구나!

2 I decided to join a fitness class that will meet three times a week.
일주일에 세 번 모이는 피트니스 클래스에 참여하기로 했어.

3 They're having a sale next week. So if you're not in a hurry, it would be better for you to wait a few days.
거기는 다음주에 세일할 거니까. 급하지 않으면 며칠만 기다리는 게 나을 것 같은데.

4 A heart attack is typically described as a crushing, vice-like chest pain. 심장마비는 보통 가슴을 짓누르고 조이는 듯한 통증으로 표현돼요.

5 I have to move the sofa, but it's too big for me to move alone. Will you gimme a hand, please?
소파를 옮겨야 하는데 너무 무거워서 혼자 못 옮기겠어. 좀 도와줄래?

6 Would you rather carry the bracelet that you're wearing now?
지금 차고 있는 팔찌를 들고 가실래요?

7 Nancy has six grandchildren, and she always gets mixed up with their names. 낸시는 손자가 여섯인데, 그 애들 이름을 항상 헷갈려 해요.

3 be in a hurry 서두르다, 바쁘다, 시간상 쫓기다   4 crushing (으스러질 듯) 누르는 | vice-like 옥죄는
5 gimme a hand '내게 손을 빌려주다', 즉 '나를 도와주다'란 의미 (gimme는 give me의 구어체 표현)

 발음 포인트

2 decided to join에서 to부정사의 to는 [트/드] 정도로 약화됩니다. 관계대명사 that은 강조하지 않죠. 다음에 이어지는 three times a week이 fitness class에 대한 중요한 부가 설명이 되므로 강조해 말합니다.

3 진행형이지만 next week이라고 했으므로 '세일을 할 예정'이란 뜻입니다. not in a hurry에선 핵심의미가 담겨 있는 not과 hurry가 가장 강조되어 들리고, 나머지 부분은 문법적으로 틀을 완성해주는 기능어이므로 강조하지 않습니다.

5 대명사 it이 the sofa라는 것을 떠올리면 OK. please의 -ea-는 길게 늘여주세요.

6 관계대명사 that은 강조하지 않습니다. 바로 앞의 bracelet을 강조하죠. 또한 that이 나오면 뒤에 어떤 정보가 나올지 준비하세요.

8 A **Nice dress! Did you just buy it?** 옷 멋진데! 샀어?
B **My mother made it for me.** 엄마가 만들어주신 거야.
A **Well, my mother can't make a dress. In fact, she's never made a dress. Anyway, I like your dress.** 음, 우리 엄마는 옷을 못 만드시는데. 사실, 옷을 만들어보신 적도 없으셔. 아무튼 네 원피스 맘에 든다.

9 A **How many people did you tell? Four or five people or everybody?** 몇 명한테 말한 거야? 넷, 다섯 아니면 모두 다한테?
B **About what?** 무슨 얘기?
A **About me and Jacob! He is my cousin. A while ago I couldn't find a date for this party. When my mother found out, she asked him to ask me out for this party, for which he got paid with gas money!** 나하고 제이콥에 대해서 말이야! 그 애가 내 사촌이야. 얼마 전까지 내가 이 파티에 데려올 데이트 상대를 못 찾았어. 엄마가 그걸 알고는 그 애한테 부탁해서 이 파티에 가도록 데이트 신청하라고 시켰고, 자동차 기름값 정도 받기로 하고 말이야!

10 A **My brother was trying to glue this part on the seat belt with Super Crazy Glue.** 우리 오빠가 안전벨트 부분이 떨어진 걸 수퍼 크레이지 본드로 붙이려고 했었거든.
B **And something happened? Oh, I got it. His fingers got stuck to the seat belt. Right?** 그런데 무슨 일이 일어났구나? 아, 알았다. 손가락이 안전벨트에 같이 붙어버렸지. 맞지?
A **Yeah, that's exactly what happened to him.** 그래, 바로 그런 일이 생겼지.

9 date 데이트 상대 | ask someone out ~에게 데이트 신청을 하다 | gas money 자동차 기름값   **10** glue (접착제로) 붙이다, 접착제 | get stuck to ~에 딱 달라붙어버리다

발음
포인트

8 엄마가 만들어주었다는 대답에서 buy가 아닌 made임을 강조해서 말합니다. nice dress를 받는 대명사 it은 연음되면서 made it[메이딛/릳]으로 발음합니다.
she's never made a dress는 대화 내용의 흐름상 never made가 강조됩니다. 현재완료를 나타내는 has는 축약되어 [z] 정도의 sound만 남게 되죠.

9 asked him to ask me out에서는 to를 빼곤 모두 핵심어이므로 강조합니다. 단, 이 또한 리듬을 타며 asked / me / out을 특히 더 강조해 말하죠. 또, 말하는 이의 의도에 따라 이 중에서도 me를 더욱 강조해 말할 수도 있습니다. 보통 강조하지 않는 말도 화자의 의도에 따라 얼마든지 강조할 수 있죠.

잠깐만요! 의문사 다음에 나오는 조동사 do/does/did는 심하게 축약되어 발음되기 때문에 어떤 식으로 소리가 축약되는지 모르면 무슨 말인지 알아듣기 힘들 때가 많아집니다. 다음을 잘 듣고 따라 하며 축약 발음에 익숙해지세요.

기본적인 축약 원리 (사전식 발음 → 모음 약화 → 자음 약화 순)
do [두] → [드] → [르]   does [더z] → [드z] → [르z]   did [딛] → [듣] → [른]

		정상 속도	천천히 말할 때
1	**Who do you work with?** 누구와 함께 일하시나요?	[후드/르유]	[후 두 유]
2	**When do they open?** 거기는 언제 열어요?	[(우)웬드/르레이]	[(우)웬 두 데이]
3	**Where do we eat tonight?** 오늘밤 우리 어디서 저녁 먹을까?	[(우)웰드/르위]	[(우)웨어r 두 위]
4	**How do you get that?** 그건 어떻게 알았어?	[하드/르유]	[하우 두 유]
5	**Where does she go?** 그 여자는 어디로 가는데?	[(우)웨럿쉬/(우)웨얼(r)쉬]	[(우)웨어r 더z 쉬]
6	**Who does he take after?** 그 남자애는 누굴 닮았는데?	[후더/러(z)지]	[후 더z 히]
7	**How does she do that?** 그 여자는 어떻게 그럴 수 있는 거야?	[하우릇쉬]	[하우 더z 쉬]
8	**Where did you meet her?** 어디서 그 여자 만났는데?	[(우)웨얼(r)디/른쥬]	[(우)웨어r 딛 유]
9	**When did you see him?** 넌 언제 그 사람 만났는데?	[(우)웬쥬]	[(우)웬 딛 유]
10	**How did she go there?** 그 여자는 어떻게 거기에 갔대?	[하른쉬]	[하우 딛 쉬]
11	**Who did he contact there?** 그 사람 거기서 누구를 찾았는데?	[후른히/후디리]	[후 딛 히]
12	**What did they do then?** 그 사람들은 그러고 나서 뭘 했는데?	[(우)워린데/레이]	[(우)윋 딛 데이]
13	**Excuse me, what did you say?** 실례합니다만, 뭐라고 말씀하셨죠?	[(우)워리쥬]	[(우)윋 딛 유]

54 | 문장리듬 3: 억양

Excuse me. Excuse me?

실례합니다. 뭐라고 하셨어요?

문장 끝 ↘︎ 문장 끝 ↗︎	**억양** 의문문은 끝을 올려 말하세요. 평서문과 명령문, 의문사가 있는 의문문은 끝을 내려 말합니다.
평서문. ↘︎ 의문문? ↗︎	명령문. ↘︎ 의문사가 있는 의문문? ↘︎

지금까지 단어의 개별 발음원리, 연음과 축약, 단어의 강세, 문장 내에서 강조해 말해야 할 부분과 약하게 말하는 부분에 대해 훈련해봤습니다. 여기에 영어만의 억양(intonation)까지 실어주면 이제 영어문장 고유의 리듬이 완성되죠.

억양이란 음의 고저(pitch)를 말하는데요. 영어 억양은 우선 문장 끝을 올려 말하느냐 내려 말하느냐를 아는 것이 기본입니다. 기본적으로 평서문과 명령문은 끝을 내려 말합니다. 그리고 의문문은 끝을 올려 말하죠. 하지만 의문사로 시작하는 의문문은 또 끝을 내려 말합니다. 다시 말해, 일반 의문문 외에는 모두 끝을 내려 말한다고 보면 되겠죠.

그래서 평서문을 기준으로 일반적인 억양 패턴을 보면, 주로 말의 서두가 되는 주어 부분을 살짝 올려 시작하고(•), 문장에서 내용어(content words) 가운데 핵심어(key word)에 해당하는 말은 가장 높은 음으로 말하며(•), 말을 마칠 무렵에는 억양을 내려(↘︎) 가장 낮은 음으로 끝을 맺습니다.

 **회화훈련 1**   다음 문장을 듣고 따라 하면서 평서문의 억양을 자연스럽게 익혀보세요.

1 This is very good. ↘ 이거 참 괜찮네.

2 She looks fabulous. ↘ 그 여자는 진짜 멋져.

3 We can take turns driving. ↘ 우리, 교대로 운전하면 돼요.

4 I just sent them my resume by email. ↘ 방금 이메일로 그 회사에 이력서 보냈어.

5 Let's make the most of the time we have left. ↘
   남은 시간을 최대한 활용합시다.

6 $7,000 is a lot of money and we can't afford that. ↘
   7,000 달러는 큰 돈이라 우린 그걸 구입할 여유가 안 돼요.

7 Andrew likes to take as many pictures as possible to show his colleagues at work. ↘
   앤드류는 최대한 사진을 많이 찍어서 직장동료들에게 보여주는 걸 좋아해.

---

3 take turns -ing 교대로 ~하다 **4** resume 이력서 | by email 이메일로 **5** make the most of the time 시간을 최대한 활용하다 **6** can't afford ~을 살/할 경제적인 여유가 없다 **7** take a picture 사진을 찍다 | as many + 명사 + as possible 최대한 많은 ~

발음 포인트

평서문은 보통 말의 서두가 되는 주어 부분을 살짝 올려 시작하고(●), 문장의 핵심어에 해당하는 말은 가장 높은 음으로 말하며(●), 끝은 내려(↘) 말합니다. 물론 각 단어의 발음과 강세를 지켜 (특히 강조어의 경우) 말하는 것도 기본이죠. 단어의 강세, 문장의 강조어, 억양, 이 점들만 신경 써서 말하면 약음은 저절로 만들어져 영어문장 고유의 리듬감을 살릴 수 있습니다.

6, 7 주어인 $7,000와 Andrew가 중요한 정보이므로 이 부분은 처음부터 강조해 말해줍니다.

회화훈련 2 다음 문장을 듣고 따라 하면서 명령문의 억양을 자연스럽게 익혀보세요.

1 Watch your step. ↘ 발 밑 조심해.

2 Tell him to be on time. ↘ 그 사람한테 시간 맞춰 오라고 해요.

3 Please let me know. ↘ 저한테 좀 알려주세요.

4 Take one of these pills every six hours. ↘
6시간마다 이 알약을 하나씩 복용하세요.

5 Take a good hold of the steering wheel. ↘ 운전대를 잘 잡아요.

6 Don't worry about it. ↘ 걱정하지 마.

7 Don't forget to call me. ↘ 나한테 전화하는 거 잊지 마.

8 Don't be late again. ↘ 다신 늦지 마.

9 Don't touch that! ↘ 그거 건들지 마!

2 on time 정시에 　**4** take (약을) 복용하다 　**5** take a good hold of ~를 잘 잡다

발음 포인트

명령문은 주어 You가 생략된 형태의 문장입니다. 명령은 상대 You를 향해 하는 게 당연한 것이기 때문에 굳이 You를 붙여 말하진 않죠(물론 상대에게 좀 더 경각심을 주고자 할 때는 강하게 You를 콕 집어 말하기도 합니다). 따라서 핵심어인 동사가 문장 맨 앞에 나옵니다. <주어+동사>로 시작하는 일반 문장과 달리 **첫 단어인 동사를 강조(●)하면서 시작**하므로 명령문의 동사는 좀 더 강하게 힘있게 시작되는 느낌이 있습니다. 물론 **끝은 내려(↘) 말합니다.**

2 Tell him은 [텔힘]/[텔임]/[텔림] 정도로 발음됩니다. 어떤 식으로 발음되든 him은 Tell에 묻혀 약해지지만, 대부분 이 세 가지 유형으로 정형화되어 소리 나기 때문에 him의 존재를 알아듣는 데는 무리가 없습니다.

회화훈련 3

다음 문장을 듣고 따라 하면서 의문문의 억양을 자연스럽게 익혀보세요.

1. Am I wrong? ↗ 내가 틀린 거야?
2. Are you serious? ↗ 너 진심이야?
3. Is he coming today? ↗ 걔 오늘 와?
4. Is it ready? ↗ 그거 준비됐어?
5. Do I know you? ↗ 절 아세요?
6. Do you need help? ↗ 도움 필요해?
7. Do we have time? ↗ 우리 시간 있어?
8. Does she live around here? ↗ 그 여자 이 근처에 살아?
9. Did they leave already? ↗ 걔네 벌써 갔어?

2 serious 진지한 5 Do I know you? 절 아세요? (처음 보는 사람인 것 같은데 나를 아는 것처럼 바라보거나 대하는 사람에게 하는 말) 6 help 도움 9 leave 떠나다

발음 포인트

의문문의 문두에 나오는 be동사나 do동사는 긍정문에서보다는 존재감이 있지만 그렇다고 또 아주 강하게 말하지는 않습니다. 그저 내가 지금 질문을 하고 있다는 표시이자 현재 일을 묻는 건지 과거 일을 묻는 건지 시제를 알려주는 기능을 하는 정도이죠. **의문문의 <be/do동사 + 주어>는 보통 한 덩어리로 말하고 뒤에 이어지는 핵심내용인 형용사나 동사를 강조(●)해 말합니다. 그리고 끝은 올려(↗)주죠.**

1 Am I는 연음되어 [애마이] 정도로 발음합니다.
3 Is he는 [이z히] 또는 [이(z)지] 정도로 연음됩니다.
4 Is it은 연음되어 [이(z)짇] 정도로 발음합니다.
6 구어체에서 Do you ~? 의문문은 Do를 생략하고 You ~?로 묻는 경우도 많습니다. 평서문에서 끝만 올려 말하면 질문이 되는 거죠.

 **회화훈련 4**   다음 문장을 듣고 따라 하면서 의문사 있는 의문문의 억양을 자연스럽게 익혀보세요.

1　How are you? ↘   안녕하세요?

2　What's wrong with you? ↘   무슨 일 있어요?

3　Who am I speaking with? ↘   전화 거신 분은 누구시죠?

4　Why are you looking at me like that? ↘   왜 날 그렇게 쳐다보고 있는 거예요?

5　When was the last time we met? ↘   우리 마지막으로 만난 게 언제였지?

6　Where did you buy that? ↘   그거 어디서 샀어?

7　What do you like about this apartment? ↘   이 아파트 어떤 점이 맘에 들어요?

8　Which living person do you respect most? ↘
　현재 생존하는 인물로 누구를 제일 존경해요?

5 When was the last time 주어 + 과거동사 ~? 우리가 마지막으로 ~한 게 언제였지?
7 What do you like about ~? ~에 대해 어떤 점이 맘에 들어?

발음 포인트

의문사가 이끄는 의문문은 <의문사 + 조동사 + 주어 + 본동사 + 목적어(혹은 보어)>로 이루어집니다. **의문사가 있는 의문문은 끝을 내려(↘) 말하는 것이 일반적 패턴이죠. 진행형 등 시제나 의문문을 만들기 위한 조동사는 강조하지 않습니다.** 물론, 강조되는 단어들은 발음할 때 각 단어의 강세를 분명히 표현해야 한다는 점, 다시 한번 유념하세요.

2 What's wrong에서 What과 wrong을 강조해 말합니다. What's의 -'s는 약하게 발음하죠.
7 의문사 What과 직결되는 정보가 바로 about this apartment로 전치사나 관사는 강조하지 않지만, apartment는 내용상 강조해야 할 정보가 되죠.
8 Which living person이란 의문사를 포함한 도입부는 세 단어 모두 확실하게 강조해서 전달해야 할 중요한 정보입니다. 또한, most와 같은 최상급 부사도 강조해야 하는 말이죠.

 **회화훈련 5** 다음 문장을 듣고 따라 하면서 억양에 따른 말의 뉘앙스를 자연스럽게 익혀보세요.

1 ↗Thank you.↘ 감사합니다.   Thank you.↗ 오히려 제가 감사하죠.

2 ↗Excuse me.↘ 실례합니다.   Excuse me?↗ 뭐라고 하셨죠?

3 Get out of here!↘ 꺼져!   Get out of here!↘ 시시한 소리 집어쳐!

4 Hello. This is Elena.↘ May I speak to Rick?↗
   (전화) 여보세요. 저 엘레나인데요. 릭 씨 좀 바꿔주세요.

5 Hello. Is anybody here?↗ (어떤 장소에 가서) 여보세요. 누구 안 계세요?

6 A Will you introduce a girl to me?↗ A tall, thin, smart and sexy...↘
      The younger the better, of course!↘
      여자 좀 소개시켜 줄래? 키 크고, 늘씬하고, 똑똑하고, 섹시하고… 물론 어릴수록 더 좋고!

   B Hello. Anybody there?↗ If I knew a girl like that, I would not be
      here with you, listening to this gibberish from you.↘
      정신 차려. 너 지금 제정신이냐? 그런 여자를 내가 알면, 내가 너하고 이러고 있겠냐? 너한테서 이런
      시시한 소리 들어가면서 말이야.

6 gibberish 시시한 말, 시시껄렁한 말

발음 포인트

같은 표현이라도 어떤 단어를 강조해서 말하느냐, 어떤 억양으로 말하느냐에 따라 전달하려는 내용이 달라집니다. 우리도 격려와 칭찬을 하려는 의도로 말하는 "잘한다"와 비꼬면서 말하는 "잘~한다"가 다르듯이 말이죠.

4 전화 걸거나 받을 때 "여보세요." 하는 Hello는 [헬로우] 하면서 끝을 올려 말하죠. 높은 톤이지만 부드럽고 경쾌하게 말합니다.

5 어떤 장소에 가서 누군가 사람을 부를 때 "여보세요!" 혹은 "저기요!" 하는 식으로 Hello를 말할 경우는 o[오우]를 강조해서 [헬**로오**우] 하고 말하죠.

6 Hello. Anybody there?란 말이 때에 따라서는 "무슨 소리 하고 있는 거예요, 지금? 정신 차려요!" 하는 의미로도 쓸 수 있습니다. 이럴 때 Hello는 [헐**로**오우] 하며 짧고 빠르게 [중저-고-저]의 억양으로 말하면 됩니다.

 **Practice Test 6**　오디오를 잘 듣고 다음 질문에 답해보세요.

PT 6.mp3

| STEP 1 |　미국인이 말하고 있는 표현은 다음 중 무엇인가요?

1　(a) Press on the time.　(b) Perfect timing.
　(c) Perfectly timed.

2　(a) Not at all.　(b) All night long.
　(c) Not so long.

3　(a) You're doomed.　(b) You're done.
　(c) You've done.

4　(a) Send a text message.　(b) Send a tax message.
　(c) Send a neck massager.

5　(a) He would tell you.　(b) He won't tell you.
　(c) He will tell you.

| STEP 2 |　주어진 두 개의 표현 중 미국인이 말하고 있는 것은 무엇인가요?

1　You just (do get / don't get) it.

2　Shawn (isn't a / is such a) great boss.

3　(She is / She's been) a great help during the process.

4　It's (harvest time / heaven's time).

5　This is (made in / made of) plastic.

6　Just (take a listen / take it and listen).

7　What do we (eat it / eat) tonight?

8　It's just a (cover wrap/ cover-up).

9　It's the girl with a (tennis skirt / tan and skirt) on.

10　Check the (constant / contents) to see what the book is about.

| STEP 3 | 미국인들의 대화를 잘 듣고 다음에 이어질 대사로 적절한 것을 고르세요.

1. (a) Wholesome foods are things like whole grains, beans, berries, things like that.
   (b) You gotta stay away from anything like deep-fried food.
   (c) Wholesome food may not always be yummy, but it's good for your body.

2. (a) Sure thing. I will send you pictures right away.
   (b) I prefer shades than having curtains all around the room.
   (c) These pictures are very nice. Thanks.

3. (a) What are you going to do with them, then?
   (b) Oh well. I have to give them back away, then.
   (c) When you return them, they will issue a reimbursement.

4. (a) 30 percent off is not a big discount.
   (b) For a luxury brand like Dyson, it comes out as a big savings.
   (c) So, you got it anyway, didn't you?

5. (a) Costco is my favorite wholesale store.
   (b) Is the gas station open at Costco on Sundays?
   (c) That's like killing two birds with one stone!

6. (a) Just do your best so that you can also enjoy yourself.
   (b) Chuseok is one of the biggest holidays in Korea.
   (c) Money is not an issue, you know.

→ 정답 p.350

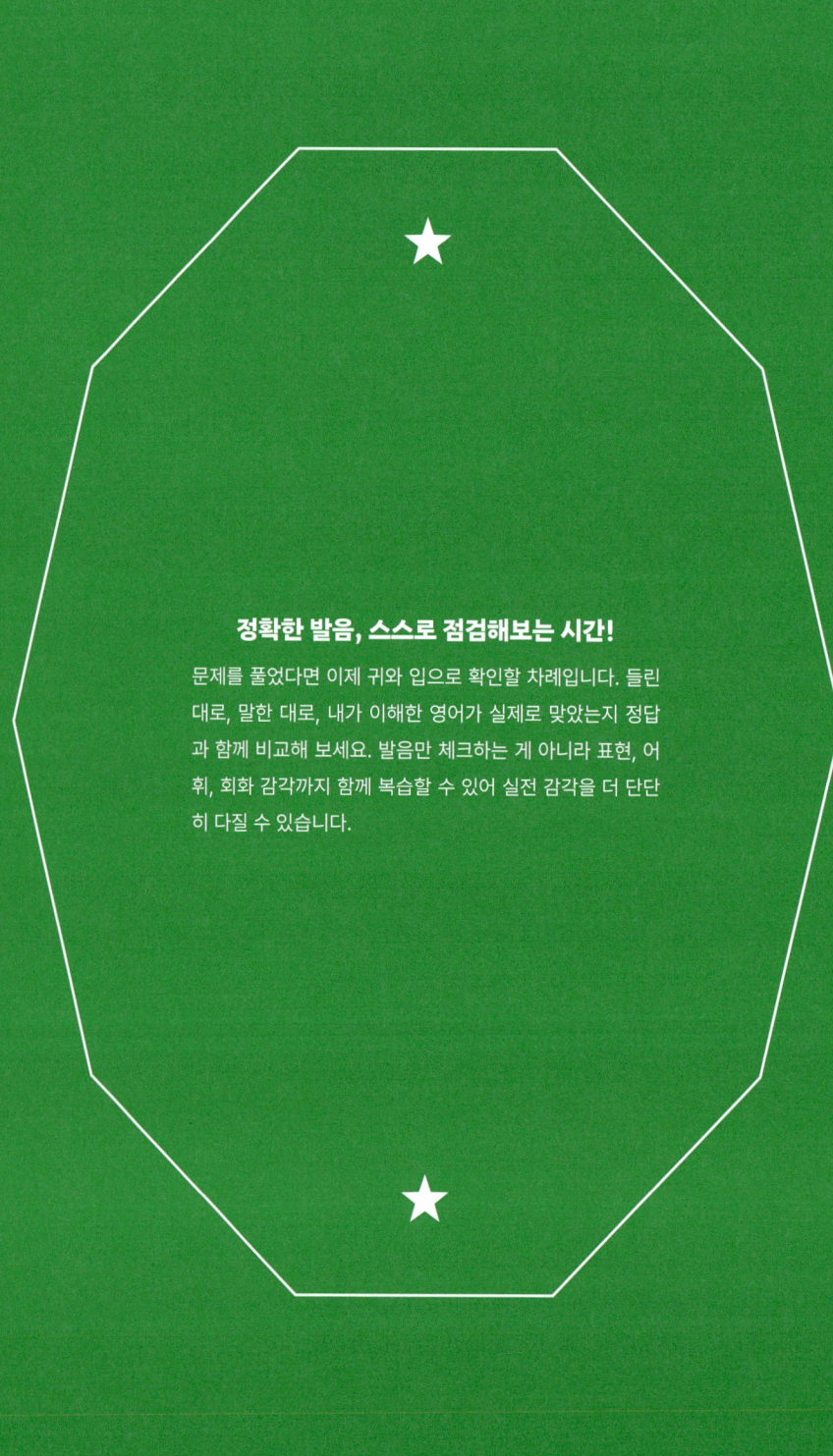

정확한 발음, 스스로 점검해보는 시간!
문제를 풀었다면 이제 귀와 입으로 확인할 차례입니다. 들린 대로, 말한 대로, 내가 이해한 영어가 실제로 맞았는지 정답과 함께 비교해 보세요. 발음만 체크하는 게 아니라 표현, 어휘, 회화 감각까지 함께 복습할 수 있어 실전 감각을 더 단단히 다질 수 있습니다.

PRACTICE ANSWERS

연습문제
정답

Answers 1

| STEP 1 | 미국인이 말하고 있는 단어는 다음 중 무엇인가요?

1 **(a) certain** 어떤, 특정한   (b) curtain 커튼   (c) cartoon 만화
2 (a) internal 내부의   **(b) international** 국제적인   (c) irrational 불합리한
3 (a) studies 공부, 연구   (b) stoppers 마개   **(c) studios** 스튜디오, 원룸
4 **(a) quarter** 분기, 1/4   (b) quota 할당량   (c) quitter 쉽게 포기하는 사람
5 (a) term 기간, 임기   **(b) team** 팀   (c) tenant 세입자

| STEP 2 | 주어진 두 개의 단어 중 미국인이 말하고 있는 단어는 무엇인가요?

1 (wrest / **test**) run 시운전
2 (**stressful** / stressed) situation 스트레스가 많은 상황
3 (trouble / **travel**) itinerary 여행일정
4 (**mortgage** / momentum) payment 주택 담보 대출금
5 (**Internet** / international) down 인터넷 다운
6 pure (**cotton** / cartoon) 순면
7 redesigned (potter / **portal**) 재설계된/새로 디자인된 포털 사이트
8 purified or distilled (**water** / waiter) 정제수 또는 증류수
9 tip-top (consent / **condition**) 최상의 컨디션
10 (**document** / doctor's) folder 서류 폴더

> 1 wrest 비틀기   2 stressed 스트레스 받는   4 momentum 모멘텀, 힘, 추진력   7 potter 도예가   9 consent 동의

| STEP 3 | 미국인의 말을 잘 듣고 빈칸을 채우세요.

1 How did you do on your job **interview**? 취업 면접은 어땠어?
2 Let me get **out** of here to get some coffee. 커피나 한잔 하러 나가야겠어요.
3 I need to talk to you about the **quarterly** report. 분기 보고서에 대해 얘기할 게 있어요.
4 One of my friends had a small **printing** shop. 제 친구 중 하나가 작은 인쇄소를 운영했어요.
5 What's the **date today**? 오늘 날짜가 어떻게 되나요?
6 Dark chocolate **tastes** too **bitter** for me. 다크 초콜릿은 너무 써요.
7 **Cotton** shirts are okay, but they get heavier when I **sweat**.
   면 셔츠도 괜찮지만 땀을 흘리면 무거워져.
8 You can check our company **Internet website** and send us an application.
   우리 회사 인터넷 웹사이트를 확인해서 지원서를 보내시면 됩니다.

9 Could you give me your phone number or email that is **associated** with your **account**? 계정에 연결된 휴대폰 번호나 이메일을 알려 주시겠어요?

10 I **just** got an **alert** about an **accident** ahead of us. 방금 우리 앞에 사고가 났다는 알림을 받았어.

11 I **went** into her office and **spent** an hour or so discussing it.
그 여자 사무실에 가서 한 시간 정도 이야기를 나눴어.

12 I **can't** see myself **sitting** there long enough **to** finish my coffee.
커피 한 잔 다 마실 때까지 거기 앉아 있진 못할 거 같아요.

13 He has a **beautiful** house. There's a **perfectly** manicured garden with a small **water fountain** in the middle.
그 사람 집이 정말 예쁘더라. 정원이 완벽하게 손질되어 있더라고. 중앙에 작은 분수대도 있고.

14 **Isn't** it **better to travel** by plane? 비행기로 가는 게 낫지 않아?

| **STEP 4** | 미국인들의 대화를 잘 듣고 다음에 이어질 대사로 적절한 것을 고르세요.

1 A Are you going to Peter's birthday party tonight? 오늘밤에 피터 생일 파티 갈 거야?
   B **(b) I don't think so. I have a quiz tomorrow morning.**
   못 갈 것 같아. 내일 아침에 시험이 있거든.

   (a) That sounds fun! 재밌겠네!
   (c) Peter is younger than me, I think. 피터는 나보다 어린 것 같은데.

2 A I know you bought weatherstripping to block the windows. Does it work?
   창문 막으려고 문풍지 샀다며. 효과 있어?
   B **(a) It works well. It blocks air leaks and drafts.**
   효과 좋아. 온기 새는 것도, 외풍도 다 막아줘.

   (b) It makes our home almost 100 percent energy efficient.
   우리 집을 거의 100% 에너지 효율적으로 만들어줘.
   (c) It's high-quality weatherstrip for windows.
   고급 창문용 문풍지야.

3 A Can I use a travel ID to go to Mexico or China? 여행 신분증으로 멕시코나 중국 갈 수 있어?
   B **(b) No. You still need a passport to go abroad.**
   아니, 그래도 해외에 가려면 여권이 필요해.

   (a) You can use either a passport or travel ID for domestic travel.
   국내 여행에는 여권이나 여행 신분증을 사용할 수 있어.
   (c) I should apply for a new passport. 새 여권을 신청해야겠어.

4 A Is this bottled water purified or distilled? 이 생수는 정제수인가요, 증류수인가요?
 B Let me see the label. It says it's purified. 라벨을 보여주세요. 정제수라고 적혀 있네요.
 A I'm looking for distilled water. 저는 증류수를 찾고 있는데요.
 B **(a) Let's take a look around.** 저희가 한번 둘러보겠습니다.

(b) That tastes good. 맛이 좋네요.
(c) How much is it? 얼마예요?

5 A As a foreigner, you should obtain an international driver's license.
   외국인은 국제 운전 면허증을 취득해야 합니다.
 B I don't think I need it right now. 당장은 필요 없을 것 같아요.
 A How come? You don't want to drive here? 왜요? 여기서 운전하고 싶지 않으세요?
 B **(c) No. The subway is really good. I don't think I have to have a car.**
   아니요. 지하철이 너무 좋아서요. 굳이 차를 가지고 다닐 필요는 없을 것 같아요.

(a) Driving is always fun for me. 제게는 운전이 항상 재미있어요.
(b) I don't think so. 그렇게 생각하지 않아요.

6 A This Internet website is not user-friendly.
   이 인터넷 웹사이트는 사용자 친화적이지 않아.
 B I agree. I was stressed out just trying to find some information there.
   동의해. 난 거기서 정보를 찾으려고 하는 것만으로도 스트레스 만땅이었어.
 A It is frustrating. Is there a phone number that I can call on the website?
   갑갑하다. 전화하게 웹사이트에 전화번호 나와 있어?
 B **(b) There's no phone number. Just an email to contact customer service.**
   전화번호는 없고. 고객 서비스에 연락할 수 있는 이메일만 있어.

(a) Their customer service is great. 고객 서비스가 훌륭해.
(c) You can call them anytime. 언제든지 전화하면 돼.

Answers 2

| STEP 1 | 미국인이 말하고 있는 단어는 다음 중 무엇인가요?

1. (a) tanks 탱크들 **(b) thanks** 감사하다 (c) sandals 샌들
2. (a) damp 습기 (b) darling (호칭) 자기야 **(c) damage** 손해, 피해
3. (a) sensual 관능적인 (b) chemical 화학적인 **(c) casual** 격의 없는
4. (a) dribbled 드리블했다 **(b) dressing** 드레싱 (c) dresser 서랍옷장
5. (a) epic 서사시 (b) echo 메아리 **(c) effort** 노력, 노고

| STEP 2 | 주어진 두 개의 단어 중 미국인이 말하고 있는 단어는 무엇인가요?

1. shopping (**cart** / car) 쇼핑 카트
2. (transfer / **transaction**) code 거래 코드
3. (**control** / contour) factor 제어인자
4. (**digestive** / diverse) enzyme 소화효소
5. (**edible** / edifying) garnishes 식용 가니쉬
6. (bad time / **bedtime**) stories 잠자리에서 아이들에게 해주는 옛날 이야기나 동화
7. (moon / **mood**) swings 감정 기복
8. (equip / **equal**) rights 평등권
9. a (drip-down / **dropdown**) menu
   드롭다운 메뉴 (모니터에 상위 메뉴 아이콘을 클릭하면 아래로 하위 메뉴가 펼쳐지는 것을 의미)
10. (**couples'** / carpool) rings 커플링

3 contour [kɑ́ntuər] 윤곽, 윤곽선 4 diverse 다양한 5 edifying [édəfàiiŋ] 교화적인 8 equip 갖추다, 설비하다
9 drip-down (액체 등이) 뚝뚝 떨어지는

| STEP 3 | 미국인들의 대화를 잘 듣고 다음에 이어질 대사로 적절한 것을 고르세요.

1. A Just pick up that chair instead of dragging it behind you! 의자를 끌지 말고 들고 와!
   B **(c) I can't. This chair is so heavy.** 못 들어. 이 의자 너무 무거워.

   (a) I saw you dragging the chair all around the room. 네가 의자를 방 여기저기 끌고 다니는 걸 봤어.
   (b) Funny you said that. It is not a comfortable chair. 그렇게 말하다니 웃기네. 이건 편한 의자도 아니잖아.

2. A Do you think the war in the Middle East will continue? 중동에서 전쟁이 계속될 것 같아?
   B **(a) I think it will escalate into a full-scale war.** 난 전면전으로 확대될 거라고 생각해.

   (b) We're walking on eggshells. 우린 조심하고 있어.
   (c) They made it look effortless. 그들은 그걸 노력이 안 들어가 보이게 만들었어.

3 **A** Eric seems to be eager to learn and do well at his new job.
에릭이 새 직장에서 배우려고 하고 잘하려고 애쓰는 것 같아.

B **(c) That's good. It can help him to advance in his career.**
좋네. 그게 걔의 커리어 발전에 도움이 될 거야.

> (a) I don't know whether he is interested in learning new skills.
> 걘 새로운 기술을 배우는 데 관심이 있는지 모르겠어.
> (b) People learn new things different ways. 사람들은 각자 다른 방식으로 새로운 것을 배워.

4 **A** I want to create a dropdown list here. Can you help me?
여기 드롭다운 리스트를 만들고 싶어요. 도와주실 수 있나요?

B Sure. Select the cell in your worksheet first. Then, go to the Data tab on the Ribbon.
물론이죠. 먼저 워크시트의 셀을 선택하세요. 그런 다음 리본 메뉴에서 데이터 탭으로 가세요.

A **(b) I want it in alphabetical order, like a to z.**
알파벳 순서대로, A부터 Z까지 정렬하고 싶어요.

> (a) Do you want it in alphabetic order? 알파벳 순서로 정렬하시겠어요?
> (c) I don't like ribbons. 저는 리본을 좋아하지 않아요.

5 **A** Hi. Are you being helped?
안녕하세요. 도움받고 계신가요?

B No, but we need someone to help us. We're looking for couples' rings.
아니요, 하지만 도와주실 분이 필요해요. 커플링을 찾고 있거든요.

A Absolutely. We have a good variety of rings here. Is there any specific style or design that you're looking for? What about materials, like gold or white gold or rose gold or platinum? 물론이죠. 여기 다양한 반지들이 있어요. 혹시 찾으시는 특정 스타일이나 디자인이 있으신가요? 재질은요? 예를 들어, 골드나 화이트골드, 로즈골드, 플래티넘 같은 건 어떠세요?

B **(b) We're looking for white gold rings with a few diamonds on them.**
저희는 다이아몬드가 조금 박힌 화이트골드 반지를 찾고 있어요.

> (a) Hope you find what you want. 원하는 걸 찾으시기 바랍니다.
> (c) Are you looking for someone to assist you? 도와줄 사람을 찾고 계신가요?

6 **A** What's the date today? 오늘이 며칠이지?

B It's the fifteenth of August. 8월 15일이야.

A Oh, no. I totally forgot about my doctor's appointment this morning.
아, 이런. 오늘 아침에 병원 예약한 거 완전히 잊고 있었네.

B You should have received a reminder, either by text or email.
문자나 이메일로 알림 받았을 텐데?

A **(c) I did receive one yesterday. Now they will charge me $20 for being a no-show.**
어제 알림 받긴 했지. 이제 안 가서 20달러 물어야겠네.

(a) Did you receive a reminder yesterday? 어제 알림 받았어?
(b) I forgot my phone at home. 집에 폰을 두고 나왔어.

Answers 3

| STEP 1 | 미국인이 말하고 있는 단어는 다음 중 무엇인가요?

1. (a) grandeur 장엄함, 웅장함 **(b) grateful** 감사하는, 고마운 (c) grapefruit 자몽
2. (a) passenger 승객 (b) pressure 압력, 스트레스 **(c) pleasure** 기쁨, 즐거움
3. (a) familiar 친숙한, 익숙한 **(b) feminine** 여성적인 (c) famine 기근, 굶주림
4. **(a) halfway** 중간에, 중간쯤 (b) hallway 복도 (c) halftime 하프타임, 중간휴식시간
5. (a) inspection 검사, 점검 (b) inject 주사하다, 주입하다 **(c) injury** 부상, 상처

| STEP 2 | 주어진 두 개의 단어 중 미국인이 말하고 있는 단어는 무엇인가요?

1. (**instant** / install) coffee 인스턴트 커피
2. (**jumbo** / jumper) shrimp 점보 새우
3. airport (keypads / **kiosks**) for check-in and trip management
   체크인 및 여행 관리용 공항 키오스크
4. find alternative (fights / **flights**) 대체 항공편을 찾다
5. (**huge** / hug) reward 거대한 보상
6. (**herb** / herd) medicine 한약
7. (immense / **immediate**) response or action 즉각적인 반응이나 조치
8. (**Knowledge** / Knowing) is power. 아는 것이 힘이다.
9. (not / **knot**) in the stomach 속이 울렁거린다
10. (**waterproof** / wearproof) jackets 방수 재킷

> 1 install 설치하다 2 jumper 점퍼 6 herd (동물의) 떼 7 immense 거대한 10 wearproof 내구성이 강한, 마모에 강한

| STEP 3 | 미국인들의 대화를 잘 듣고 다음에 이어질 대사로 적절한 것을 고르세요.

1. A What are "eco-friendly" products?
   '에코프렌들리(친환경)' 제품이 뭐야?

   B **(a) It means they are made by using natural materials and ingredients.**
   천연 재료와 성분으로 만들어진 걸 말해.

   > (b) They are costly and more expensive than non-eco-friendly products.
   > 값이 나가는 제품들이야. 비에코프렌들리(친환경이 아닌) 제품보다 더 비싸.
   > (c) In essence, they make a hefty profit from them.
   > 본질적으로, 그들은 그것으로 큰 이익을 남겨.

2 A Who else is going to join us at this meeting?
 이번 회의에 우리와 함께할 사람 또 누가 있어요?

 B **(b) James, George, and Justin will be here with us today.**
 오늘 제임스, 조지, 저스틴이 함께할 겁니다.

 (a) Do you want to join us? 우리와 함께할래요?
 (c) Join the club! 다들 그렇죠 뭐! (불평불만이나 힘듦을 표현하는 사람에게 너만 그런 게 아니라 '나도 그렇다', '다들 그렇다'는 의미로 하는 관용표현)

3 A I'm pretty close to my grandparents. 난 조부모님과 꽤 가까워.

 B **(c) Good for you! My grandparents passed away before I was born.**
 다행이네! 우리 조부모님은 내가 태어나기 전에 돌아가셨어.

 (a) Oh, I just saw your mother walking down the street with your grandmother.
 아, 방금 너희 어머니가 너희 할머니랑 길을 걷는 걸 봤어.
 (b) I have two grandsons and four granddaughters. 난 손자가 둘, 손녀가 넷 있어.

4 A I don't like how my daughter is acting lately. 요즘 딸이 행동하는 게 마음에 안 들어요.

 B I know she's a teenager. Is she being rebellious? 청소년이잖아요. 반항하고 있나요?

 A Yes, she is! This is what all parents have to deal with, I guess.
 네, 맞아요! 이게 부모라면 다 겪어야 하는 거겠죠?

 B That's right. **(c) Whether you like it or not, you'll have to suffer through it.**
 맞아요. 좋든 싫든, 겪어내야만 할 거예요.

 (a) I know that she has a germ phobia. 그 애가 세균 공포증이 있다는 건 알아요.
 (b) Like father, like daughter. 부전자전이에요.

5 A He wants me to finish this report by the close of business this Friday.
 그 사람이 이번 금요일 업무 마감 전까지 이 보고서를 끝내달라고 했어요.

 B Okay. How is it going? Are you going to finish it?
 알겠어요. 어떻게 되어가고 있나요? 끝낼 수 있을 것 같아요?

 A I'm not sure I can. I have other reports that are due on the same day.
 잘 모르겠어요. 같은 날 마감인 다른 보고서들도 있어요.

 B **(b) Would you like to ask him to extend the deadline?**
 마감일을 연장해달라고 요청하시겠어요?

 (a) The report does look good. 보고서는 좋아 보이네요.
 (c) My supervisor does not like any delays. 제 상사는 어떤 경우에도 지연되는 걸 좋아하지 않아요.

6 A Come on in. Please sit down and make yourself comfortable.
들어오세요. 앉아서 편히 계세요.

B I need to be at a meeting in 10 minutes. Would you please sign here?
10분 뒤에 회의가 있어요. 여기 서명 좀 해주시겠어요?

A Oh, that's too bad. Ok. There you go.
아, 아쉽네요. 알겠어요, 여기 있습니다.

B **(c) Thank you. I may be able to sit down and chat with you next time.**
감사합니다. 다음에는 앉아서 이야기 나눌 수 있으면 좋겠어요.

(a) **You don't need to say that.** 그런 말씀 안 하셔도 돼요
(b) **The place to sign is marked with a red tab.** 서명란은 빨간 탭으로 표시돼 있어요

Answers 4

| STEP 1 | 미국인이 말하고 있는 단어는 다음 중 무엇인가요?

1. (a) paved 포장된   (b) past 과거   **(c) paste 붙이다**
2. **(a) ocean 바다**   (b) oval 타원형   (c) occur 발생하다
3. (a) quietly 조용히   (b) quite 꽤, 상당히   **(c) quickly 빠르게**
4. (a) lender 대출자   **(b) labor 노동**   (c) ladder 사다리
5. **(a) switch 스위치**   (b) swap 교환하다   (c) swear 맹세하다, 욕하다

| STEP 2 | 주어진 두 개의 단어 중 미국인이 말하고 있는 단어는 무엇인가요?

1. (**skipping** / sculpting) meals 식사를 거르기
2. (plus / **plastic**) surgeon 성형외과 의사
3. (**nondairy** / laundry) protein powder 비유제품 단백질 파우더
4. (live-long / **lifelong**) commitment 평생의 헌신
5. global (netizens / **network**) 글로벌 네트워크
6. (**long-lasting** / long-time) friendship 오래 지속되는 우정
7. pull the plug and (**plug it back in** / pull it back in) 플러그를 뺐다가 다시 꽂다
8. (**unique** / uniting) features of this model 이 모델의 독특한 특징들
9. a (**rank** / lamp)-conscious society 서열을 의식하는 사회
10. (**pearl** / Paul's) necklace 진주 목걸이

1 sculpt 조각하다   3 laundry 세탁   4 live-long 오래 살다   6 long-time 오랜   7 pull back in 다시 끌어당기다
8 unite 통합하다

| STEP 3 | 미국인들의 대화를 잘 듣고 다음에 이어질 대사로 적절한 것을 고르세요.

1. **A** Do they have any part-time job openings?
   그 회사에 파트타임 채용 공고 있어? (서로 알고 있는 회사를 얘기할 때 '회사'는 대명사 they로 받음)

   B (a) Go to their website and check the special category for part-time workers under the 'We Hire' section.
   웹사이트에 가서 'We Hire(채용 안내)' 섹션의 파트타임 전용 카테고리를 확인해봐.

   (b) They will ask your permission to run a background check. 개인 신원 조회 동의를 요청할 거야.
   (c) Part-time jobs are taken pretty fast. 파트타임 자리는 꽤 빨리 채워져.

2 A What is so funny about it? 그게 뭐가 그렇게 웃긴 건데?

B **(a) The goofy look on his face and how he says things make me laugh.**
그 사람의 우스꽝스러운 표정과 말투가 웃겨.

(b) I'm not laughing at you. I'm laughing with you. 너를 보고 웃는 게 아니야. 너랑 같이 웃는 거야.
(c) He's not just funny. He is hilarious! 그는 단순히 웃긴 게 아니라 정말 유쾌해!

3 A I ran into a friend of mine, Steve, from high school in the elevator today.
오늘 엘리베이터에서 고등학교 친구 스티브를 우연히 만났어요.

B Oh really? What brought him here? 정말요? 무슨 일로 여기 왔대요?

A He was going up to the director's office to have an interview.
이사님실로 인터뷰를 하러 간다고 했어요.

B **(b) Oh, he's a journalist.** 아, 기자시구나.

(a) His office suite is on the twelfth floor. 그 사람의 사무실은 12층이에요.
(c) I already had an interview. 저는 이미 인터뷰를 했어요.

4 A What kind of sauce would you like with your steak? 스테이크에 어떤 소스를 원해?

B I like teriyaki sauce. 테리야키 소스가 좋아.

A What about mixing it up with some mushroom sauce?
버섯 소스를 조금 섞어보는 건 어때?

B **(a) That sounds good. Bring it on, my dear.** 좋아. 가져와, 자기야.

(b) Steak and rice for dinner, please. 저녁으로 스테이크와 밥으로 부탁해.
(c) T-bone steak and California rolls is the best. 티본 스테이크와 캘리포니아 롤이 최고지.

5 A I don't want any quick answers for this issue. I will let you take your time to do some research. 이 문제에 대해 성급한 답은 원하지 않아요. 시간을 갖고 조사해 보세요.

B I will do my best to find out what has happened.
무슨 일이 있었는지 최선을 다해 알아보겠습니다.

A Sounds good. Can we meet again two weeks later? How about on the 22nd, Thursday? 좋아요. 2주 후에 다시 만날 수 있을까요? 22일 목요일은 어때요?

B **(b) That works for me. I will bring you some recommendations.**
괜찮습니다. 몇 가지 제안도 가져가겠습니다.

(a) Is that Tuesday or Thursday? 화요일이에요, 목요일이에요?
(c) Two weeks is a long time to wait. 2주는 기다리기에 좀 길어요.

Answers 5

| STEP 1 | 미국인이 말하고 있는 단어는 다음 중 무엇인가요?

1. **(a) valve** 밸브 | (b) belt 벨트 | (c) babes 아기들
2. (a) test 시험 | **(b) theft** 도둑질, 절도 | (c) safety 안전
3. **(a) wood** 나무 | (b) word 단어 | (c) world 세계
4. (a) robbery 강도질 | **(b) luxury** 사치 | (c) lucky 운이 좋은
5. **(a) excel** 뛰어나다 | (b) inks 잉크들 | (c) resell 되팔다

| STEP 2 | 주어진 두 개의 단어 중 미국인이 말하고 있는 단어는 무엇인가요?

1. tax (examination / **exemption**) 세금 면제
2. subject matter (**expert** / expect) 분야별 전문가
3. take an untrodden and narrow (pass / **path**) 미개척의 좁은 길을 가다
4. (residue / **rescue**) operation 구조 작전
5. 10-day (**weather** / whether) forecast 10일간의 날씨 예보
6. sing up for a (**yoga** / your) class 요가 수업에 등록하다
7. go to (urban / **urgent**) care 응급진료소에 가다
8. (wider / **whiter**) than snow 눈보다 더 하얀
9. windshield (viper / **wiper**) 자동차 유리 와이퍼
10. (**zodiac** / cardiac) signs 별자리

3 pass 지나가다, 통과 | untrodden 밟히지 않은, 미개척된 4 residue 잔여물 7 urban 도시의 8 wider 더 넓은 (wide의 비교급) 9 viper 독사 10 cardiac 심장의 | cardiac signs (의학 용어) 심장 징후

| STEP 3 | 미국인의 말을 잘 듣고 빈칸을 채우세요.

1. That's a nice **suit** on you. 정장 잘 어울리세요.
2. I like chicken **thighs**. 난 닭다리살을 좋아해.
3. I have **zero** tolerance for any spicy food. 난 매운 음식은 전혀 못 먹어.
4. My daughter will **whine** about her chocolate ice cream if I don't bring some home.
   집에 초콜릿 아이스크림 안 가져가면 딸이 징징댈 거야.
5. **Berries** are **very** good for you. 베리류는 몸에 참 좋아.
6. It is **thirty-five thousand** won. 3만 5천원이에요.
7. **Whether** you like it or not, you should deal **with** it. 원하든 원하지 않든 이 문제를 해결하세요.
8. I adopted a **puppy** last weekend from a local **rescue** shelter.
   지난 주말에 지역 동물 보호소에서 강아지를 입양했어.

9 Do you know Steve has an **exotic** animal **as** a pet?

스티브가 이색 동물을 애완동물로 키우고 있다는 거 알아?

10 Professor McGonagall **is** a **witch** in *Harry Potter*, very skilled in magic and spell-casting.

맥고나걸 교수는 《해리 포터》에 나오는 마녀로, 마법과 주문을 거는 데 매우 능숙합니다.

11 My **mother** has a green **thumb**. She can grow **anything** green.

우리 어머니는 식물 키우는 데 재주가 있으셔. 초록색인 건 뭐든 잘 키우셔.

12 Half of **the** shopping mall is dedicated to **clothing stores**.

쇼핑몰의 절반이 의류 전용 매장이에요.

13 He said all the right **things**, but somehow, I got **bad vibes** from him.

그 사람은 맞는 말만 했어요. 그런데 왠지 느낌이 영 아닌 거 있죠.

14 You just ran **through the yield** sign. **You're** supposed to slow down at least.

방금 양보 표지판을 지나쳤어. 최소한 속도를 늦추기라도 했어야지.

15 They used to say **health** is **wealth**. But **nowadays**, **wealth** is **health**.

예전에는 건강이 재산이라고 했어요. 하지만 요즘은 부가 곧 건강이에요.

| STEP 4 | 미국인들의 대화를 잘 듣고 다음에 이어질 대사로 적절한 것을 고르세요.

1 A What is the key to your success that you want to share with us?

성공 비결이 뭔지 저희와 공유해 주실래요?

B **(a) I would say resilience. You have to adapt to changes and overcome obstacles.** 전 회복력이라고 생각해요. 변화에 적응하고 장애물을 극복해야 해요.

(b) Yes, I have had quite a bit of success in the IT industry. 맞아요, IT 업계에서 꽤 성공을 거뒀죠.
(c) Active listening is one of the keys for success in this job.
적극적으로 듣는 것이 이 직업에서 성공의 핵심 중 하나죠.

2 A What is thirty-six multiplied by three? 36 곱하기 3은 얼마야?

B **(a) Let me pull up the calculator on my phone real quick.**

잠깐만, 핸드폰 계산기 좀 열게.

(b) I don't like dirty jokes. 난 더러운 농담이 싫어.
(c) Thirty-six is a good number. 36은 좋은 숫자야.

3 A This yogurt is pretty yummy. How did you find it?

이 요구르트 맛있다. 어떻게 찾았어?

B **(b) I tried a sample and then I bought a whole box of it.**

시식해보고 나서, 박스 채 사버렸어.

(a) I like yogurt, but no fruit pieces with it, though. 난 요구르트를 좋아하지만, 거기 과일 조각 넣는 건 싫어.
(c) Yogurt helps with digestion and boosts the immune system.
요구르트는 소화를 돕고 면역 체계를 강화해줘.

4 A I'd like to make a deposit to my account. 제 계좌에 입금하고 싶어요.

B Certainly. May I have your bank card and driver's license? Do you want to make a deposit to a savings account or a checking account?
물론이죠. 은행 카드와 운전면허증을 주시겠어요? 저축 계좌로 입금하시겠어요, 아니면 당좌 계좌로 하시겠어요?

A **(b) Checking account, please. My balance is almost at zero.**
당좌 계좌로요. 잔고가 거의 바닥났어요.

(a) Saving money is good. 저축은 좋은 일이에요.
(c) Sure, I can accept checks, but I prefer cashier's checks.
물론 수표 받는 건 괜찮아요. 그래도 저는 자기앞수표를 더 선호해요

5 A How is the spending status now? 지출 상태가 지금 어떻죠?

B As of September, we had spent 89% of the budget for this year.
9월 기준으로 올해 예산의 89%를 썼습니다.

A Good. Do we have any unexpected spending? 좋네요. 예상치 못한 지출이 있나요?

B **(a) Yes, we do. The A/C broke down last week, so $550 went out for its repairs.** 네, 있어요. 지난주에 에어컨이 고장 나서 수리비로 550달러가 나갔어요.

(b) We will spend the rest of the money in a couple of months. 나머지 돈은 몇 달 안에 다 쓸 겁니다.
(c) No, they don't need any extra money outside of the budget.
아니요, 예산 외에 추가 돈이 필요하지 않아요.

6 A What happened to your windshield? Look, there's a crack here.
자동차 앞 유리에 무슨 일 있었어? 여기 봐, 금이 갔잖아.

B I know. It was chipped by a rock. I was driving right behind a big truck.
알아. 돌에 찍혔어. 큰 트럭 바로 뒤에서 운전하고 있었거든.

A Oh, no. You better stay away from those big trucks on the highway.
이런. 고속도로에선 그런 큰 트럭은 멀리해.

B **(b) I learned my lesson. Now I have to go get it fixed.**
교훈 얻었지 뭐. 이제 수리 받으러 가야 해.

(a) I couldn't find the time to fix it yet. 아직 고칠 시간을 못 찾았어.
(c) I stayed in my lane until the exit to get off from the highway.
고속도로에서 빠져나가는 출구까지 내 차선을 그대로 유지했어.

Answers 6

| STEP 1 | 미국인이 말하고 있는 표현은 다음 중 무엇인가요?

1. (a) Press on the time. 정각에 눌러.　　(b) **Perfect timing.** 완벽한 타이밍이야.
   (c) Perfectly timed. 타이밍 완벽히 맞췄어.
2. (a) **Not at all.** 전혀 아냐.　　(b) All night long. 밤새도록.
   (c) Not so long. 그렇게 오래는 아냐.
3. (a) You're doomed. 넌 이제 끝장이야.　　(b) **You're done.** 다 했네. / 넌 이제 끝이야.
   (c) You've done. 다 했구나.
4. (a) **Send a text message.** 문자 보내.　　(b) Send a tax message. 세금 메시지를 보내.
   (c) Send a neck massager. 목 마사지기를 보내.
5. (a) He would tell you. 그가 말해줄 걸.　　(b) **He won't tell you.** 그는 말 안 할 거야.
   (c) He will tell you. 그는 말할 거야.

| STEP 2 | 주어진 두 개의 표현 중 미국인이 말하고 있는 것은 무엇인가요?

1. You just (do get / **don't get**) it. 넌 그냥 이해를 못 해.
2. Shawn (isn't a / **is such a**) great boss. 션은 진짜 훌륭한 상사야.
3. (She is / **She's been**) a great help during the process. 그 과정에서 그녀가 큰 도움이 됐어.
4. It's (**harvest time** / heaven's time). 수확철이야.
5. This is (made in / **made of**) plastic. 이건 플라스틱으로 만든 거야.
6. Just (**take a listen** / take it and listen). 그냥 한번 들어봐.
7. What do we (eat it / **eat**) tonight? 오늘 저녁 뭐 먹을까?
8. It's just a (cover wrap / **cover-up**). 그건 그저 은폐한 거야.
9. It's the girl with a (**tennis skirt** / tan and skirt) on. 테니스 치마를 입은 여자야.
10. Check the (constant / **contents**) to see what the book is about.
    책의 내용이 뭔지 목차를 확인해 봐.

3 process 과정, 공정　9 tan 태닝　10 constant 일정한

| STEP 3 | 미국인들의 대화를 잘 듣고 다음에 이어질 대사로 적절한 것을 고르세요.

1. A　My doctor told me to eat more wholesome food. What does this include?
   의사가 나더러 건강에 더 좋은 음식을 먹으래. 건강에 더 좋은 음식엔 뭐가 있어?
   B　**(a) Wholesome foods are things like whole grains, beans, berries, things like that.** 건강에 좋은 음식은 통곡물, 콩, 베리 같은 거지.

(b) You gotta stay away from anything like deep-fried food.
튀긴 음식 같은 건 멀리해야 해. (gotta는 got to를 발음 나는 대로 표기한 것. got to = have got to = have to)

(c) Wholesome food may not always be yummy, but it's good for your body.
건강에 좋은 음식은 항상 맛있는 건 아니지만, 몸에 좋아.

2 A Send me some pictures of your living room. Then, I will show you some good sample materials for the curtains.
거실 사진을 몇 장 보내주세요. 그러면 커튼 샘플 원단을 몇 가지 보여드릴게요.

B **(a) Sure thing. I will send you pictures right away.** 알겠어요. 바로 사진 보낼게요.

(b) I prefer shades than having curtains all around the room.
전 온 방에 커튼 치는 것보다는 블라인드가 더 좋아요.

(c) These pictures are very nice. Thanks. 이 사진들 정말 잘 나왔네요. 고마워요.

3 A You can't return these items. You passed the due time for return.
이 물건들은 반품이 안 됩니다. 반품 기한을 넘기셨어요.

B **(b) Oh well. I have to give them back away, then.**
어쩔 수 없네요. 그럼 다른 사람에게 그냥 줘야겠네요.

(a) What are you going to do with them, then? 그러면 이걸 어떻게 할 거예요?

(c) When you return them, they will issue a reimbursement. 반품하면 환불 처리가 될 거예요.
(reimbursement 환급. 여기서는 물건값의 '환불'을 의미)

4 A There's a great deal going on at Amazon right now. A great deal for Amazon Prime members. 아마존에서 지금 대대적인 할인 행사가 있어. 프라임 멤버 전용 할인이야.

B I know. I bought a Dyson vacuum cleaner at 30% off.
알아. 다이슨 청소기를 30% 할인된 가격으로 샀어.

A 30% is not that much of a savings. Mostly they offer a 40 percent discount. And some items you will get up to 50 percent off.
30%는 그렇게 큰 할인은 아니야. 보통 40%까지 할인하던데. 어떤 제품은 최대 50%까지도 깎아주고.

B **(b) For a luxury brand like Dyson, it comes out as a big savings.**
다이슨 같은 고급 브랜드라면 꽤 큰 할인이지.

(a) 30 percent off is not a big discount. 30% 할인은 큰 할인이 아니야.

(c) So, you got it anyway, didn't you? 그래도 결국 샀잖아, 그지?

5 A I need to get some gas. It's pretty low right now. 기름을 좀 넣어야겠어. 지금 거의 바닥났어.
   B Let's take the way to Costco before we go home. We can stop by at Costco to get gas. 집에 가기 전에 코스트코 쪽으로 가자. 코스트코에 들러 기름 넣으면 되니까.
   A We can stop by and get some groceries there, too. 거기 들러 장도 볼 수 있겠네.
   B **(c) That's like killing two birds with one stone!** 일석이조네!

(a) Costco is my favorite wholesale store. 코스트코는 내가 제일 좋아하는 도매점이야.
(b) Is the gas station open at Costco on Sundays? 코스트코 주유소는 일요일에도 문을 열어?

6 A We're going to have a big family gathering for Chuseok at my house.
   추석에 우리 집에서 온 가족이 다 모이기로 했어.
   B That's nice but a lot of work to pull it off right. Are you excited about it?
   좋겠다. 하지만 제대로 하려면 준비가 만만치 않겠네. 기대돼?
   A To be honest, I am a little bit stressed out. It requires a lot of planning and thinking things through to make sure everything's just right for everybody.
   솔직히 말하면 좀 스트레스 받아. 모두가 만족하려면 계획도 많이 세워야 하고, 이것저것 다 꼼꼼히 챙겨야 하거든.
   B **(a) Just do your best so that you can also enjoy yourself.**
   너도 즐길 수 있도록 최선을 다하면 돼.

(b) Chuseok is one of the biggest holidays in Korea. 추석은 한국에서 가장 큰 명절 중 하나야.
(c) Money is not an issue, you know. 돈 문제는 아니잖아.